International Economic Law Library of Xiamen University

厦门大学国际经济法文库

ICSID仲裁撤销制度研究

魏艳茹 著

序 言

国际经济法是发展中的边缘性法学学科。在世界范围，国际经济法作为独立的法学学科，已有近60年的发展史。在中国，经过20多年的发展，国际经济法已成为法学各学科中理论研究最活跃、实践性最强的学科之一。当前，在经济全球化和中国加入世界贸易组织的新形势下，国际经济法更呈现其鲜明的时代性和蓬勃的生命力。

得改革开放风气之先，厦门大学在我国较早开展国际经济法的教学和研究。经原国家教委批准，厦门大学于1981年和1985年在全国率先招收国际经济法专业硕士生和本科生，1986年开始招收国际经济法专业(1997年后调整扩大为国际法专业)博士生。1987年成立厦门大学国际经济法研究所。1995年，厦门大学“国际经济法及台港澳法研究”学科点被列为全国高校“211”工程重点建设项目。2002年，厦门大学国际法专业由教育部批准为国家重点学科。长期以来，厦门大学国际法专业学术群体秉承“自强不息，止于至善”的校训，囊萤映雪，开展了一系列国家急需的国际经济法理论和实务研究工作，为我国的法治建设和学科发展作出了应有的贡献。同时，经过不断探索，本专业逐渐形成“出人才”和“创成果”相互促进、相辅相成的研究生培养模式，培养了大批“懂法律、懂经济、懂外语”的国际经济法专门人才。

把本专业建成我国国际法领域的重要研究基地和人才培养基地是我们的奋斗目标。“厦门大学国际经济法文库”的编辑出版，是本专业学科建设和发展的长期性工作。“文库”的宗旨是以系列学术专著的形式，集中展现国际经济法领域的专题研究成果，促进学术和社会发展。“文库”立足出版厦门大学学者、校友在国际经济法领域的研究成果，更欢迎海内外国际经济法学者惠赐佳作。“文库”坚持作品的原创性标准，崇尚严谨治学，鼓励学术创新和争鸣。在出版国际经济法专家学者力作的同时，尤其关注国际经济法学界的新人新作，包括在优秀博士学位论文基础上发展的学术专著。我们期望“文库”成为国际经济法专家学者辛勤耕耘的园地，源源不断地产出智慧之果，启迪思想，弘扬学术。同时，更希望“文库”发挥国际经济法“智库”的功能，为我国的国际经济条约实践、涉外经贸立法以及涉外经贸实务提供有益的理论指导或参考。

“厦门大学国际经济法文库”编辑委员会

2003年6月2日

目　录

内容摘要

本书是研究“解决投资争端国际中心”(ICSID)仲裁撤销制度的理论专著,是“厦门大学国际经济法文库”之一。

ICSID 仲裁撤销制度的法律依据是《华盛顿公约》第 52 条。本条规定了如下五个撤销理由:仲裁庭组成不当、仲裁庭明显越权、严重违背基本程序规则、仲裁庭的成员有受贿行为、裁决未说明其所依据的理由。《华盛顿公约》中上述撤销理由的外延,通常比一般国际商事仲裁中的撤销理由更为广泛。然而,在正常情况下,ICSID 专门委员会并不依据这些撤销理由对裁决进行以实体问题作为切入点的审查。本书就 ICSID 仲裁撤销制度的基本框架进行了系统的评介,对 ICSID 仲裁撤销理由的运用实践进行了研究、比较和分析,并在此基础上指出,ICSID 仲裁裁决应该具备实体公正性,ICSID 仲裁监督制度也本应有权审查裁决实体问题,维护裁决的实体公正,因此,作为 ICSID 仲裁机制内唯一的仲裁监督制度——ICSID 仲裁撤销制度存在监督无力的痼疾。在面临深刻危机的情况下,ICSID 曾经拟采取措施弥补其仲裁监督机制监督无力的缺憾,但是,由于《华盛顿公约》的难以修改和自成体系使然,上述措施终未实施。在这种情况下,中国的相应对策只能是慎重接受 ICSID 仲裁管辖权,为此,中国需要适当调整自己的缔约立场并作出必要的补救。

本书共分前言、正文、结束语三大部分,其中正文共四章。

第一章结合最新资料探究了 ICSID 仲裁撤销制度的概貌,并介绍、分析、探讨了该制度的法律依据和特点、启动条件以及其具体撤销机构——专门委员会的组成、权力和职能,以为此后各章的深入研究奠定基础。

第二章的中心是 ICSID 仲裁撤销制度的撤销理由。本章对《华盛顿公约》第 52 条所规定的如下五个撤销理由进行了逐节探讨：仲裁庭组成不当、仲裁庭明显越权、严重违背基本程序规则、仲裁庭的成员有受贿行为、裁决未陈述其所依据的理由。其探讨次序一般是：一般国际商事仲裁撤销制度中的撤销理由的含义、有关此项撤销理由的基本问题、此项撤销理由在 ICSID 仲裁撤销实践中的应用、此项撤销理由与一般国际商事仲裁撤销实践中的撤销理由的不同。通过上述介绍、分析、比较、归纳，本章指出，这些撤销理由所涉及的事项基本属于程序性质。虽然比起一般国际商事仲裁撤销制度中的撤销理由来，由于 ICSID 仲裁撤销理由的数目较少，多数撤销理由的外延相对较大，以至于涵盖了一些其他程序违法行为，但是，其并没有正常延伸至实体审查领域。

第三章全面探讨了 ICSID 仲裁撤销制度所面临的挑战这一问题。在 ICSID 仲裁撤销制度运行实践中，早期的专门委员会曾经试图通过曲解程序性的撤销理由的方法，对裁决的实体问题进行审查，这显然能够在一定程度上维护 ICSID 裁决的实体公正。但是，由于遭到各界的激烈批评，ICSID 仲裁撤销制度最终抛弃了对实体公正的追求。故本章第一节通过回顾、分析这一历史过程开篇。然后，本章第二节从当事人意思自治原则、投资争端的公共利益属性以及 ICSID 仲裁的可持续发展的角度，对 ICSID 裁决所需要的公正程度进行阐析，指出，ICSID 仲裁裁决需要具备实体公正性，ICSID 仲裁监督制度也本应维护 ICSID 裁决的实体公正，故 ICSID 仲裁撤销制度的实际效用与 ICSID 裁决的实际需求之间存在巨大差距。由于在《北美自由贸易协定》第 11 章投资仲裁中的特殊经历使然，美国晚近强力推动投资仲裁监督机制改革，以期通过设立仲裁上诉机制的方式，不仅对投资裁决进行以程序问题作为切入点的审查，而且还进行以实体问题作为切入点的审查，从而同时维护投资裁决的程序公正和实体公正，这就给 ICSID 仲裁撤销制度带来了严峻挑战，也使得一度为人们所忽视的 ICSID 仲裁撤销制度监督无力问题浮出水面。本章第三节所探讨的正是美国所推动的投资仲裁监督机制改革及其对 ICSID 仲裁机制的不利影响。迫于形势，ICSID 晚近提出了建立 ICSID 上诉便利制度的改革设想，有兴趣的《华盛顿公约》缔约国可以通过在特定缔约国之间修改该公约的方式接受该制度。本章第四节通过对该改革设想的评价指出，它虽然用意良好，然而，由于 ICSID 仲裁体制自成体系，ICSID 上诉便利制度必然无法见容于 ICSID 仲裁体制。倘若真的要设立 ICSID 上诉便利制度，则或者该制度将对 ICSID 仲裁撤销制度价值定位偏差的矫正工作毫无贡献，或者干脆将架空 ICSID 仲裁制度。同时，因为《华盛顿公约》难以彻底修改，ICSID 仲裁机制又具有强烈的自成体系性，目前实际上并无能够有效解决 ICSID 仲裁监督制度监督无力的良策。

在以上各章论述的基础上，第四章提出，中国的对策应为慎重接受 ICSID 仲裁管辖权。首先，第一节结合中国具体国情阐述了慎重接受 ICSID 仲裁管辖权的原因。其次，第二节总结和分析了中国对 ICSID 仲裁管辖权的接受现状，指出，以 1998 年为分水岭，中国在对待 ICSID 仲裁管辖权方面态度剧变，由有限的接受骤然转变为全盘接受。最后，第三节具体探讨了我国现在应该采取的补救措施，并着重强调以下两点：第一，在 ICSID 仲裁管辖权的接受范围上，回退到原来的部分接受模式中来，采取以一揽子部分接受为原则、逐案酌情全盘接受为例外的立场；第二，在最惠国条款的适用范围方面，采取更为明确的措辞，澄清缔约国不将其适用于争端解决事项的意图。

关键词：ICSID；仲裁撤销；实体公正

ABSTRACT

The book is a theoretical monograph focused on the ICSID (International Centre for Settlement of Investment Disputes) annulment system, and also one in "International Economic Law Collection of Xiamen University".

The legal authority of the ICSID annulment system is the Article 52 of the Washington Convention, which defines the following five reasons for annulment: the Tribunal was not properly constituted; the Tribunal has manifestly exceeded its powers; there was corruption on the part of a member of the Tribunal; there has been a serious departure from a fundamental rule of procedure; the award has failed to state the reasons on which it is based. Compared respectively with the reasons for annulment with the same name under private international commercial arbitration, those defined by the Washington Convention generally have broader extension. However, based on these reasons for annulment, ICSID ad hoc committees normally do not begin to review an award with a view to negate material substantive errors. The author gives a systematic comment on the framework of the ICSID annulment system, and conducts some study, comparison and analysis on ICSID's practice in applying these reasons for annulment. Then, the author points out that, not only the ICSID awards shall be substantially fair, but also ICSID arbitral review system shall be entitled to review substantial probrems so as to safeguard the substantial fairness of ICSID awards. Thus, as the only arbitral review system in ICSID mechanism, the ICSID annulment system suffers from the chronic illness of weak review. Faced with severe crisis, ICSID attempted to take steps to remedy this problem. However, ICSID has no viable solutions in fact due to the impossibility to thoroutghly amend the Washington Convention in addition to the self-containedness of the ICSID mechanism. Consequently, China's countermeasure should be prudently accepting the jurisdiction of ICSID. To achieve this end, China should make some necessary remedies to the bilateral investment treaties it has recently contracted.

The full text of the book is divided into three parts: Introduction, Text, and Conclusion. The Text consists of four chapters.

Chapter 1 deals with the overview of the ICSID annulment system in light of updated data. The author introduces, analyses, and studies the legal authority and characteristics of the system, the conditions to initiate the system, the powers and functions of the specific annulment organ under the system, i. e. , the ad hoc committee, with a view to facilitate in-depth follow-up study in the following chapters.

The focus of Chapter 2 is the reasons for annulment under the ICSID annulment system. This chapter deals with the five reasons for annulment provided by the Article 52 of the Washington Convention one by one: the Tribunal was not properly constituted; the Tribunal has manifestly exceeded its powers; there was corruption on the part of a member of the Tribunal; there has been a serious departure from a fundamental rule of procedure; the award has failed to state the reasons on which it is based. This part of discourse follows such a sequence in general: The connotation of the reason for annulment with the same name under private international commercial arbitration, some basic problems on this reason for annulment, the application of this reason for annulment in the ICSID annulment system, and the differences between this reason for annulment and that with the same name under private international commercial arbitration. Through the aforesaid introduction, analysis, comparison, and conclusion, this author points out that these reasons for annulment are mainly procedural. Although compared with those with the same names, most of the reasons for annulment under the Washington Convention have relatively broader extension due to the excessive limitedness of their number, so as to cover some of other procedural irregularities, and they do not hence normally extend to the field of a substantive review.

Chapter 3 conducts an all-around study on the challenge faced by ICSID annulment system. In the ICSID annulment practice, early ad hoc committees had attempted to distort procedural reason for annulment in order to review the substantial aspects of ICSID awards, which obviously could safeguard the substantial fairness to some extent, but ultimately substantial fairness was discarded by ICSID annulment system because of severe criticism. So the subchapter 1 begins with reviewing and analyzing the historical process. Subchapter 2 discusses the extent of fairness needed by ICSID arbitral awards from the perspective of party autonomy, public interest nature inherent in investment disputes, and the sustainable development of ICSID arbitration. It concludes that ICSID arbitral awards need to be substantial fairness and ICISD arbitral review system should have safeguarded the substantial fairness of ICSID awards, so there is huge discrepancy between the factual effect of ICSID annulment system and factual needs of ICSID arbitral awards. Due to the peculial experience drawn from investment arbitration cases under Chapter 11 of North American Free Trade

Agreement, the U. S. has recently powerfully promoted the reform of review system under investment arbitration by establishing arbitral appellate regimes. It is hoped that the arbitral appellate regime could begin to review an investment award with a view to negate both procedural errors and substantive errors so as to safeguard both procedural fairness and substantive fairness. This represents severe challenge to ICSID annulment system, as well as draws attention to the once-neglected problem that ICSID annulment system only conducts weak review. The subchapter addressing this topic is subchapter 3. ICSID is forced to launch a proposed reform to establish ICSID Appeal Facility system recently. Interested contracting states to the Washington Convention could accept this Appeal Facility system by amending the convention as between themselves. Subchapter 4 analyses the proposed reform and points out that, although it is well intended, the self-contained nature of ICSID arbitration regime makes it incompatible with the regime. If ICSID does want to establish the Appeal Facility system, then either the Appeal Facility system will contribute nothing to the job of making the value orientation in the ICSID annulment system right, or the Appeal Facility system will make ICSID arbitration a mere figurehead. In addition, ICSID now do not have any viable solution to this defect due to the impossibility to amend the Washington Convention and the strong self-containedness of the ICSID mechanism.

Based on the above chapters, chapter 4 points out that China's countermeasures should be prudently accepting ICSID jurisdiction. Firstly, subchapter 1 illustrates why China should prudently accept ICSID jurisdiction in light of China's specific conditions. Secondly, subchapter 2 make a conclusion and analysis on the status quo of China's acceptance of ICSID jurisdiction, with the view that

China's attitude towards ICSID jurisdiction have changed abruptly after 1998— from limited partial acceptance to complete acceptance. Finally, subchapter 3 discusses the remedies China should take in detail, emphasizing that the following two points are most important: Point No. 1. As to the scope of acceptance, China should step back to the previous partially acceptance model, with the package partial acceptance of ICSID jurisdiction in principle, and complete acceptance on a case by case basis; Point No. 2. As to the application scope of most-favored-nation clause, China should make use of more explicit wording clarifying that it doe not apply to dispute settlement matters.

Key Words: ICSID; annulment; substantial fairness

前 言

一、研究背景

在国际投资争端解决领域中，依据1965年《解决国家与他国国民间投资争端公约》(*Convention on the Settlement of Investment Disputes between States and Nationals of Other States*，以下简称《华盛顿公约》)成立的ICSID(International Centre for Settlement of Investment Disputes，中译为“解决投资争端国际中心”)为解决东道国与外国投资者之间的重大投资争端提供了一种独特的仲裁机制。[①] 根据《华盛顿公约》第25条，单单加入该公约并不意味着缔约国就此接受了ICSID仲裁管辖权，对ICSID仲裁管辖权的接受需以缔约国另行同意为前提。在ICSID运作的早期阶段，缔约国多通过特许合同的方式对ICSID仲裁管辖权表示同意。这种逐项同意、个案审批的方式注定了ICSID在早期阶段受理案件的数量较少、在国际投资领域的作用相对不是很大，也注定了ICSID仲裁对东道国的政府管理行为影响很小。然而，自20世纪80年代中期以来，随着发展中国家争相通过改善外商投资法律环境的办法吸引外国投资，《华盛顿公约》不但缔约国越来越多，[②]而且这些缔约国还竞相在包含投

① 截至2005年10月9日，ICSID共受理了215个案件。其中，已决案件为110个，未决案件为105个。See ICSID, List of Concluded Cases, at http://www.worldbank.org/icsid/cases/pending.htm, Oct. 9, 2006; ICSID, List of Pending Cases, at http://www.worldbank.org/icsid/cases/conclude.htm, Oct. 9, 2006.

② 截至2006年1月25日，《华盛顿公约》缔约国已达到155个，其中交存批准书的为143个。See ICSID, List of Contracting States and other Signatories of the Convention, at http://www.worldbank.org/icsid/constate/c-states-en.htm, Oct. 9, 2006.

资保护内容的条约中对 ICSID 仲裁管辖权事先给予全盘“一揽子”同意，从而既导致 ICSID 晚近受案量激增，又导致外国投资者动辄以东道国的政府管理行为违反了条约义务为由，将东道国推上 ICSID 仲裁庭，使得 ICSID 骤然间有了对东道国的政府管理行为进行臧否、决定东道国的特定政府管理行为可否推行下去的庞大权力。

上述情况使得 ICSID 仲裁裁决的公正性变得日益重要。ICSID 赖以维护其裁决公正性的最后一道防线就是 ICSID 仲裁撤销制度。该制度的任务在于，根据《华盛顿公约》第 52 条的规定，审查并否定 ICSID 裁决中的严重程序错误，以维护裁决的程序公正。由于种种原因，20 世纪 80 年代中期至 90 年代初期，ICSID 仲裁撤销制度在 8 年中被先后援用了 6 次，早期的几个 ICSID 专门委员会还通过曲解程序性的撤销理由的方法，在撤销程序中实际上审查了裁决的程序问题。这在 ICSID 仲裁员及其他学者中引起了激烈的争论，最后形成的主流观点是：ICSID 仲裁撤销制度应以整个 ICSID 仲裁机制的效率为重，对公正的维护只需达到裁决中不存在严重程序错误的程度即可，否则就会造成撤销制度的滥用，危及 ICSID 仲裁这个生机勃勃、前景无限的争端解决机制的生存和发展。在有关 ICSID 仲裁撤销制度价值定位的研究领域，这种主流观点一直盛行至今，鲜有不同声音。

二、研究对象

本书的研究对象是 ICSID 仲裁撤销制度。

鉴于目前国内学界对该制度鲜有研究，[①]这些鲜有的研究又存在时间上的滞后性、体系上的不完整性，如不循着实践发展的脉络，予以全面的更新、补充和完善，有关该制度的更深度研究将成为无源

---

① 有关此方面的现有研究成果，请参见陈安主编：《国际投资争端仲裁——“解决投资争端国际中心”机制研究》，复旦大学出版社 2001 年版；陈安主编：《国际投资争端案例精选》，复旦大学出版社 2001 年版；李万强著：《ICSID 仲裁机制研究》，陕西人民出版社 2002 年版。

之水、无本之木，故本书首先着手对 ICSID 仲裁撤销制度进行系统评介，尤其是将 ICSID 仲裁撤销制度与其他类似救济机制进行比较，总结 ICSID 仲裁撤销制度的启动条件，梳理清楚专门委员会的权力和职责。

ICSID 仲裁撤销理由的界定问题不仅涉及个案裁决是否得被撤销，而且涉及 ICSID 仲裁撤销制度的审查力度之大小、审查范围之宽狭、对裁决公正性维护程度之高低。同时，先前的此方面研究都没有对 ICSID 各仲裁撤销理由与一般国际商事仲裁（private international commercial arbitration）撤销制度中的同名撤销理由的基本差异进行比较。若能结合 ICSID 专门委员会在界定这些撤销理由方面的个案实践，总结归纳出这些基本差异，不但深具实践意义，而且更利于人们对 ICSID 仲裁撤销制度的优劣之处形成更为感性的认知。本书接下来的任务就是分别探讨有关各个撤销理由的基本问题、界定实践、其与一般国际商事仲裁撤销制度中的同名撤销理由的差异等问题。在上述研究的基础上，本书总结到，ICSID 仲裁撤销实践的主流作法是以程序问题作为审查的切入点，也即，只进行程序审查，而这则与一般国际商事仲裁监督制度的主流作法暗合。

本书正文的第三部分研究的是 ICSID 仲裁撤销制度所面临的挑战。早期的 ICSID 仲裁庭曾经通过曲解程序性的撤销理由的方法达到了审查裁决实体问题、在一定程度上维护裁决的实体公正的目的，但是这一作法引起了舆论的激烈反弹，最终导致 ICSID 仲裁撤销制度彻底抛弃了实体公正。本书通过对当事人意思自治原则、投资争端的公共利益属性、ICSID 仲裁的可持续发展的分析指出，ICSID 裁决需要具备实体公正性，ICSID 仲裁监督制度也本应维护 ICSID 裁决的实体公正。因此，ICSID 仲裁撤销制度的确存在监督不力的问题，只是长期以来并未引起人们的足够注意而已。但是，这种局面在《北美自由贸易协定》（*North American Free Trade Agreement*，NAFTA）开始运作以后慢慢有了转机。在 NAFTA 第 11 章项下的投资仲裁中,[1]“七国集团”中的美国、加拿大两国分别成了对方海外投资者频频提起的投资仲裁的被申请人,这使得美国晚近强力推动投资仲裁监督机制改革,以期通过设立仲裁上诉机制的方式,不仅对投资裁决进行以程序问题作为切入点的审查,而且还进行以实体问题作为切入点的审查,从而同时维护投资裁决的程序公正和实体公正。他山之石,可以攻玉。本部分也将关注 NAFTA 第 11 章项下的投资仲裁撤销制度之运作的得失和由此引发的一系列改革以及该改革对 ICSID 仲裁撤销制度的不利影响。迫于形势,ICSID 秘书处于 2004 年 10 月公布了拟设 ICSID 上诉便利制度的改革构想,以期解决 ICSID 仲裁撤销制度监督力度不够所带来的问题,然而,由于 ICSID 仲裁机制的自成体系性以及《华盛顿公约》的难以修改,不但该上诉便利制度改革构想半途而废,而且 ICSID 也无其他有效方案。

本书正文的最后一部分研究的是中国的对策。本部分认为,在 ICSID 裁决经常缺乏实体公正性、ICSID 仲裁撤销制度又无法改变这种实体不公状况的局面下,作为发展中国家的中国在将来的 ICSID 个案中的利益将会处于受损状态。考虑到我国国内法现在已经对个人财产权提供了充分的保护,更多地接受 ICSID 仲裁管辖权对我国吸引外资工作整体上并无多大作用,我国的确应该采取慎重接受 ICSID 仲裁管辖权的策略。然而,令人不解的是,以 1998 年为分水岭,我国在对待 ICSID 仲裁管辖权方面态度剧变,由有限的接受骤然转变为全盘接受,这显然是南辕北辙。为此,我国现在必须采取补救措施,尤其应该:第一,在 ICSID 仲裁管辖权的接受范围上,回退到原来的部分接受模式中来,采取以一揽子部分接受为原则、逐案酌情接受为例外的立场;第二,在最惠国条款的适用范围方面,采取更为明确的措辞,澄清其不适用于争端解决事项的意图。

---

① 本书中的“投资仲裁”的英文名称是“investment arbitration”,指用以解决东道国与外国投资者之间的投资争端的国际仲裁。

三、研究意义

ICSID 仲裁撤销制度之所以重要，是因为在脱胎于一般国际商事仲裁的 ICSID 仲裁机制习惯性地倾向于片面保护外国投资者私益的情况下，人们希望作为 ICSID 仲裁机制内唯一的仲裁监督制度的仲裁撤销制度能够匡扶正义，合理平衡东道国和外国投资者的利益，从而允许东道国继续保有其不受不应有的侵蚀的主权，不必因惧怕外国投资者的动辄申请仲裁而牺牲其人民的集体福祉。但是，长期以来，ICSID 仲裁撤销制度一直以类似于一般国际商事仲裁撤销制度的方式运作，原则上只进行以程序问题作为切入点的审查。此类"疏于职守"的仲裁撤销制度，连投资仲裁的铁杆支持者美国都觉得无法接受，进而想要推动投资仲裁监督制度改革，以该制度能够对投资裁决的严重实体错误进行直接审查。但是，在《华盛顿公约》的发达国家缔约国中，只有美国因为 NAFTA 第 11 章项下的投资仲裁的缘故，有这种切身体会和急切要求，其他发达国家缔约国仍是这种"疏于职守"的仲裁监督制度的纯受益者，因为它们本身罕有作被申请人的，它们的身份几乎固定地是 ICSID 仲裁申请人的母国。所以，可想而知，至少在近期，美国的改革虽声势浩大，但《华盛顿公约》其他发达国家缔约国将鲜予支持。作为发展中国家的学人，我们本应对这一改革给予应有的关注和支持。但是，现实状况却令人遗憾：由于种种原因，《华盛顿公约》的发展中国家缔约国及其学人对这一改革并未给予应有的注意。就我国而言，我国不仅已于 1993 年正式加入了《华盛顿公约》，而且已在至少 30 项双边投资条约中同意由 ICSID 仲裁我国与对方国民间的投资争端，[①]这些争端已不再仅仅

① 截至 2004 年 11 月 18 日，我国已与 111 个国家签署了 115 项双边投资条约（我国与芬兰、荷兰和德国分别签订的双边投资条约处于新旧交替的过程中）。由于资料所限，笔者迄今没有看到中国与佛得角（1998 年签订）、突尼斯（2004 年签订）、芬兰（2004 年签订）之间的双边投资条约文本，故无从知道其是否分别接受了 ICSID 仲裁管辖权。

局限于“有关征收补偿款额的争议”,[①]还扩及“有关投资的任何争议”。[②] 虽然目前尚无外国投资者将我国推上 ICSID 仲裁庭的案例,但是,ICSID 仲裁距离我国并不遥远。在 ICSID 仲裁裁决经常缺失实体公正性、ICSID 仲裁撤销制度又不能发挥应有的实体监督作用的情况下,接受 ICSID 仲裁管辖权显然将会损害我国个案中的利益,在这种严峻局面下,我国到底是该悦纳 ICSID 仲裁管辖权,还是该毅然对其说“不”,的确是个非常具有现实意义的重要研究课题。因此,深入研究 ICSID 仲裁撤销制度的运作机理、成败功过、未来走向,除了有助于科学确立我国对上述改革所应持的立场外,还有助于我国未雨绸缪地管理涉外投资争端以及在将来的个案中趋利避害。是以,尽管学力不逮,笔者还是试图对这一制度进行探索和研究。

四、研究方法

本书综合援用了多种法学研究方法。ICSID 仲裁撤销制度的法律依据是《华盛顿公约》第 52 条,而无论是个案中的专门委员会、还是从事此方面研究的学者,在探讨这一条约规定的运用的时候,都必须首先对其进行解释,尤其是依据《维也纳条约法公约》第 31 条、第 32 条所规定的约文解释方法、目的宗旨解释方法进行解释,这就使得注释法学研究方法成为本书必须援用的研究方法之一。同时,《华盛顿公约》第 52 条的内容极为粗疏、笼统,特别是其所规定的撤销理由,分别只是简短的一句表述,令人看不出这一句话的内涵和外延到底具有何等蕴义,因此,有关该制度的任何深入研究,都必须要结合

① 这些部分接受 ICSID 仲裁管辖权的双边投资条约至少有 13 项,其缔约另一方分别是:韩国、立陶宛、智利、冰岛、秘鲁、摩洛哥、以色列、南斯拉夫、沙特阿拉伯、加蓬、喀麦隆、马其顿、也门。其中,我国与喀麦隆之间签订的双边投资条约已经废止。需要注意的是:由于笔者迄今尚未见到我国与佛得角之间的双边投资条约文本,故无从知道我国在该条约中是否以及在何种程度上接受了 ICSID 仲裁管辖权。

② 这些全盘接受 ICSID 仲裁管辖权的双边投资条约至少有 19 项,其缔约另一方分别是:巴巴多斯、刚果(布)、博茨瓦纳、塞浦路斯、塞拉利昂、莫桑比克、肯尼亚、荷兰、缅甸、波黑、特立尼达和多巴哥、科特迪瓦、圭亚那、德国、贝宁、拉脱维亚、乌干达、约旦、吉布提。

其运作实践，尤其是其撤销案件来进行，这就使得实证法学研究方法也成为必需。法律的发展又是历史的发展，研究 ICSID 仲裁撤销制度也需要用一种历史的眼光，在该制度的历史沿革、未来走向的时间长河中，确定研究者自己的立足点，是以，本书亦将援用历史法学研究方法。ICSID 仲裁撤销制度虽然脱胎于一般国际商事仲裁撤销制度，[①]但是，在《华盛顿公约》起草过程中，基于对投资仲裁与一般国际商事仲裁之间存在深刻不同的认知，起草者并未完全照搬一般国际商事仲裁撤销制度的所有规定，同时，在 ICSID 仲裁撤销制度实践发展过程中，该制度又进一步形成了自己的一些独特之处，将该制度与一般国际商事仲裁撤销制度加以比较，显然不但可以使得此方面研究更有实践价值，而且更利于人们较为直观地体察这一制度的优劣之处，故本书还将大量援用比较法学研究方法。ICSID 仲裁撤销制度的价值定位问题是本书研究的重中之重，其涉及在效率、公正这两个永恒冲突的价值目标中，ICSID 仲裁应该如何对它们的重要性进行排序，从而 ICSID 仲裁撤销制度应该维护何种程度的公正。因此，本书也将价值分析法学研究方法作为一种重要的研究方法加以运用。ICSID 仲裁制度的运作方式、价值取向绝非人们进行纯逻辑推理或演绎而得出的天然果实，该制度的发展是受各种社会、经济因素的共同作用影响的，尤其是受发展中国家与发达国家之间的博弈的影响，是以，法律经济学研究方法和社会法学研究方法也是本书采纳的研究方法。

五、其他需要说明的问题

自 1984 年 ICSID 受理第一起仲裁撤销案件，在 ICSID 仲裁撤销实践中，迄今共进行了 16 个撤销程序。依据 ICSID 秘书长登记当事人撤销申请的时间先后顺序，这 16 个撤销程序及其相应决定的公布情况（如果有的话）依次是：

---

① 本书第一章第一节第二部分对这一问题进行了论述。

1. Klöckner 等诉喀麦隆等案［以下简称"Klöckner 案（一）"］撤销决定——Klöckner Industrie-Anlagen GmbH and others v. United Republic of Cameroon and Société Camerounaise des Engrais (Decision on Annulment Ⅰ), ICSID Case No. ARB/81/2, *ICSID Review—Foreign Investment Law Journal*, Vol. 1, No. 1, 1986。

2. Amco 等诉印尼案［以下简称"Amco 案（一）"］撤销决定——Amco Asia Corporation and others v. Republic of Indonesia (Decision on Annulment Ⅰ), ICSID Case No. ARB/81/1, *International Legal Materials*, Vol. 25, 1986。

3. 国际海运代理公司诉几内亚案（以下简称"国际海运代理公司案"）撤销决定——Maritime International Nominees Establishment v. Republic of Guinea (Decision on Annulment), ICSID Case No. ARB/84/4, *ICSID Review—Foreign Investment Law Journal*, Vol. 5, No. 1, 1990。

4. 重新提起的 Klöckner 等诉喀麦隆等案［以下简称"Klöckner 案（二）"］撤销决定（该决定迄未公布）——Klöckner Industrie-Anlagen GmbH and others v. United Republic of Cameroon and Société Camerounaise des Engrais (Decision on Annulment Ⅱ), ICSID Case No. ARB/81/2, Decision rejecting the parties' applications for annulment signed by the ad hoc Committee on May 17, 1990。

5. 重新提起的 Amco 等诉印尼案［以下简称"Amco 案（二）"］撤销决定（该决定迄未公布）——Amco Asia Corporation and others v. Republic of Indonesia (Decision on Annulment Ⅱ), ICSID Case No. ARB/81/1, Decision rejecting the parties' applications for annulment of the Award and annulling the Decision on Supplemental Decisions and Rectification rendered on December 17, 1992。

6. SPP（中东）诉埃及案（以下简称"南太平洋房地产公司案"，该案最后因双方当事人中途和解而终止）撤销程序——Southern

Pacific Properties (Middle East) Limited v. Arab Republic of Egypt, ICSID Case No. ARB/84/3。

7. Gruslin 诉马来西亚案(以下简称"Gruslin 案")撤销程序——Philippe Gruslin v. Malaysia, ICSID Case No. ARB/99/3,该案因为申请人没有按照 ICSID《行政与财务规则》的规定预缴案件相关费用而于 2002 年中止。

8. Wena 诉埃及案(以下简称"Wena 案")撤销决定——Wena Hotels Limited v. Arab Republic of Egypt (Decision on Annulment), ICSID Case No. ARB/98/4, *International Legal Materials*, Vol. 41, 2002。

9. Vivendi 诉阿根廷案(以下简称"Vivendi 案")撤销程序——Compañía de Aguas del Aconquija S. A. and Vivendi Universal (Formerly Compagnie Générale Des Eaux) v. Argentine Republic (Decision on Annulment), ICSID Case No. ARB/97/3, *International Legal Materials*, Vol. 41, 2002。

10. CDC 诉塞舌尔案(以下简称"CDC 案")撤销程序——CDC Group plc v. Republic of the Seychelles, ICSID Case No. ARB/02/14, Decision of the ad hoc Committee on the Application for Annulment of the Republic of Seychelles on June 29, 2005。

11. R. F. C. C. 诉摩洛哥案撤销程序(该决定迄未公布,以下简称"R. F. C. C. 案")——Consortium R. F. C. C. v. Kingdom of Morocco, ICSID Case No. ARB/00/6。

12. Joy 诉埃及案(以下简称 Joy 案)撤销程序(该案最后因双方当事人中途和解而终止)——Joy Mining Machinery Limited v. Arab Republic of Egypt, ICSID Case No. ARB/03/11。

13. Mitchell 诉民主刚果案(以下简称"米歇尔案")撤销程序——Patrick Mitchell v. Democratic Republic of the Congo, ICSID Case No. ARB/99/7, registered on July 15, 2004。

14. Repsol 诉厄瓜多尔石油公司案(以下简称"Repsol 案")撤

销程序——Repsol YPF Ecuador S. A. v. Empresa Estatal Petroleos del Ecuador (Petroecuador), ICSID Case No. ARB/01/10, registered on July 15, 2004。

15. MTD 诉智利案(以下简称"MTD 案")撤销程序——MTD Equity Sdn. Bhd. and MTD Chile S. A. v. Chile, ICSID Case No. ARB/01/7, registered on September 30, 2004。

16. Soufraki 诉阿联酋案撤销程序——Hussein Nuaman Soufraki v. United Arab Emirates, ICSID Case No. ARB/02/7, registered on November 12, 2004。①

在上述 16 个撤销程序中,已经结案的为 12 起:即 Klöckner 案(一)、Amco 案(一)、国际海运代理公司案、Klöckner 案(二)、Amco 案(二)、南太平洋房地产公司案、Gruslin 案、Wena 案、Vivendi 案、CDC 案、R. F. C. C. 案、Joy 案。在已经结案的这 12 起撤销程序中,有三起是由于当事人方面的原因而提前终止程序的,因最终没有形成撤销决定,笔者对其详情基本上无从得知和研究;还有三起程序的撤销决定迄今尚未公布,故笔者只能从有限的第二手资料中对其窥知一二。至此,笔者研究的 ICSID 仲裁撤销制度虽然可以程度不同地涵盖目前已经知道的 16 个程序,但能够彻底通晓其撤销决定全文并详细深入地进行剖析的,却只有六个。这虽然令人遗憾,但有关 ICSID 仲裁撤销制度的研究目前只能做到这一步。这是需要说明的第一个问题。

需要说明的第二个问题是,由于 Klöckner 案和 Amco 案当事人分别两度提起了撤销程序,这就产生了 ICSID 早期四个撤销案件中有六个撤销程序的现象。因此,在本书的行文中,"撤销案件"与"撤销程序"分别具有不同含义。

---

① See ICSID, List of Concluded Cases, at http://www.worldbank.org/icsid/cases/pending.htm, July 1, 2005; ICSID, List of Pending Cases, at http://www.worldbank.org/icsid/cases/conclude.htm, July 1, 2005.

需要说明的第三个问题是，对于已经披露出来的 ICSID 裁决书、撤销决定书以及其他仲裁文书，ICSID 官方网站均已提供了详细的出处信息。其中，披露已决 ICSID 案例的出处信息的网址是：http://www.worldbank.org/icsid/cases/conclude.htm；披露未决 ICSID 案例的出处信息的网址是：http://www.worldbank.org/icsid/cases/pending.htm。无论是根据案例名称，还是根据案例编号，人们都可以在上述网页中很容易地直接检索到相关出处信息，有鉴于此，为了节约篇幅起见，本书遵从学界引用 WTO 案例时的注释惯例，在引述和评析 ICSID 案例的时候，原则上均只提供相应的 ICSID 案例名称、ICSID 案例编号、ICSID 仲裁文书名称以及所引内容的段落编号。

此外，对于直接引语中缺乏必要的词句或者需要作出特别说明者，笔者采用“[ ]”形式添加，并在其内加注“按：……”字样。

最后一个需要说明的问题是，本书所用的资料截至 2006 年 10 月 9 日。

第一章

ICSID 仲裁撤销制度概述

第一节 ICSID 仲裁撤销制度的法律依据及特点

一、对若干基本概念的界定和简要解释

(一)撤销

在各国仲裁立法或仲裁示范法中,(仲裁)"撤销"的对应词很多,其中最常见的是"set aside",[①]此外还有"annul"、[②]"vacate"、[③]"nullify"等诸多表述。[④] 上述词语虽然表述不同,但其实都是可以通用的。且以《布莱克法律词典》中的解释为例。"set aside"指的是"(of a court) to annul or vacate (a judgment, order, etc.) "。[⑤] 该词典没有"annul"词条,但"annul"的名词形式"annulment"指的是"the act of nullifying or making void; voidance"。[⑥] "vacate"则指"to nul-

① 这是最为常见的表述方式,比如 1998 年《德国仲裁法》第 1095 条、2003 年《日本仲裁法》第 44 条、1998 年修订的《比利时司法法典》第 1704 条、1996 年《印度仲裁与调解法》第 34 条、1999 年《希腊国际商事仲裁法》第 34 条、2004 年《西班牙仲裁法》第 34 条。

② 1988 年《瑞士联邦国际私法》第 190 条、1994 年《埃及民事仲裁法》第 52 条。

③ 如 2000 年《美国统一调解与仲裁法》采纳的就是这一表述。

④ 如 1981 年修订的阿根廷仲裁法第 761 条就是采纳这一表述。

⑤ Bryan A. Garner, *Black's Law Dictionary*, Eighth Edition, West Publishing Co., 2004, p. 1404.

⑥ Bryan A. Garner, *Black's Law Dictionary*, Eighth Edition, West Publishing Co., 2004, p. 99.

lify or to cancel; make void; invalidate",[①]而"nullify"的意思是"to make void; to render valid"。[②] 显而易见,"set aside","annul"、"vacate"、"nullify"四个词语意义基本相同,都指的是"使……无效"。在 ICSID 仲裁撤销制度中,专用来表述仲裁撤销的词汇是"annul",其指的是 ICSID 专门委员会(ad hoc committee)依据《华盛顿公约》第 52 条的规定对仲裁庭的裁决进行审查,并在适当的时候,宣告该裁决的全部或者部分没有法律效力。

(二)裁决与决定

在一般国际商事仲裁制度中,仲裁裁决是仲裁庭对当事人提交的争端事项进行审理后作出的裁断,通常分为三类:最终裁决 (final award)、中间裁决 (interlocutory award)、部分裁决 (partial award)。其中,最终裁决是指仲裁庭在审理结束后,对当事人提交的所有争端事项作出的最后裁断。中间裁决又称临时裁决,是指在仲裁审理过程中,仲裁庭认为必要或者当事人提出申请并经仲裁庭同意,由仲裁庭对某个或者某些问题作出的暂时性裁决。[③] 部分裁决是指仲裁庭在审理过程中,鉴于争端的部分事项业已查清且有必要予以确认,对该部分事项先行作出的终局性裁决,部分裁决作出后即

---

① Bryan A. Garner, *Black's Law Dictionary*, Eighth Edition, West Publishing Co., 2004, p. 1584.

② Bryan A. Garner, *Black's Law Dictionary*, Eighth Edition, West Publishing Co., 2004, p. 1098.

③ 对于中间裁决的概念界定,存在不同的看法。有学者认为,中间裁决是仲裁庭在必要时为采取仲裁保全措施而作出的裁决。有学者认为,中间裁决是指仲裁庭单独就有关仲裁程序问题和证据问题作出的裁决;日本商事仲裁协会的《商事仲裁规则》(1992)第 57 条持的也是这种观点。还有学者认为,中间裁决不是对申请人提出的仲裁请求中已经清楚的部分事实所作出的裁决("部分裁决"),而是就案件的任何特定问题作出的裁决,这种裁决不是终局裁决,一方当事人不执行这种裁决时,仲裁庭可以继续仲裁程序,直至作出终局裁决;我国一些仲裁机构的仲裁规则持的就是这种观点。钟妙:《"中间裁决"的概念有待明确 ——兼与部分裁决、先行裁决、临时裁决比较》,载《仲裁研究》第 3 辑,法律出版社 2005 年版,第 31～36 页。限于篇幅,本书在此不对这一问题进行深入探讨,仅为论述方便起见,本书暂时采纳正文此处的这一观点。

具有法律效力。[①]

从实质上看,上述种类的仲裁文书在 ICSID 仲裁机制中基本都存在。不过,根据《华盛顿公约》的相关规定,并非上述所有类别的仲裁文书都可以被冠以"裁决"的名称,而《华盛顿公约》第 52 条又特别规定,只有"裁决"(award)才能成为撤销的对象。因此,在涉及 ICSID 仲裁庭或者 ICSID 专门委员会所作出的仲裁文书的时候,本书所用的"裁决"、"决定"(decision)等词分别具有特定的含义。

除另有说明外,本书所用的"裁决"一词原则上均指上段所界定的"最终裁决",也即仲裁庭对案件所作出的最终处理结论。虽然有学者认为,上段所界定的"部分裁决"也可能出现在 ICSID 仲裁机制中,并且理论上也可以被撤销,[②]但鉴于迄今 ICSID 仲裁庭尚未作出过"部分裁决",并且 ICSID 秘书处也认为,ICSID 仲裁庭无权作出部分裁决,[③]仅为了探讨方便起见,本书所用的"裁决"一词不包含上段所谓的"部分裁决"。

除另有说明外,本书中"决定"一词均或指裁决后救济决定(post-award remedics):如有关裁决的补充和纠正的决定、有关裁决的解释的决定、有关裁决的修改的决定、撤销决定,或指有关管辖权异议的临时处理结果(decision on jurisdiction)。

尤其需要指出的是,本书的"撤销决定"(其英文对称是"decision on annulment")一词,专指 ICSID 内设的临时撤销机关——专门委员会在撤销程序中所作出的终局处理结果。该词仅具有"作为撤销程序最终处理结果的决定"的含义,不必然蕴涵"涉案裁决被撤销"的意思,故"撤销决定"和"决定撤销"(to decide to annul)是两个含义

---

① 陈安主编:《国际经济法学》,北京大学出版社 2001 年第 2 版,第 513 页。

② David D. Caron, Reputation and Reality in the ICSID Annulment Process: Understanding the Distinction between Annulment and Appeal, *ICSID Review—Foreign Investment Law Journal*, Vol. 7, No. 1, 1992, p. 37.

③ ICSID Secretariat, *Possible Improvements of the Framework for ICSID Arbitration*, at http://www.worldbank.org/icsid/improve-arb.pdf, Oct. 22, 2004.

不同的表述，请予格外注意。

（三）程序问题、实体问题

虽然一国法律体系的所有部门都会涉及程序问题与实体问题，然而，对两者之间如何区分这个问题，最敏感的恐怕还是国际私法，因为各国法院在考虑法律适用问题时，都需要首先将所涉问题进行程序问题或实体问题的识别，并就程序问题适用法院地法，就实体问题适用内国法或者外国法。但是，程序问题与实体问题的划分是“将法的空间视为实质上完全不同于现实生活空间的‘人工理性’领域”的结果，[①]是人为的，故国际私法学界对一些问题，如时效、举证责任、损害赔偿等，究竟应该属于程序问题，还是属于实体问题，向来争论不休。[②] 但是，就仲裁领域的相关研究而言，人们通常认为，[③]程序问题指的是与仲裁庭如何作出该裁决有关的问题，诸如裁决是否附具了理由、仲裁庭的组成是否适当等；实体问题指的是与裁决的是非曲直有关的问题，诸如案件的事实认定是否错误、法律认定是否错误等。

需要指出的是，按照“正当程序”(due process)原则，任何人都不得担任自己的诉讼案件的法官，而仲裁庭偏袒、仲裁员受贿、仲裁员不独立等情形恰好违反了这一“正当程序”要求，所以，人们通常认为，这些都是程序问题。[④]

---

① 王亚新：《民事诉讼中的依法审判原则与程序保障》（代译序），载［日］谷口平安：《程序的正义与诉讼》（增补本），王亚新、刘荣军译，中国政法大学出版社 2002 年版，第 5 页。

② 韩德培：《国际私法新论》，武汉大学出版社 1997 年版，第 162～168 页；Janeen M. Carruthers, Substance and Procedure in Conflict of Laws: A Continuing Debate in Relation to Damages, *International and Comparative Law Quarterly*, Vol. 53, 2004, pp. 691～711.

③ Fernando Mantilla-Serrano, Towards a Transnational Procedural Public Policy, *Arbitration International*, Vol. 20, No. 4, 2004, pp. 334～335.

④ 陈瑞华：《程序正义论纲》，载陈光中、江伟主编：《诉讼法论丛》第 1 卷，法律出版社 1998 年版，第 25～26 页。

(四)程序审查、实体审查与程序公正、实体公正

ICSID仲裁撤销制度研究者通常依据审查时切入点的性质来判断专门委员会的具体审查到底是实体审查,还是程序审查。[①] 为了能够在同一个语境下进行探讨,避免造成人为的概念混乱,本书中的"程序审查"指以程序问题作为切入点的审查,其效果是直接审查程序问题、直接否定程序错误、维护裁决的程序公正;"实体审查"指以实体问题作为切入点的审查,其效果是直接审查实体问题、直接否定实体错误、维护裁决的实体公正。

鉴于国际商事仲裁监督制度通常并不对裁决中每一个微小的实体错误或者程序错误都严加处理,其所关注的向来是重大的实体问题处理不当和程序问题处理不当,所以,在本书的探讨中,"程序公正"指的是裁决作出过程的基本公正;"实体公正"指的是裁决的是非曲直认定的基本公正。

需要特别指出的是,裁决的程序不公正很可能会影响到裁决的实体公正,如偏袒的仲裁庭往往会对实体问题处断不公,有受贿行为的仲裁员也往往会对实体问题处断不公,故程序不公与实体不公之间可能会存在交叉。同时,在ICSID仲裁撤销实践中,专门委员会在发现裁决存在特定程序错误或程序不公的时候,往往就是根据程

① See e. g., Aron Broches, Observations on the Finality of ICSID Awards, *ICSID Review—Foreign Investment Law Journal*, Vol. 6, No. 2, 1991, p. 324; M. B. Feldman, The Annulment Proceedings and the Finality of ICSID Arbitral Awards, *ICSID Review—Foreign Investment Law Journal*, Vol. 2, No. 1, 1987, pp. 86～87; David D. Caron, Reputation and Reality in the ICSID Annulment Process: Understanding the Distinction between Annulment and Appeal, *ICSID Review—Foreign Investment Law Journal*, Vol. 7, No. 1, 1992, pp. 24～26.

序不公对裁决实体处理结果的影响程度，确定该程序不公的严重性。[①] 上述情况决定着，严格地说，ICSID仲裁撤销制度实际上所维护的公正同时具有两种属性：基本的程序公正、由基本的程序公正所影响的基本的实体公正。换言之，尽管ICSID仲裁撤销制度的审查切入点是程序问题，我们也因此认为进行的是程序审查，但其最终所维护的公正实际上系基本的程序公正与基本的实体公正之间的交叉部分。然而，考虑到倘若裁决中不存在严重程序错误，ICSID仲裁撤销制度原则上并不对其中的特定严重实体错误进行甄别和否定，ICSID仲裁撤销制度所否定的实体错误皆系严重的程序错误所引发的，皆系以程序问题为切入点的审查所发现的，ICSID研究者往往因此将ICSID仲裁撤销制度所否定的错误称为"程序错误"，[②]这也同时蕴含着该制度所维护的公正也即"程序公正"之意。本书承认这种提法的有欠全面客观，但是，仅仅为了能够在同一个语境下进行探

---

① See e. g., Wena Hotels Limited v. Arab Republic of Egypt (Decision on Annulment), ICSID Case No. ARB/98/4, para. 58; Compañía de Aguas del Aconquija S. A. and Vivendi Universal (Formerly Compagnie Générale Des Eaux) v. Argentine Republic (Decision on Annulment), ICSID Case No. ARB/97/3, para. 86. 但也有学者持相反的看法。See e. g., Aron Broches, Observations on the Finality of ICSID Awards, *ICSID Review—Foreign Investment Law Journal*, Vol. 6, No. 2, 1991, pp. 372～373. 不过，恰恰在Aron Broches自己所参加的国际海运代理公司案撤销决定中，仲裁庭本应适用东道国几内亚所颁布的法律《统一法国民法典》第1134条，但却错误地适用了既非东道国又非投资者所在国的法国所颁布的法律《法国民法典》第1134条。尽管两者的内容相同，但仲裁庭没有适用本应适用的准据法也即几内亚法的事实却是确凿无疑的。该案专门委员会最后仍然以上述两部法律的相关条文内容、条目相同为由主张该行为不能构成仲裁庭明显越权。这分明还是同意，需要以程序错误对实体问题处理结果的影响为依据来断定其严重性。Maritime International Nominees Establishment v. Republic of Guinea (Decision on Annulment), ICSID Case No. ARB/84/4, paras. 6.40, 6.43.

② See e. g., Aron Broches, Observations on the Finality of ICSID Awards, *ICSID Review—Foreign Investment Law Journal*, Vol. 6, No. 2, 1991, p. 324; M. B. Feldman, The Annulment Proceedings and the Finality of ICSID Arbitral Awards, *ICSID Review—Foreign Investment Law Journal*, Vol. 2, No. 1, 1987, pp. 86～87; David D. Caron, Reputation and Reality in the ICSID Annulment Process: Understanding the Distinction between Annulment and Appeal, *ICSID Review—Foreign Investment Law Journal*, Vol. 7, No. 1, 1992, p. 24.

讨,避免造成人为的概念混乱,本书在论及 ICSID 仲裁撤销制度实际上所维护的公正性质时,亦采用"程序公正"的提法,但这时的"程序公正"一词已经蕴含了受程序公正影响的实体公正的意思。在其他语境下,本书所使用的"程序公正"一词仍保持其正常意义,即裁决作出过程的基本公正。

二、ICSID 仲裁撤销制度的法律依据

在《华盛顿公约》缔结过程中,[①]最早出现仲裁撤销方面规范的缔约文件是《公约预备草案第一稿》(*First Preliminary Draft Convention*, 1963 年 9 月形成)。在《公约预备草案第一稿》之后,最终的《华盛顿公约》之前,还存在如下过渡性的缔约文件:《公约草案》(*Draft Convention*,1964 年 9 月形成)、《公约草案修改稿》(*Revised Draft of the Convention*,1964 年 12 月形成)。就 ICSID 仲裁撤销制度的撤销理由而言,《公约预备草案第一稿》仅仅规定了三个撤销理由,分别是"仲裁庭越权"、"仲裁庭的成员有受贿行为"、"包括裁决未陈述其所依据的理由在内的严重违背基本程序规则"。《公约草案》所列的撤销理由与最终的《华盛顿公约》第 52 条第 1 款规定基本相同,唯一的不同之处是,在"裁决未陈述其所依据的理由"上增加了一个"但书"——"但当事人已经同意不必陈述理由的除外"。《公约草案修改稿》则彻底删除了这一但书,从而呈现出与《华盛顿公约》第

---

① 有关《华盛顿公约》的缔约准备资料主要为以下两部文献:ICSID, *Convention on the Settlement of Investment Disputes between States and Nationals of Other States: Documents Concerning the Origin and Formulation of the Convention*, Vol. 2, 1968; ICSID, Convention on the Settlement of Investment Disputes between States and Nationals of Other States: Analysis of Documents Concerning the Origin and Formulation of the Convention, Vol. 1, 1970. 除本书另有说明外,有关上述第二部参考文献的内容皆转引自 Christoph H. Schreuer, *The ICSID Convention: A Commentary*, Cambridge University Press, 2001.

52 条第 1 款完全相同的态势。[①]

作为 ICSID 仲裁撤销制度的法律依据,《华盛顿公约》第 52 条的内容是:

“1. 任何一方可以根据下列一个或几个理由,向秘书长提出书面申请,要求撤销裁决:

“(1)仲裁庭组成不当;

“(2)仲裁庭明显越权;

“(3)仲裁庭的成员有受贿行为;

“(4)严重违背基本程序规则;

“(5)裁决未陈述其所依据的理由。

“2. 申请应在作出裁决之日后 120 天之内提出。但以受贿为理由要求撤销的除外,该项申请应在发现受贿行为后 120 天之内,并且无论如何在作出裁决之日后 3 年之内提出。

“3. 主席在接到要求时,应立即从仲裁员小组中指定由 3 人组成的专门委员会。委员会的成员不得为作出裁决的仲裁庭的成员,不得具有与上述任何成员相同的国籍,不得为争端一方的国家的国民或其国民是争端一方的国家的国民,不得为上述任何一国指定参加仲裁员小组的成员,也不得在同一争端中担任调解员。委员会根据第 1 款规定的任何理由应有权撤销裁决或裁决中的任何部分。

“4. 第 41 条至第 45 条、第 48 条、第 49 条、第 53 条和第 54 条以及第 6 章和第 7 章的规定,准用于委员会的程序。

“5. 委员会如认为情况有此需要,可以在作出决定前,暂缓执行裁决。如果申请人在申请书中要求暂缓执行裁决,则应暂时暂缓执行,直到委员会对该要求作出决定为止。

---

① 关于《公约预备草案第一稿》文本,请参见 ICSID, *Convention on the Settlement of Investment Disputes between States and Nationals of Other States: Documents Concerning the Origin and Formulation of the Convention*, Vol. 2, 1968, pp. 133~174; 关于《公约草案》文本,请参见该书第 610~645 页;关于《公约草案修改稿》文本,请参见该书第 911~933 页。

“6. 如果裁决被撤销，则经任何一方的请求，应将争端提交给依照本章第2节组织的新仲裁庭。”①

从以上规定中可以看出，在撤销制度框架的具体设计上，《华盛顿公约》第52条与联合国国际法委员会1958年《仲裁程序示范规

① 其英文原文为：

“(1) Either party may request annulment of the award by an application in writing addressed to the Secretary—General on one or more of the following grounds:

“(a) that the Tribunal was not properly constituted;

“(b) that the Tribunal has manifestly exceeded its powers;

“(c) that there was corruption on the part of a member of the Tribunal;

“(d) that there has been a serious departure from a fundamental rule of procedure; or

“(e) that the award has failed to state the reasons on which it is based.

“(2) The application shall be made within 120 days after the date on which the award was rendered except that when annulment is requested on the ground of corruption such application shall be made within 120 days after discovery of the corruption and in any event within three years after the date on which the award was rendered.

“(3) On receipt of the request the Chairman shall forthwith appoint from the Panel of Arbitrators an ad hoc Committee of three persons. None of the members of the Committee shall have been a member of the Tribunal which rendered the award, shall be of the same nationality as any such member, shall be a national of the State party to the dispute or of the State whose national is a party to the dispute, shall have been designated to the Panel of Arbitrators by either of those States, or shall have acted as a conciliator in the same dispute. The Committee shall have the authority to annul the award or any part thereof on any of the grounds set forth in paragraph (1).

“(4) The provisions of Articles 41-45, 48, 49, 53 and 54, and of Chapters VI and VII shall apply mutatis mutandis to proceedings before the Committee.

“(5) The Committee may, if it considers that the circumstances so require, stay enforcement of the award pending its decision. If the applicant requests a stay of enforcement of the award in his application, enforcement shall be stayed provisionally until the Committee rules on such request.

“(6) If the award is annulled the dispute shall, at the request ofeither party, be submitted to a new Tribunal constituted in accordance with Section 2 of this Chapter.”

则》(*Model Rules on Arbitral Procedure*)第35条至第37条较为相似,[①]而《华盛顿公约》第52条第1款所规定的撤销理由则与1958年《仲裁程序示范规则》第35条非常类似。事实上,联合国国际法委员会1958年《仲裁程序示范规则》的相关规定正是《华盛顿公约》第52条的立法蓝本之一。[②] 可是,1958年《仲裁程序示范规则》所调整的仲裁系以解决国家间争端为目的的仲裁,[③]这是不是意味着ICSID仲裁撤销制度并非脱胎于一般国际商事仲裁撤销制度呢?

笔者认为,答案是否定的。这是因为,传统的国家间仲裁(interstate arbitration)皆系临时仲裁(ad hoc arbitration),而非机构仲

---

① 1958年《仲裁程序示范规则》第35条至第37条的内容是:

第35条:"当事任何一方得依据下列理由中的一个或者一个以上理由对裁决提出异议:(1)法庭超越其权力;(2)法庭成员有受贿的情况;(3)对裁决未说明理由或严重偏离基本的议事规则;(4)提出仲裁的约定或仲裁协定为无效。"

第36条:"1. 如果在对裁决的效力有争议之日后3个月内当事双方未就另一法庭达成协议,国际法院应有权在当事任何一方申请下宣布裁判全部或局部无效。2. 在第35条(1)和(3)项规定的情况下,对效力的异议必须在作出裁决3个月内提出;在(2)和(4)项规定的情况下,在发现受贿的情况或引起无效要求的事实后六个月内提出;而在任何情况下,在作出裁决10年内提出。3. 法院经有关当事一方请求,或者如果情况有需要,得在对申请无效作出最后决定前推迟执行。"

第37条:"如果裁决被国际法院宣告无效,争端应提交当事双方协议组成的新法庭,或未达成协议,按照第3条规定的方式组成的新法庭。"

录自王铁崖、田如萱主编:《国际法资料选编》,法律出版社1982年版,第975页。

② See e. g. Christoph H. Schreuer, *The ICSID Convention: A Commentary*, Cambridge University Press, 2001, p. 888; Aron Broches, Observations on the Finality of ICSID Awards, *ICSID Review—Foreign Investment Law Journal*, Vol. 6, No. 2, 1991, p. 325.

③ 从1958年《仲裁程序示范规则》的序言中也可以看出,该规则所针对的仲裁是用以解决国家间争端的仲裁——

"提出仲裁的约定是以下列基本原则为依据的:

"1. 任何诉诸仲裁以解决国家间争端的约定构成一项法律义务,必须诚实地予以履行。

"2. 这种约定产生自当事双方之间的协议,得涉及现有的争端或嗣后发生的争端。

"3. 约定必须载于一件书面文件内,不论该文件采取什么形式。

"4. 本示范规则向争端当事国建议的程序不应属于强制的性质,除非有关各国以仲裁协定或以其他形式的约定同意采用这些程序。

"5. 当事各方在仲裁法庭的一切程序上应处于平等地位。"

录自王铁崖、田如萱主编:《国际法资料选编》,法律出版社1982年版,第965页。

裁或者依据某一公约而进行的仲裁。在当事国怀疑裁决无效的时候,它通常无法援用、也无义务援用诸如机构仲裁等仲裁机制中的相应救济措施。因此,传统的国家间仲裁的最大特点之一在于,"败诉"一方当事国往往以仲裁程序不符合特定基本规则以至于裁决不公为由,宣布裁决无效。[①] 由于用以确保裁决公正性的上述特定基本规则的不确定性使然,也由于"'败诉'一方当事国事实上成了有权对裁决的有效性进行最终评判的法官"这一局面使然,"国家间仲裁裁决的'约束'力因此在很大程度上名存实亡"。[②] 为了摆脱这一困境,借鉴一般国际商事仲裁撤销制度的成例,联合国国际法委员会苦心孤诣地开展了就国家间仲裁撤销程序制定公约的工作。其1958年《仲裁程序示范规则》在仲裁撤销方面的最大贡献在于,将原由各争端当事国享有的仲裁撤销权原则上收归国际法院,并将违反用以确保裁决公正性的上述特定基本规则的具体情形(或曰可据以撤销裁决的撤销理由)予以统一化。1958年《仲裁程序示范规则》虽然旨在为国家间仲裁制定规矩,也考虑到了国家间仲裁的独特性,如将仲裁撤销权赋予给国际法院,但其所设计的仲裁撤销制度框架仍然带有一般国际商事仲裁撤销制度的深深烙印,其所设计的具体撤销理由更与一般国际商事仲裁撤销制度的撤销理由极为相似。所以,1958年《仲裁程序示范规则》有关仲裁撤销的相关规定本身就肇端于一般国际商事仲裁撤销制度。同时,正是因为该法律文件带有过于浓厚的一般国际商事仲裁制度的气息,对国家间仲裁的特殊需要照顾不周,所以,尽管美国等一

---

① David D. Caron, The Nature of the Iran—United States Claim Tribunal and the Evolving Structure of International Disputes Resolution, *American Journal of International Law*, Vol. 84, 1990, p. 112; Aron Broches, Awards Rendered Pursuant to the ICSID Convention: Binding Force, Finality, Recognition, Enforcement, Execution, *ICSID Review—Foreign Investment Law Journal*, Vol. 2, No. 2, 1987, p. 289.

② Aron Broches, Awards Rendered Pursuant to the ICSID Convention: Binding Force, Finality, Recognition, Enforcement, Execution, *ICSID Review—Foreign Investment Law Journal*, Vol. 2, No. 2, 1987, p. 289.

些西方发达国家对它大加赞赏，联合国的大多数成员却不肯将这一法律文件作为“公约”而接受，以至于联合国国际法委员会悉心起草的“公约草案”在最后一刻变成了“示范规则”。[①] 基于上述种种，笔者认为，《华盛顿公约》第 52 条所创设的 ICSID 仲裁撤销制度确系脱胎于一般国际商事仲裁撤销制度。

三、ICSID 仲裁撤销制度与 ICSID 仲裁补充与纠正、解释、修改制度的区别

与 ICSID 仲裁撤销制度一样，ICSID 仲裁补充与纠正（supplementation and rectification）、解释（interpretation）、修改（revision）制度也是 ICSID 仲裁机制中针对有瑕疵裁决的救济措施。

具体规定 ICSID 仲裁补充与纠正、解释、修改制度的条文为《华盛顿公约》第 49 条第 2 款、第 50 条和第 51 条。

《华盛顿公约》第 49 条第 2 款规定了 ICSID 仲裁的补充与纠正问题：“仲裁庭经一方在作出裁决之日后 45 天内提出请求，可以在通知另一方后对裁决中遗漏的任何问题作出决定，并纠正裁决中的任何抄写、计算或类似的错误。其决定应为裁决一部分并应按裁决一样的方式通知双方。第 51 条第 2 款和第 52 条第 2 款规定的期限应从作出决定之日计算。”

第 50 条规定了 ICSID 仲裁的解释问题：“1. 如果双方对裁决的意义或范围发生争端，任何一方可以向秘书长提出书面申请，要求对裁决作出解释。2. 如有可能，该项要求应提交作出裁决的仲裁庭。如果不可能，则应依照本章第 2 节组织新仲裁庭。仲裁庭认为必要时，可以在作出决定前暂缓执行裁决。”

第 51 条则规定了 ICSID 仲裁的修改问题：“1. 任何一方可以根据发现一些其性质对裁决有决定性影响的事实，而向秘书长提出书面申请要求修改裁决，但必须以在作出裁决时，仲裁庭和申请

---

① Srecko Lucky Vidmar, Compulsory Inter-State Arbitration of Territorial Disputes, *Denver Journal of International Law and Policy*, Vol. 31, 2002, p. 100.

人都不了解该事实为条件，而且申请人不知道该事实并非由于疏忽所致。2. 申请应在发现该事实后90天内，无论如何应在作出裁决之日后3年内提出。3. 如有可能，该项要求应提交作出裁决的仲裁庭。如果不可能这样做，则应依照本章第2节组织新仲裁庭。4. 仲裁庭如认为情况有此需要，可以在作出决定前，暂缓执行裁决。如果申请人在申请书中要求暂缓执行裁决，则应暂缓执行，直到仲裁庭对该要求作出决定为止。”

结合上述条约规定以及ICSID仲裁撤销、补充与纠正、解释、修改制度的运行实践，我们可以将ICSID仲裁撤销制度与其他3类ICSID仲裁救济制度作出如下区分：

1. 适用条件不同。这4种仲裁救济制度的适用条件分别如下。(1)撤销制度：仲裁庭组成不当、仲裁庭明显越权、仲裁庭的成员有受贿行为、严重违背基本程序规则、裁决未陈述其所依据的理由；(2)补充与纠正制度：裁决中遗漏了任何问题，裁决中有任何抄写、计算或类似的错误；(3)解释制度：双方对裁决的意义或范围发生争议；(4)修改制度：任何一方当事人在裁决作出后，发现裁决时存在一些自己及仲裁庭皆不知道的对裁决有决定性影响的事实，且申请人不知道该事实并非疏忽所致。相形之下，撤销制度所针对的仲裁瑕疵皆为仲裁庭或其成员的重大不轨行为或裁决的重大缺陷，它们对ICSID仲裁机制的中立性、公正性冲击最大，性质最为严重。其他3种救济制度所针对的仲裁瑕疵则或为仲裁庭考虑不周导致的技术性失误，或为与仲裁庭自身无关的原因导致的其他失误，性质较为轻微，从整体上说，对ICSID仲裁机制的中立性、公正性的冲击较小。

2. 作出判断的机构不同。在撤销制度中，原仲裁庭成员必须全体回避，而由另行成立的专门委员会进行判断；在其他三种救济制度中，皆应尽量由原仲裁庭进行判断。由此可见，《华盛顿公约》对裁决撤销问题最为审慎。

3. 当事人提出申请的期限不同。在撤销制度中，当事人提出申请的期限依撤销理由的不同而不同:以受贿为由申请撤销的,申请提出期限为发现受贿行为之日起 120 天内,并且最长不得超过从裁决作出之日起 3 年;根据其他理由申请撤销的,申请提出期限为裁决作出之日起 120 天之内。在补充与纠正制度中,当事人提出申请的期限为裁决作出之日起 45 天内。解释制度没有规定当事人提出申请的期限,所以,在理论上,当事人得随时提出此种申请。在修改制度中,当事人提出申请的期限是发现该事实起 90 天内,最长不得超过从裁决作出之日起 3 年。

4. 效果不同。撤销制度可使原裁决的全部或部分内容被否定,但不可被纠正;补充与纠正制度可使原裁决的缺漏或错误内容被补正;解释制度不着眼于对原裁决错误内容的否定或纠正,而着眼于对原裁决所引发的歧义的澄清;修改制度则旨在改正原裁决的错误内容。由此可见,由于撤销制度所救济的仲裁瑕疵过于严重,《华盛顿公约》不允许专门委员会径行终局决定当事人的涉案争端,而是只作撤销,给当事人再次申请仲裁、从而必要时再次启动仲裁撤销程序的权利。

但是,四者之间的界线并非总是泾渭分明的,特别是撤销制度和补充与纠正制度之间可能存在交叉。这在实践中集中体现为:当原裁决遗漏的事项极为重大,其效果将使裁决结论受到影响时,补充与纠正制度将不敷其用,这时,得允许当事人径行启动撤销制度。在 Amco 案(一)及国际海运代理公司案的撤销程序中都曾出现过这种情况。①

四、ICSID仲裁撤销制度与一般国际商事仲裁撤销制度的区别

ICSID仲裁虽脱胎于一般国际商事仲裁，但ICSID所处理的并非常见的私人商事主体之间的国际争端，而是一国与他国国民之间的重大投资争端，主要是由于其所处理的争端的这种独特性使然，ICSID仲裁撤销制度具有不同于一般国际商事仲裁撤销制度的特殊性。

1. 法律依据不同。ICSID仲裁撤销制度的法律依据是创设IC-

---

① Amco Asia Corporation and others v. Republic of Indonesia (Decision on Annulment Ⅰ), ICSID Case No. ARB/81/1, paras. 34, 35; Maritime International Nominees Establishment v. Republic of Guinea (Decision on Annulment), ICSID Case No. ARB/84/4, para 5.13.

其中，Amco案的案情梗概是：美籍Amco公司与印尼军方控制的威兹玛(Wisma)公司签订了一份《租赁与管理协议》，从后者手中租赁到卡迪卡广场饭店并投入巨资进行建设和经营管理。后来两者发生纠纷，威兹玛在印尼军方和警方的帮助下强行接管了该饭店，并有效地促成了如下两种结局：印尼法院授予了威兹玛对该饭店的管理权、印尼外资署基于Amco未正确履行饭店管理义务和未按规定足额投资而吊销了Amco的投资许可证。Amco遂于1981年1月以印尼为被申请人向ICSID申请仲裁。仲裁庭认为，尽管威兹玛的接管行为不构成征收，但是，印尼军方和警方在强行接管中的非法协助行为需要由印尼负国际责任；由于Amco并未在先违约，印尼在吊销Amco投资许可证一举中又未先行警告及给予充分的听证机会，该吊销行为违法，故裁决印尼负赔偿责任。印尼不服，遂申请撤销。最后，专门委员会根据“仲裁庭明显越权”、“裁决未陈述其所依据的理由”这两点，决定部分撤销裁决。其后，Amco再次向ICSID申请仲裁，新仲裁庭的裁决最终作出后，Amco和印尼都不服，于是又第二次申请撤销。1992年12月，Amco案第二个专门委员会一方面驳回了对裁决的撤销申请，另一方面以严重违背基本程序规则为由撤销了补充和纠正决定(该决定迄未公布)。

国际海运代理公司案的案情梗概是：列支敦士登籍国际海运代理公司(Maritime International Nominees Establishment)与几内亚就后者境内铝土矿的合作开采和运输事宜签订了一份合同和两份补充议定书。但是，由于种种原因，根据上述合同成立的合营企业索特拉马(SOTRA MAR)公司始终未能运营起来。合作失败后，国际海运代理公司以几内亚拒绝履行合同致自己遭受损失为由，先后去美国法院起诉、去美国仲裁协会仲裁、去ICSID仲裁(1984年)。ICSID仲裁庭认为，是几内亚的行为导致索特拉马公司未能按协议运营，但在计算几内亚的违约给索特拉马造成的可得利益损失时，仲裁庭并未采纳国际海运代理公司提出的两套估算方案，而是根据自己提出的一套方案确定了几内亚应付的赔偿额。几内亚申请撤销。最后，专门委员会于1989年12月作出了部分撤销裁决的决定。

SID的《华盛顿公约》本身，确切地说，是其第52条；而一般国际商事仲裁撤销制度的法律依据则是各国的相应国内法。根据各国的通行实践，裁决撤销问题通常由裁决作出地国主管机关决定。1958年《关于承认和执行外国仲裁裁决的公约》(以下简称《纽约公约》)第5条第1款第5项还承认，裁决所依据的法律的所属国的主管机关也有权撤销。因此，我们可以进一步归纳出，一般国际商事仲裁撤销制度的法律依据是，各裁决作出地国或者裁决所依据的法律的所属国的相应仲裁撤销立法。由此可见，ICSID仲裁撤销制度的法律依据非常统一，而一般国际商事仲裁撤销制度的法律依据极为复杂。

2. 撤销机构不同。ICSID仲裁裁决的撤销与否由设在ICSID内部的专门委员会决定，而一般国际商事仲裁裁决的撤销与否则取决于该裁决作出地国或裁决所依据的法律的所属国的主管机关，这种主管机关通常就是该国的国内法院。从效果上看，ICSID仲裁撤销机构的这种"制度内"特性较易给人以超然独立的感觉，而一般国际商事仲裁撤销机构的"制度外"特性则相对较易令人担心其公正性。

3. 撤销理由不同。如前所述，ICSID仲裁撤销理由较为统一，而一般国际商事仲裁撤销理由则反其道而行之，由各国相关国内法决定。尽管晚近"法律全球化"的趋势的确使各国商事仲裁立法愈来愈趋于统一，但各国对一般国际商事仲裁撤销理由的规定并未完全一致。如根据1994年《中国仲裁法》第70条，仅当存在如下情形之一时，人民法院才可以撤销涉外仲裁裁决：(1)当事人在合同中没有订立仲裁条款或者在事后没有达成书面仲裁协议的；(2)被申请人没有得到指定仲裁员或者进行仲裁程序的通知，或者由于其他不属于被申请人负责的原因未能陈述意见的；(3)仲裁庭的组成或者仲裁的程序与仲裁规则不符的；(4)裁决的事项不属于仲裁协议范围或者仲裁机构无权仲裁的。但是，根据1996年《英国仲裁法》第67条、第68条、第69条的规定，英国法院据以撤销一般国际商事仲裁裁决的理由却多得多，"裁决因欺诈行为而作出"也是撤销理由之一。

4. 撤销制度的地位不同。根据《华盛顿公约》第53条第1款、第54条第1款、第55条的规定,[①]倘使当事人申请仲裁撤销未果,而裁决执行地所在国又系《华盛顿公约》缔约国,则其在金钱裁决的执行问题上可回旋的余地极小:如果不满的一方当事人是东道国,其可以在被申请执行国援引该国有关国家豁免的现行法律申请对裁决不予执行,这也是东道国作为主权国家的固有权力,并不意味着ICSID仲裁执行机制软弱无力;如果不满的一方当事人是外国投资者,则其根本没有对有效的ICSID裁决申请不予执行的权利。因此,基本可以这样说,ICSID仲裁撤销制度是“败诉”当事人能得以力挽狂澜的最后一个机会,对当事人的涉案利益至关重要。在一般国际商事仲裁中,根据各国的通行立法,对裁决不满的当事人则可以拥有两次补救机会:先向裁决作出地所在国法院或裁决所依据的法律的所属国的法院申请仲裁撤销,不奏效后再转而向裁决承认与执行地法院申请不予承认或执行,并且得到不予承认或执行判决的可能性几乎不小于得到撤销判决的可能性。这就使得仲裁撤销制度在一般国际商事仲裁中相对不至于一锤定音。

五、ICSID仲裁撤销制度的特点

由此我们可以看出,ICSID仲裁撤销制度具有如下三个特点:

第一,内部性或自成体系(self-contained)性。[②] 所谓“内部性”或“自成体系性”指的是ICSID仲裁撤销的“制度内救济”(built-in

---

① 《华盛顿公约》第53条第1款规定:“裁决对双方有约束力。除本公约另有规定外,不得进行任何上诉或采取任何其他救济办法。除依照本公约有关规定予以暂缓执行的情况外,每一方应遵守和履行裁决的规定。”

第54条第1款规定:“每一缔约国应承认依照本公约作出的裁决具有约束力,并在其领土内履行该裁决所课予的金钱义务,如同该裁决是该国法院的终局判决一样。”

第55条规定:“第54条的规定不得解释为背弃任何缔约国现行的关于该国或任何外国执行豁免的法律。”

② 有学者将“self-contained”译作“自给自足”。王传丽:《WTO:一个自给自足的法律体系——兼论一国四地经贸法律新发展》,载陈安主编:《国际经济法学刊》第11卷,北京大学出版社2004年版,第84页。

remedy)这一特性。在 ICSID 仲裁机制中,如果一方当事人不服仲裁庭的裁决,而该裁决的所谓"弊病"又不能通过简单的"补充与纠正"、"解释"、"修改"等制度来补救,则其只能依法通过内置于 ICSID 仲裁框架内的 ICSID 仲裁撤销制度来实现自己的主张,而不能援用处于 ICSID 仲裁框架外的其他救济制度。根据 ICSID 仲裁撤销制度,有权决定涉案裁决是否撤销的是 ICSID 自己,更确切地说,是 ICSID 依据其公约建立的专门委员会,而不是一般国际商事仲裁撤销制度中常见的裁决作出地所在国法院或者裁决所依据的法律的所属国国内法院。从效果上看,这一特点显然不但能避免国内法院不当干预 ICSID 裁决,从而保证其中立性,而且能避免 ICSID 裁决动辄被国内法院撤销,从而保证其终局性。此外,该特点还能避免由各国国内法所界定的撤销理由不同所导致的标准不一,从而保证 ICSID 仲裁撤销制度在实施上的统一性。

第二,有限性。此处的"有限性"有两重含义,即撤销理由的有限性和处理结果的有限性。所谓"撤销理由的有限性"是指,除了《华盛顿公约》第 52 条所规定的 5 种理由外,当事人不能依据其他理由申请撤销裁决,专门委员会也不得考虑其他撤销理由。所谓"处理结果的有限性"是指,针对当事人的撤销申请,专门委员会的最终处理结果只能有两种:撤销或不撤销。它无权在洞悉涉案裁决的"致命伤"后,像国内法中的上诉法院那样,径行对该裁决进行纠正。这一特点的设计理念在于:首先,撤销理由的有限性能确保 ICSID 仲裁机制在两大互相冲突的价值目标,也即公平与效率之间保持恰当的平衡,使当事人既得以经由法定撤销理由实现其对裁决的公正诉求,又不致因撤销理由的过于宽泛而动辄滥用这种救济机制,以致最终损及双方都需要的效率。处理结果的有限性能使 ICSID 仲裁机制尽可能地保持其对"当事人自治"原则的充分尊重,使得争端的最终解决权能操诸当事人亲自挑选出来的仲裁庭手中,而不是操诸当事人无权委任的、由行政理事会主席指定的专门委员会手中。

第三,不确定性。此处的不确定性也有两重含义,即撤销与否的不确定性和撤销决定中的事实与法律认定对后案新仲裁庭的影响力的不确定性。前者的产生原因是：上述 5 种法定撤销理由中的“仲裁庭组成不当”、“仲裁庭的成员有受贿行为”这两种理由，虽然在概念上少有歧义，但是，由于一则 ICSID 仲裁庭的组庭事宜皆在秘书长的直接监督之下，发生“仲裁庭组成不当”的可能性几乎不存在，①二则 ICSID 仲裁庭的仲裁员皆为品德高尚的世界著名人士，②让他们接受贿赂的可能性也极为渺茫，所以，从迄今已披露出来的撤销案件看，当事人所援用的 ICSID 仲裁撤销理由一直都来自剩下的三个撤销理由。而剩下的三个理由无一例外都是模棱两可、极为弹性的。这就使得 ICSID 仲裁撤销程序的当事人难以较准确地预测案件处理结果，换言之，撤销与否极不确定。不确定性的另一层含义是，虽然专门委员会能在撤销程序中决定撤销原裁决的全部或部分，并据此使当事人得以将未能最终解决的原有争端提交新的 ICSID 仲裁庭，但该撤销决定的事实及法律认定是否会被新案仲裁庭接受却是不确定的。新案仲裁庭完全可以不顾撤销决定的事实与法律认定而自行其是、另作新论。上述不确定性的制度特点虽然可以保证新案仲裁庭充分发挥主观能动性，并充分尊重当事人的自由选择，然而，毫无疑义，它也给求助于 ICSID 仲裁撤销制度的当事人带来了巨大风险。

第二节 ICSID 仲裁撤销制度的启动条件

根据《华盛顿公约》第 52 条第 1 款至第 2 款的规定及其相应立约史、撤销实践，启动 ICSID 仲裁撤销程序需要具备如下五个条件。

---

① Georges R. Delaume, The Finality of Arbitrations Involving States: Recent Development, *Arbitration International*, Vol. 5, 1989, p. 30.

② 《华盛顿公约》第 14 条第 1 款规定：“指定在小组服务的人员应具有高度的道德品质，并且在法律、商务、工业或金融方面有公认的资格，他们可以被信赖作出独立判断。对仲裁员小组的成员而言，在法律方面的资格尤其重要。”

一、具有合格的撤销申请人

根据《华盛顿公约》第 52 条第 1 款的规定，有权向 ICSID 申请撤销裁决的主体是“任何一方”(either party)。这意味着：第一，ICSID 仲裁的双方当事人都有权提起仲裁撤销程序。根据《华盛顿公约》第 25 条第 1 款和第 3 款，①能够成为 ICSID 仲裁当事人的主体分别是：该公约的缔约国或缔约国指定到 ICSID 的该国的任何下属单位或机构、与前者因投资而直接产生了法律争端的另一缔约国国民，相应地，有权提起 ICSID 仲裁撤销程序的也就是这两类主体。第二，只有 ICSID 仲裁当事人才是合格的撤销申请人，不但 ICSID 不能依职权启动仲裁撤销程序，其他第三人也不能以自己的名义提起仲裁撤销程序。

二、撤销申请人所针对的撤销对象合格

根据《华盛顿公约》第 52 条第 1 款的规定，撤销申请人所针对的撤销对象须是“裁决”(award)。在整个《华盛顿公约》中，提到“裁决”这个概念的外延的地方共有三处：第 48 条(从该条规定中可以推知，仲裁庭对整个案件作出的终局处理决定的名字叫“裁决”)②、第 49 条(明文规定，仲裁庭就“裁决中遗漏的任何问题”作出的决定以

---

① 《华盛顿公约》第 25 条第 1 款和第 3 款分别规定：

“ICSID 的管辖权适用于缔约国(或缔约国指定到 ICSID 的该国任何下属单位或机构)和另一缔约国国民之间因投资而直接产生的任何法律争端，而该项争端经双方书面同意提交给 ICSID。当双方表示同意后，不得单方面撤销其同意。”

“某一缔约国的下属单位或机构表示的同意，须经该缔约国批准，除非该缔约国通知 ICSID 不需要予以批准。”

② 该条内容是：

“1. 仲裁庭应以其全体成员的多数票对问题作出决定。

“2. 仲裁庭的裁决应以书面做成，并由仲裁庭投票赞成的成员签字。

“3. 裁决应处理提交仲裁庭的每一个问题，并陈述其所依据的理由。

“4. 仲裁庭的任何成员可以在裁决上附上他个人的意见(不论他是否同意多数人的意见)，或他持不同意见的声明。

“5. ICSID 未经双方的同意不得公布裁决。”

及对裁决中的“任何抄写、计算或者类似错误”作出的纠正决定，都“应为裁决的一部分并应按裁决一样的方式通知双方”)、第 53 条(明文规定，“在本节中，‘裁决’应包括依照第 50 条、第 51 条或第 52 条对裁决作出解释、修改或者撤销的任何决定”)。鉴于第 53 条所处的小节为“第六节 裁决的承认和执行”，并且该条在界定“裁决”的外延时明确声明，其界定的效力仅限于该节，而具体规定 ICSID 仲裁撤销制度的第 52 条却处在“第五节 裁决的解释、修改和撤销”，所以，第 53 条的规定虽然非常明确，却不能成为我们界定 ICSID 仲裁撤销制度中的“裁决”这一术语的外延的依据。考虑到上述第 48 条、第 50 条在界定“裁决”的外延时并无诸如“在本节中”之类的限制性措辞，因此，可以肯定，仲裁庭的终局裁决以及对裁决的补充与纠正(supplementation and rectification)的决定都属于可以撤销的“裁决”之列，都可以成为撤销的对象。至于根据第 50 条、第 51 条、第 52 条所作出的有关裁决的解释、修改、撤销的决定，其虽具有终局性，但不是“裁决”的一部分，故不在可撤销的“裁决”之列。而仲裁庭针对管辖权异议所作出的临时决定(decision)、针对临时措施申请所作的命令(order)等临时决定，则因其不具有终局性，也不在可以撤销之列。

《华盛顿公约》将可以撤销的对象局限于终局性的案件处理结论、也即所谓的“裁决”，这一规定是经过审慎思考才作出的。从《华盛顿公约》缔约记录看，1965 年 1 月，解决投资争端法律委员会(legal Committee on Settlement Disputes)在对《公约草案修改稿》进行讨论过程中，巴拿马代表曾提出，在一些情况下，应该允许仲裁当事人在终局裁决作出之前就申请撤销。法律委员会主席 Aron Broches 紧接着对巴拿马代表的这一提议进行了解释。据他看来，巴拿马代表所设想的这种情况可能要发生在当事人在对仲裁庭组成事宜或仲裁庭遵守基本程序规则事宜有异议的情况下。但他同时认为，这相当于就“仲裁庭所作出的裁决或者任何临时决定”为当事人提供撤销救济。[①] 但印度、荷兰、英国等国的代表反对这一建议，认为这一建议的实施将会给当事人阻挠乃至拖延仲裁提供无穷的机会。[②] 由于仲裁庭组成不当事宜比较特殊，法律委员会最后还对此种情况下当事人是否有权在终局裁决前提出撤销申请进行了表决，并以9：3的多数票否决这一可能。[③]

不过，倘若仲裁庭在作出最终裁决时，将此前发布的中间性质的临时决定合并在裁决之中，则此时这些临时决定就成为裁决的一个部分，从而构成合格的撤销对象。比较典型的例子是有关管辖权问题的临时决定。从ICSID已经披露出来的裁决看，大部分仲裁案件的被申请人都会在仲裁程序中开门见山地提出管辖权异议。倘若ICSID仲裁庭认为自己并无管辖权，往往就会在这一阶段便作出一份终局的裁决（名叫"Award"），宣布自己并无管辖权。在这种情况下，由于对管辖权异议的处理决定就是终局性的裁决，仲裁当事人当然有权依法对之申请撤销。[④] 但是，在仲裁庭认为管辖权异议比较复杂，不宜与实体问题一并审理，而自己又的确对该案拥有管辖权的时候，往往会首先处理管辖权问题，发布有关管辖权问题的中间性质的决定（名叫"Decision on Jurisdiction"），待确认了自己拥有管辖权

---

① ICSID, *Convention on the Settlement of Investment Disputes between States and Nationals of Other States: Documents Concerning the Origin and Formulation of the Convention*, Vol. 2, 1968, p. 850.

② ICSID, *Convention on the Settlement of Investment Disputes between States and Nationals of Other States: Documents Concerning the Origin and Formulation of the Convention*, Vol. 2, 1968, pp. 851～852.

③ ICSID, *Convention on the Settlement of Investment Disputes between States and Nationals of Other States: Documents Concerning the Origin and Formulation of the Convention*, Vol. 2, 1968, p. 853.

④ 比如，在Gruslin案中，ICSID仲裁庭便作出一个认定自己对该案并无管辖权的终局裁决。申请人Philippe Gruslin不服，遂径行向ICSID申请撤销该裁决，并成功地启动了撤销制度。Philippe Gruslin v. Malaysia, ICSID Case No. ARB/99/3, Award of November 27, 2000, quoted in James Crawford & Karen Lee & Elihu Lauterpacht, *ICSID Report*, Cambridge University Press, 2002, p. 484; ICSID, *List of Concluded Cases*, at http://www.worldbank.org/icsid/cases/conclude.htm, Oct. 30, 2004.

后，再继续审理，并在最终裁决中，将上述有关管辖权问题的中间性质的决定合并入该裁决中。在这种情况下，仲裁当事人就无法在仲裁庭发布有关管辖权问题的中间决定后申请撤销了，而只能等到仲裁庭终局裁决作出后，才可以启动撤销程序。[①]

但是，有时也可能会出现令人想象不到的局面。比如，在 ICSID 目前尚未审结的 Champion Trading Company and Ameritrade International, Inc. v. Arab Republic of Egypt 案中，仲裁庭曾于 2003 年 10 月作出了一个管辖权决定，断定它对部分申请人的请求有管辖权，而对部分申请人的请求无管辖权。[②] 这就意味着：对部分当事人而言，此管辖权处理结果是“裁决”，可以对之申请撤销；而对另外一部分当事人而言，此管辖权处理结果却是中间性质的“决定”，不可以对之申请撤销。倘若前一部分当事人决定申请撤销，则看来 ICSID 只能有两种选择：其一，开展撤销程序，暂缓仲裁程序；其二，暂缓撤销程序，继续进行仲裁程序。

三、撤销申请人所依据的撤销理由合格

根据《华盛顿公约》第 52 条第 1 款，撤销申请人所得以援引的撤销理由仅限于以下 5 种：仲裁庭组成不当、仲裁庭明显越权、仲裁庭的成员有受贿行为、严重违背基本程序规则、裁决未陈述其所依据的理由。有鉴于此，仲裁当事人在申请撤销裁决之时，必须要把其所认定的具体仲裁瑕疵分别贴上上述一种或者几种撤销理由的标签，也就是说，要将其所认定的诸多仲裁瑕疵分别归类在上述一个或者数个法定撤销理由项下。如果申请人单单摆出仲裁瑕疵，而不将第 52 条第 1 款所列的法定撤销理由“套”在这些仲裁瑕疵之上，ICSID 秘

---

① 在南太平洋房地产公司案中，埃及就仲裁庭有关管辖权问题的初步决定申请撤销，遭到了 ICSID 代理秘书长的拒绝。ICSID, Disputes before the Centre, *News from ICSID*, 1989, Vol. 6, No. 1, p. 2.

② Champion Trading Company and Ameritrade International, Inc. v. Arab Republic of Egypt, ICSID Case No. ARB/02/9, para. 3.4.3.

书长将对该撤销申请不予登记。

ICSID 仲裁撤销制度的核心是撤销理由的界定问题，本书将专辟第二章逐项论述，故此处不再赘述。

四、撤销申请人的撤销申请系在法定期间内提出

针对撤销申请人所援引的不同撤销理由，《华盛顿公约》第 52 条第 2 款规定了不同的撤销请求提出期间：(1)以仲裁庭的成员有受贿行为为由申请撤销的，期间为 120 天，自发现受贿行为之日起计算，并且无论如何都要在作出裁决之日后 3 年之内提出；(2)依据其他理由申请撤销的，期间为 120 日，自裁决作出之日起计算。《华盛顿公约》之所以对一般的撤销申请都界定了 120 日的法定期间，是因为尽管当事人一经阅读裁决书就会发现除“仲裁庭的成员有受贿行为”之外的其他撤销理由是否存在，但将这种发现条分缕析、引经据典地表述为雄辩的法律观点，却需要耗费相当的时间与精力，因此起草者给了撤销申请人约四个月的时间来形成自己的法律观点。鉴于仲裁庭成员受贿的事实当事人无法通过阅读裁决书发现，当事人完全可能是在裁决书作出之后的某一日才发现仲裁庭成员有受贿行为，为了让当事人有充分的时间形成具有说服力的法律观点，《华盛顿公约》在为此类情形的仲裁申请规定约四个月的法定期间的同时，还特别指出，此期间系从当事人发现受贿行为之日起计算。而上述 3 年最长法定期间的规定，则是出于防止 ICSID 仲裁裁决长期处于效力不明的状态的考虑。①

根据《ICSID 行政与财务规则》第 29 条的规定，在计算撤销请求的法定提出期间时，发现受贿之日或者裁决作出之日不计算在内，必须从下一日起算；就 ICSID 所在地美国华盛顿特区而言，倘若上述

---

① ICSID, *Convention on the Settlement of Investment Disputes between States and Nationals of Other States: Documents Concerning the Origin and Formulation of the Convention*, Vol. 2, 1968, p. 988.

期间的最后一天是星期六、星期日、公共假日，或者系由于任何原因限制投递普通邮件之日，则可以提出撤销申请的上述期间顺延至可以顺利进行普通邮件投递工作的下一个工作日。

五、撤销申请人的申请系向秘书长提出，且得到了秘书长的登记

根据《华盛顿公约》第 52 条第 1 款，撤销申请人应该向 ICSID 秘书长提出申请。《ICSID 仲裁程序规则》第 50 条第 3 款第 2 项则指出：对于超过法定期限提起的撤销申请，秘书长应该拒绝登记。秘书长的这种审查撤销请求是否在形式上符合《华盛顿公约》第 52 条第 1 款规定的权力通称"过滤权"(screening power)。[①]

从《华盛顿公约》、《ICSID 仲裁程序规则》的以上规定可以看出，就 ICSID 秘书长登记撤销请求这一职责而言，上述规定只是着重强调秘书长对超越法定期间而提交的撤销请求的甄别，要求秘书长对这类逾期提出的撤销请求拒绝登记。单从字面上看，这就与《华盛顿公约》第 36 条对 ICSID 秘书长的所授权力相差甚远。[②] 根据《华盛顿公约》第 36 条，仲裁申请人须向秘书长提出仲裁请求，而倘若秘书长发现当事人之间的争端显然不在 ICSID 的管辖权之内(manifestly outside the jurisdiction of the Centre)，则其应该拒绝就这项仲裁请求进行登记。考虑到 ICSID 仲裁管辖权具有对人管辖权、对事管辖权两方面含义，不难看出，与《ICSID 仲裁程序规则》第 50 条第 3 款第 2 项相比，《华盛顿公约》第 36 条对秘书长在拒绝登记方面的授权

---

① See, e. g., Georges R. Delaume, ICSID Arbitration and Courts, *The American Journal of International Law*, Vol. 77, 1983, p. 790.

② 该条的内容为：

"1. 希望采取仲裁程序的任何缔约国或缔约国的任何国民，应就此向秘书长提出书面请求，由秘书长将此项请求的副本送交另一方。

"2. 该项请求应包括关于发生争端的问题的材料、双方的身份以及它们同意依照关于调解和仲裁的程序提起规则提交仲裁等内容。

"3. 秘书长应登记此项请求，除非他根据请求中所包括的材料，发现此项争端显然在 ICSID 的管辖权范围之外。他应立即将登记或拒绝登记之事通知双方。"

较为宽泛:ICSID行使管辖权的要件是多方面的,而不管是基于哪一方面的考虑,只要秘书长认为,该争端显然不在ICSID的管辖权范围之列,他都应该拒绝登记。

然而,ICSID仲裁撤销实践表明,ICSID秘书长在拒绝登记撤销请求方面的实际权力其实很大:他有权根据当事人所提供的信息,对所有在形式上明显不符合《华盛顿公约》第52条第1款所规定的撤销条件的撤销请求拒绝登记。这些明显不符情形包括:撤销申请人不合格、撤销申请人所针对的撤销对象不合格、撤销申请人所依据的撤销理由不合格、撤销申请人未在法定期间内提出撤销申请。比如,ICSID秘书长曾两度因为撤销申请人所针对的撤销对象不合格而拒绝登记。这两起案件分别是Holiday Inns S. A. and others v. Morocco(以下简称"假日酒店案")和南太平洋房地产公司案。[①] 在假日酒店案中,由于仲裁庭中一个成员辞职、另一个成员死亡,新组成的仲裁庭就如何继续进行仲裁程序作出了一份决定和程序命令(Decision and Procedure Order),摩洛哥遂申请撤销该决定和程序命令。秘书长认为,《华盛顿公约》规定可以撤销的是"裁决",但该案中并没有作出任何"裁决",所以,拒绝予以登记。[②] 在南太平洋房地产公司案中,埃及曾经提出了管辖权异议,仲裁庭就此作出了驳回异议的管辖权决定,埃及立即申请撤销。ICSID代理秘书长也认为,这

---

① Aron Broches, Observations on the Finality of ICSID Awards, *ICSID Review—Foreign Investment Law Journal*, Vol. 6, No. 2, 1991, p. 328.

南太平洋房地产公司案的案情梗概是:1974年,香港籍南太平洋房地产公司与埃及旅游宾馆总公司签订了一份合同,约定成立一个合营公司,以开发靠近开罗的金字塔地区和地中海沿岸的某旅游设施。为此,埃及政府已经将这两处土地的使用权无条件地转让给了上述合营公司,后者也开始破土动工、进行建设。但是,几年后,埃及政府将上述金字塔区域划为文物古迹区,禁止对该地区进行旅游开发。南太平洋房地产公司遂申请仲裁。仲裁庭认为,埃及的行为构成了未经充分补偿的征收,故裁定埃及应承担巨额的赔偿责任。埃及不服,遂以"仲裁庭明显越权"、"严重违背基本程序规则"、"裁决未陈述其所依据的理由"为由申请撤销。该案最后以双方当事人和解结束,没有产生撤销决定。

② David D. Caron, Reputation and Reality in the ICSID Annulment Process: Understanding the Distinction between Annulment and Appeal, *ICSID Review—Foreign Investment Law Journal*, Vol. 7, No. 1, 1992, p. 37.

个管辖权决定不是合格的撤销对象——裁决,因而拒绝登记。[①]

根据《华盛顿公约》第41条,"仲裁庭应是其自身权限的决定人",而《华盛顿公约》第52条第4款又规定,该约第41条的规定准用于ICSID仲裁撤销制度,因此,从效果上看,就算秘书长对某项撤销请求进行了登记,随后建立的专门委员会仍有权重新确定,该撤销请求的提出是否符合《华盛顿公约》第52条所规定的法定撤销条件。事实上,Amco案(一)和Wena案的专门委员会就曾行使过这一权力。[②] 但是,倘若秘书长对某一项撤销请求拒绝登记,由于当事人无权对秘书长的决定申请复审,其便彻底丧失了利用ICSID仲裁撤销制度的机会。

第三节 专门委员会

在尚未进入撤销阶段的ICSID仲裁程序中,具体审理仲裁案件的机构称作"仲裁庭"(tribunal),这与一般国际商事仲裁审理机构的

---

① David D. Caron, Reputation and Reality in the ICSID Annulment Process: Understanding the Distinction between Annulment and Appeal, *ICSID Review—Foreign Investment Law Journal*, Vol. 7, No. 1, 1992, p. 37.

② Amco Asia Corporation and others v. Republic of Indonesia (Decision on Annulment Ⅰ), ICSID Case No. ARB/81/1, paras. 50—53; Wena Hotels Limited v. Arab Republic of Egypt(Decision on Annulment), ICSID Case No. ARB/98/4, para. 19.

Wena案的案情梗概是:英国籍Wena公司与埃及宾馆公司(以下简称"埃宾公司")签订了两份合同,以租赁和管理位于勒克苏和开罗的两处宾馆。不久,双方就租金支付问题发生争议。在埃宾公司的参与下,大批群众袭击并抢回了Wena公司租赁和管理的这两处饭店。虽经埃及检察总长裁断,埃宾公司返还了这两处宾馆,但其随后成功地使法院为该两宾馆指定了破产管理人并将Wena公司驱逐出该两宾馆。1998年7月,Wena公司向ICSID申请仲裁。仲裁庭认为:就算埃及没有参与对Wena公司所租宾馆的袭击,埃及也没有防止抢回宾馆行为的发生,随后也没有保护Wena公司的投资,因此,埃及没有给Wena公司在埃及的投资以"公平、公正待遇"和"全面的保护与安全",违反了《埃及一英国促进和保护投资协定》。此外,埃及的行为也相当于未依照《埃及一英国促进和保护投资协定》所规定的"充分、及时、有效"标准进行补偿的征收。有鉴于此,裁决埃及赔偿Wena公司2000余万美元损失。2001年1月,埃及申请仲裁撤销。专门委员会最终驳回了埃及的撤销请求。

称谓并无不同。但是，进入 ICSID 仲裁撤销阶段后，不但审理相关案件的具体机构发生变更，而且其名字也改称“专门委员会”(ad hoc committee)了。考虑到在一般国际商事仲裁中，有权撤销仲裁裁决或者宣告对仲裁裁决不予执行的始终都是国内法院，而 ICSID 专门委员会其实是内设于 ICSID 机制之中的临时性仲裁监督机构，因此，至少就仲裁监督机构的设置而言，ICSID 仲裁撤销制度与一般国际商事仲裁撤销制度之间存在很大不同。事实上，由于联合国国际法委员会所起草的 1958 年《仲裁程序示范规则》第 36 条规定，有权对国家间仲裁裁决进行监督的机构是国际法院，ICSID 的这种将仲裁监督权完全赋予给一个类似于“仲裁庭”的仲裁监督机构的作法也迥异于国家间仲裁的监督机制。《华盛顿公约》的缔结记录表明，在 1964 年 2 月 17 日—21 日召开的第三届“解决投资争端法律专家咨询会”上，意大利代表曾经对 ICSID 仲裁监督机制的设置提出过质疑，认为让一个仲裁庭来监督另一个仲裁庭的仲裁裁决是件匪夷所思的事情，建议与会者考虑南非代表的提议，也即让国际法院来处理 ICSID 裁决的撤销问题。但会议主席 Aron Broches 认为，鉴于国际法院的当事人只能是国家，而 ICSID 所受理的投资争端的当事人则是缔约国和另一缔约国的国民，倘若将 ICSID 裁决的撤销问题交由国际法院处断，则欲启动仲裁撤销的投资者必须有把握得到其母国的支持，这一问题显然错综复杂，同时，该提议也会使得 ICSID 仲裁监督制度溢出 ICSID 仲裁机制，从而与 ICSID 仲裁的自成体系特征相违背。① 因此，在 ICSID 框架内建立临时性的专门委员会来具体处理裁决撤销问题，是适合于 ICSID 仲裁机制的唯一选择。

一、专门委员会的组成

有关专门委员会组成方面的法律规定主要体现在《华盛顿公约》

---

① ICSID, *Convention on the Settlement of Investment Disputes between States and Nationals of Other States: Documents Concerning the Origin and Formulation of the Convention*, Vol. 2, 1968, p. 423, 424.

和《ICSID 仲裁程序规则》之中。为论述方便起见，我们不妨在此处将这些环环相扣的法律规定摘录如下：

《ICSID 仲裁程序规则》第 52 条第 1 款规定："秘书长在对撤销裁决申请书予以登记后，应立即请求行政理事会主席依《公约》第 52 条第 2 款指定一个专门委员会。"

《华盛顿公约》第 52 条第 3 款则规定："[按：行政理事会] 主席在接到请求时，应立即从仲裁员小组中指定由 3 人组成的专门委员会。委员会的成员不得为作出裁决的仲裁庭的成员，不得具有与上述任何成员相同的国籍，不得为争端一方的国家的国民或其国民是争端一方的国家的国民，不得为上述任何一国指定参加仲裁员小组的成员，也不得在同一争端中担任调解员。"

根据《ICSID 仲裁程序规则》第 52 条第 2 款，"秘书长通知双方当事人全体委员会成员均已接受指定之日，应视为委员会已经成立。"

与 ICSID 仲裁庭的组成相比，[①]ICSID 专门委员会的组成有许多不同之处。比如，成员人数的设定就不同。专门委员会成员人数的设定极为固定，只能是 3 人。与之相对应的是，仲裁庭的成员可以是一人，也可以是任何非偶数的其他数字。此外，在成员资格上，除了对成员的国籍要求有所不同外，还存在着如下差异：ICSID 专门委

① 《华盛顿公约》第 37 条规定：在秘书长登记了仲裁申请人的仲裁请求后，"仲裁庭应……尽速组成。仲裁庭应由双方同意指定的唯一的仲裁员或任何非偶数的仲裁员组成。如双方对仲裁员的人数和指定的方法不能取得协议，仲裁庭应由三名仲裁员组成，由每一方各指定仲裁员一名，第三人由双方协议指定，并担任仲裁庭庭长。"

第 38 条规定：如果自秘书长发出已经登记了仲裁请求的通知后 90 天内，或在双方可能同意的其他期限内，仲裁庭未能组成，则"行政理事会主席经任何一方请求，并尽可能同双方磋商后，得指定尚未指定的仲裁员或数名仲裁员。主席根据本条指定的仲裁员不得为争端一方的缔约国的国民或其国民是争端一方的缔约国的国民"。

第 39 条规定："大多数仲裁员不得为争端一方的缔约国国民和其国民是争端一方的缔约国的国民。但如唯一的仲裁员或仲裁庭的每一成员是经双方协议指定的，则不适用本条的上述规定"。

第 40 条规定："除主席根据第 38 条进行指定的情况外，可以从仲裁员小组以外来指定仲裁员"，并且从仲裁员小组以外指定的仲裁员应具备与 ICSID 仲裁员相同的品质。

员会的成员只能选自仲裁员小组，而ICSID仲裁庭的成员却并不一定如此。当事人完全可以指定仲裁员小组之外的人员作为仲裁员。但是，两者之间的最大不同之处还是体现在成员的指定上。对仲裁庭的成员指定具有决定性控制权的是当事人，而对专门委员会的成员指定具有决定性控制权的则是行政理事会主席。具体说来，仲裁庭的成员原则上是通过双方当事人指定的方式指定的。只有在当事人怠于行使权利或者就仲裁庭庭长（或者独任仲裁员）的人选无法达成一致时，行政理事会主席才有权代为指定，而且行政理事会主席必须应仲裁当事人申请才能代为指定，指定前承担“尽可能同双方磋商”的法定义务。相比之下，专门委员会的成员指定完全操诸行政理事会主席之手，[①]当事人甚至都没有要求行政理事会主席在指定前与之协商的权利。[②] 任由当事人指定仲裁庭成员，这体现了对“当事人自治”原则的尊重，因为ICSID仲裁肇端于一般国际商事仲裁，而一般国际商事仲裁的圭臬在于，尽最大可能地让私人自己决定自己的争端处理问题。秉持这一思路，一些学者就《华盛顿公约》中由行政理事会主席指定专门委员会成员的规定提出了质疑。他们认为，这种指定方式令不能“自治”的当事人战战兢兢、惶恐不安，长此以往，ICSID仲裁当事人便会自然而然地排斥ICSID仲裁机制，另寻其

① 在《华盛顿公约》的缔结过程中，曾有人提出建议说，应该由当事人自己来指定专门委员会成员。但是，这一建议遭到拒绝。ICSID, *Convention on the Settlement of Investment Disputes between States and Nationals of Other States: Documents Concerning the Origin and Formulation of the Convention*, Vol. 2, 1968, p. 855.

② 虽然撤销当事人无权要求行政理事会主席在指定前就人选问题与之协商，但是，实践中，ICSID秘书长在就指定哪些人的问题向行政理事会主席提出建议前，都会就专门委员会的成员组成情况与撤销当事人展开协商。Aron Broches, Observations on the Finality of ICSID Awards, *ICSID Review—Foreign Investment Law Journal*, Vol. 6, No. 2, 1991, p. 373; Jan Paulsson, ICSID's Achievements and Prospects, *ICSID Review—Foreign Investment Law Journal*, Vol. 6, No. 2, 1991, p. 392; W. Michael Reisman, The Breakdown of the Control Mechanism in ICSID Arbitration, *Duke Law Journal*, No. 4, 1989, p. 807; W. Michael Reisman, Repairing ICSID's Control System: Some Comments on Aron Broches' "Observations on the Finality of ICSID Awards", *ICSID Review—Foreign Investment Law Journal*, Vol. 7, No. 1, 1992, p. 211.

他能够尊重他们的自主权的争端解决途径。[①] 但也有学者持相反的观点，认为，通过这种方式指定的专门委员会成员较为中立，他们不但与当事人之间保持着一定的距离，而且还会在处理撤销案件时最大可能地客观公正，并更为理性地与专门委员会的其他成员合作共事。[②] 但无论如何，由行政理事会主席全权指定专门委员会成员所具有的如下好处却是谁也无法否认的：通过专门委员会成员指定上的连续性促进撤销决定内容上的连续性。自克劳科纳案（一）撤销程序启动后，[③]ICSID 就一直努力促进专门委员会成员指定的连续性。可是，由于专门委员会成员不得是原来的仲裁庭的成员以及国籍方面的限制等原因，上述努力成果有限。

当然，在审理案件的过程中，专门委员会与仲裁庭也有许多相似之处，比如，《华盛顿公约》第 52 条第 4 款就明确规定：本公约“第 41 条至第 45 条［按：仲裁庭的权力和职能］、第 48 条和第 49 条［按：裁决］、第 53 条和第 54 条［按：裁决的承认和执行］以及第 6 章［按：程序的费用］和第 7 章［按：程序的地点］的规定，准用于委员会的程序。”而上述准用于专门委员会的规定本来就是适用于仲裁庭的。

---

① See e.g. Jan Paulsson, ICSID's Achievements and Prospects, *ICSID Review—Foreign Investment Law Journal*, Vol. 6, No. 2, 1991, p. 392; W. Michael Reisman, The Breakdown of the Control Mechanism in ICSID Arbitration, *Duke Law Journal*, No. 4, 1989, p. 786.

② See e.g. Christoph H. Schreuer, *The ICSID Convention: A Commentary*, Cambridge University Press, 2001, p. 1014.

③ Klöckner 案的案情梗概是：在国际化肥市场产销行情日渐不利的情况下，德国籍 Klöckner 公司说服喀麦隆政府与之签订《协议纪要》和《供应合同》，为喀麦隆建化肥厂并提供包括工厂管理在内的多种服务。这两份合同都规定，有关合同的“有效性、解释及条款适用的纠纷”由 ICSID 仲裁。之后，Klöckner 又就工厂管理问题与喀麦隆另签了一份《管理合同》，规定由该合同引起的纠纷由国际商会仲裁。由于化肥厂质量低劣和管理不善，双方发生矛盾。Klöckner 遂于 1981 年 4 月将喀麦隆诉诸 ICSID 仲裁。仲裁庭确认自己有管辖权，但认为，Klöckner 违背了自己对合作伙伴的充分披露义务，也未能履行或正确履行其他合同义务，因此，作出了驳回 Klöckner 请求的裁决。Klöckner 不服，申请仲裁撤销，并导致裁决被撤销。之后，当事人又把原纠纷重新提交给新仲裁庭，新仲裁庭裁决作出后，当事人又启动了撤销程序。直到 1990 年 5 月 Klöckner 案第二个专门委员会决定驳回撤销请求（该决定迄未公布），该案纷争才终于尘埃落地。

二、专门委员会的权力和职能

根据《华盛顿公约》第52条第4款、第5款、第6款的规定，专门委员会主要具有如下方面的权力和职能：

(一)决定自身权限

专门委员会的这一职权源自《华盛顿公约》第52条第4款和第41条。① 根据这两条规定，专门委员会应是其自身权限的决定人。由于只要撤销申请人认定裁决书存在法定撤销理由，就可以在遵循一些程序性要件的情况下，依法提出撤销裁决的申请，专门委员会几乎“自动”地拥有管辖权，所以，与仲裁程序中的被申请人几乎每案都要向仲裁庭提出管辖权异议的“惯例”不同，在撤销程序阶段，被申请人较少针对专门委员会自身的管辖范围问题提出管辖权异议。

在ICSID仲裁撤销实践中，迄今披露出来的此类管辖权异议只有两起，分别发生在Amco案(一)和Wena案中，而且都是针对下述问题：撤销申请是否系在法定期间内提交。② 这两个管辖权异议最后都以专门委员会确认自己拥有管辖权告终。至于上文提到的撤销申请人不合格、撤销申请人所依据的撤销理由不合格这两种管辖权抗辩，从已经披露出来的ICSID仲裁撤销决定看，目前尚无当事方援用。上文也曾经提到过，在假日酒店案和南太平洋房地产公司案中，ICSID秘书长曾经以撤销申请人所针对的撤销对象不合格为由，

---

① 《华盛顿公约》第41条规定：

“1. 仲裁庭应是其自身权限的决定人。

“2. 争端一方提出的下述异议，应由仲裁庭加以考虑，并决定是将其作为先决问题处理，还是与该争端的实体问题一并处理：认为该争端不属于ICSID的管辖权范围内，或因其他原因不属于仲裁庭的权限范围内。”

② Amco Asia Corporation and others v. Republic of Indonesia (Decision on Annulment Ⅰ), ICSID Case No. ARB/81/1, paras. 50—53; Wena Hotels Limited v. Arab Republic of Egypt (Decision on Annulment), ICSID Case No. ARB/98/4, para. 19.

拒绝对撤销申请人的撤销请求进行登记。[①] 由于此类事项发生在专门委员会成立之前，当然与专门委员会的办案实践没有直接联系，所以，迄今为止，尚未发生过以撤销对象不合格为由向专门委员会提出管辖权异议的案例。根据《华盛顿公约》第 52 条第 4 款和第 41 条，对于争端一方提出的管辖权异议，应由专门委员会决定到底是将其作为先决问题处理，还是将其与该争端的实体问题一并处理。然而，由这一阶段所能提出的管辖权异议的简单性所决定，在迄今为止的实践中，专门委员会都是将其与实体问题一并处理的。从长远看，将来的专门委员会将其作为先决问题处理的可能性也不大。

(二)适用法律

专门委员会的这一职权源自《华盛顿公约》第 52 条第 4 款和第 42 条。《华盛顿公约》第 42 条规定："1. 仲裁庭应依据当事人双方协议的法律规范处断争端。如无此种协议，仲裁庭应适用作为争端当事国的缔约国的法律(包括它的法律冲突规范)以及可以适用的国际法规范。2. 仲裁庭不得借口法律无明文规定或含义不清而暂不作出裁决。3. 第 1 款和第 2 款的规定不得损害仲裁庭在双方同意时依据公平与正义原则裁断争端的权力。"[②]根据《华盛顿公约》第 52 条第 4 款的规定，在决定适用何种法律时，专门委员会遵循与仲裁庭

---

① 关于假日酒店案，请参见 Aron Broches, Observations on the Finality of ICSID Awards, *ICSID Review—Foreign Investment Law Journal*, Vol. 6, No. 2, 1991, p. 328. 关于南太平洋房地产公司案，请参见 David D. Caron, Reputation and Reality in the ICSID Annulment Process: Understanding the Distinction between Annulment and Appeal, *ICSID Review—Foreign Investment Law Journal*, Vol. 7, No. 1, 1992, p. 37.

② 其英文原文是：

"(1) The Tribunal shall decide a dispute in accordance with such rules of law as may be agreed by the parties. In the absence of such agreement, the Tribunal shall apply the law of the Contracting State party to the dispute (including its rules on the conflict of laws) and such rules of international law as may be applicable.

"(2) The Tribunal may not bring in a finding of *non liquet* on the ground of silence or obscurity of the law.

"(3) The provisions of paragraphs (1) and (2) shall not prejudice the power of the Tribunal to decide a dispute ex aequo et bono if the parties so agree. "

一样的"游戏规则"。

从目前已经披露出来的六个撤销决定来看,[①]有四个案件中的撤销申请人都主张,[②]仲裁庭由于适用法律时违反《华盛顿公约》第42条的规定而构成明显越权,要求专门委员会据此撤销裁决。此时,专门委员会如何诠解该约第42条、如何决定自己的法律适用问题便显得尤为重要。即便撤销申请人没有以仲裁庭未适用第42条所确定的法律从而构成明显越权作为撤销理由,由于法律适用问题一般总是专门委员会判定案件是非曲直的前提,专门委员会通常也首先要在撤销决定中就法律适用问题鲜明表态。

根据《华盛顿公约》第44条,[③]上述第42条规定只用于解决实体法的适用问题,不用于解决程序法的适用问题。程序法的适用问题应该根据双方协议、该约其他条款或者依据第44条制定的仲裁规则解决,或者由仲裁庭酌情解决。同时,第42条规定也不用于解决仲裁庭的管辖权问题,该问题应该根据《华盛顿公约》第25条、第26条确定。在南太平洋房地产公司案中,埃及就曾经辩称,根据《华盛顿公约》第42条第1款,应该适用作为争端当事国的缔约国的法律——埃及法律来确定管辖权问题,仲裁庭对此进行了驳斥。[④] 在Amco案(一)的撤销决定书中,专门委员会对这一点做了更为清楚明白的确认。[⑤] 同理,由于专门委员会的管辖权问题只由《华盛顿公约》第52条以及与之配套的仲裁规则调整,第42条也无法规制专门

---

① 分别为Amco案(一)、Klöckner案(一)、国际海运代理公司案、Vivendi案、Wena案、CDC案的撤销决定。

② 分别为Amco案(一)、Klöckner案(一)、Wena案的撤销申请人。

③ 该条的内容是:"如果双方另有协议,任何仲裁程序应依照双方同意提交仲裁之日有效的仲裁规则进行。在没有这种协议的情况下,则应依照本节规定。如发生本节或仲裁规则或双方同意的任何规则未作规定的任何程序问题,则该问题应由仲裁庭决定。"

④ Southern Pacific Properties (Middle East) Limited v. Arab Republic of Egypt, ICSID Case No. ARB/84/3, Decision on Jurisdiction and Dissenting Opinion of April 14, 1988, paras. 55－61.

⑤ Amco Asia Corporation and others v. Republic of Indonesia (Decision on Annulment I), ICSID Case No. ARB/81/1, paras. 18－19.

委员会的管辖权问题。从ICSID仲裁成案来看,《华盛顿公约》第42条的规定不适用于程序问题和管辖权问题的观念已经渐渐深入人心,少有争议了。

但是,关于《华盛顿公约》第42条如何适用于实体问题,却一直存在着巨大的分歧。众所周知,缔约国对ICSID管辖权予以接受的方式主要有三种——特许协议、国内立法、双边投资条约。由于上述第一种方式为ICSID早期裁断的案件中缔约国同意ICSID仲裁管辖权的主要方式,而在这种特许协议中,双方当事人通常会详细地事先规定准据法问题,所以,早期的ICSID仲裁庭一般只需遵循《华盛顿公约》第42条第1款第1句的规定,直接适用当事人协议选择的法律规范即可。虽然这时也有一些接受ICSID仲裁管辖权的特许协议没有就法律适用问题事先作出规定,一些通过国内立法接受ICSID仲裁管辖权的东道国也没有具体规定法律适用问题,但是,此类案件在ICSID仲裁成案中为数不多。20世纪80年代中期是一个转折性的时期。从这时起,通过双边投资条约同意ICSID仲裁管辖权的案件越来越多,[①]而此种情况下的当事人多

① 依据双边投资条约中的东道国与投资者之间的争端解决条款向ICSID申请仲裁的作法已经蔚然成风。且看如下数据:

自2002年6月至2002年12月,在ICSID受理的11件仲裁案件中,有7件是依据双边投资条约中的接受ICSID仲裁条款而提起的。ICSID, Disputes before the Centre, *News from ICSID*, Vol. 19, No. 2, 2002, p. 2.

自2003年1月至2003年6月,ICSID登记的15个新仲裁案件全都是依据双边投资条约中的接受ICSID仲裁条款而提起的。See ICSID, Disputes before the Centre, *News from ICSID*, Vol. 20, No. 1, 2003, p. 2.

根据ICSID法律顾问Antonio R. Parra在1999年的一份统计,在全世界大约1300项双边投资促进和保护协定中,有950多项规定了同意将争端提交给ICSID仲裁的条款。Antonio R. Parra, The Role of ICSID in the Settlement of Investment Dispute, *News from ICSID*, Vol. 16, No. 1, 1999, pp. 12～13.

没有约定准据法问题，或虽曾提及，但失之泛泛。[①] 晚近东道国通过双边投资条约同意ICSID仲裁管辖权的作法的风行，也使得外国投资者在向ICSID提起仲裁时，有权选择自己的请求根据，将原本的合同争端定性为东道国违反相应双边投资保护条约的争端。[②] 其影响所及，即是外国投资者频频去ICSID指责东道国违反双边投资条约以及《华盛顿公约》第42条第1款第2句开始得到广泛适用。[③] 细读该句可以看出，其虽然通过“应当”(shall)一词强调仲裁庭必须如何适用法律，但措辞妥协调和、模棱两可。该句虽然也提及了作为争端一方当事人的缔约国的法律规范(实践中通常就是东道国法律规范)，且在表述上先说国内法、后说国际法，然而，国内法能否必然得到适用以及能否必然得到充分适用，却存在很

① 例如，1994年《中华人民共和国政府和冰岛共和国政府关于促进和相互保护投资协定》就没有提及ICSID仲裁时的准据法问题，而2000年《中华人民共和国政府和刚果共和国政府关于鼓励促进和保护投资协定》、2002年《中华人民共和国政府和科特迪瓦共和国政府关于鼓励促进和保护投资协定》虽然专设条款规定了ICSID仲裁时的准据法问题，但其作用也只限于将《华盛顿公约》第42条第1款第2句中的“缔约国的法律”限定为“接受投资缔约一方的法律”而已。

② 比如说，声称东道国违反了其与投资者所属国之间的双边投资条约中的公平、公正待遇条款，或进行了违反该条约的非法征收等。显然，东道国不能如法炮制，也去ICSID指责该投资者的特定合同行为违反了双边投资条约。需要特别注意的是，投资者在就合同争端提出有关违反双边投资条约的仲裁请求时，甚至还可能依据最惠国待遇条款援用东道国与第三国间的双边投资条约。See e. g., Emilio Agustín Maffezini v. Kingdom of Spain (Decision on Jurisdiction), ICSID Case No. ARB/97/7.

③ Mark Friedman & Gaetan Verhoosel, Arbitrating over BIT claims, *The National Law Journal*, Sep. 15, 2003, at http://blog. lewrockwell. com/lewrw/archives/Friedman-BITs-9-15-03. pdf, Jan. 3, 2004.

大争议。[①] 东道国通常主张适用自己的国内法以维护民族经济利益，外国投资者则往往反其道而行之，主张适用更为严格、苛刻的所谓“国际法”以得到更多的赔偿。

查阅早期的ICSID仲裁成案可知，在当事人之间事先未对法律适用问题达成协议的情况下，ICSID仲裁庭通常认为：在《华盛顿公约》第42条第1款第2句所强调的国际法和东道国法之间，应该由国际法来补充和纠正东道国法，由前者起支配性的作用。[②] 考虑到ICSID适用的所谓“国际法”多反映发达的资本输出国的利益，对贫穷的、急需资金的发展中资本输入国的利益考虑不周，也往往未为后者所公认，ICSID这种片面强调适用“国际法”的作法对通常处于被申请人地位的发展中国家而言，显然不但是极为不

---

① 有关《华盛顿公约》第42条第1款的立法历史及相应争论，请参阅陈安主编：《国际投资争端仲裁——“解决投资争端国际中心”机制研究》，复旦大学出版社2001年版，第35～38页。See also Kenneth I. Juster, Arbitral & Judicial Decision: The Santa Elena Case: Two Steps Forward, Three Steps Back, *American Review of International Arbitration*, Vol. 10, 1999, pp. 373～376; Okezie Chukwumerije, International Law and Article 42 of the ICSID Convention, *Journal of International Arbitration*, Vol. 14, 1997, pp. 95～101; Ibrahim F. I. Shihata & Antonio R. Parra, Applicable Substantive Law in Disputes between States and Private Parties: The Case of Arbitration under the ICSID Convention, *ICSID Review—Foreign Investment Law Journal*, Vol. 9, No. 1, 1994, pp. 191～195.

② 如，在Amco案(一)和南太平洋房地产公司案中，仲裁庭都强调了国际法的补充作用。Amco Asia Corporation and others v. Republic of Indonesia, ICSID Case No. ARB/81/1, Award of November 20, 1984, para. 20; Southern Pacific Properties (Middle East) Limited v. Arab Republic of Egypt, ICSID Case No. ARB/84/3, Award of 20 May 1992, para. 80. 在Klöckner案(一)和Compañia del Desarrollo de Santa Elena S. A. v. Republic of Costa Rica案中，仲裁庭则不但强调了国际法的补充作用，而且还强调了国际法的纠正作用。Klöckner Industrie-Anlagen GmbH and others v. United Republic of Cameroon and Société Camerounaise des Engrais, ICSID Case No. ARB/81/2, Award rendered on October 21, 1983, para. 69; Compañia del Desarrollo de Santa Elena S. A. v. Republic of Costa Rica, ICSID Case No. ARB/96/1, para. 64. 另外，还有学者认为，在东道国国内法违反了国际强行法的情况下，国际法应该起支配性的作用。W. Michael Reisman, The Regime for Lacunae in the ICSID Choice of Law Provision and the Question of Its Threshold, ICSID Review—*Foreign Investment Law Journal*, Vol. 15, No. 2, 2000, pp. 362～381.

利的，也是极为不公的。在晚近外国投资者几乎全都指称东道国违反条约义务的情况下，ICSID仲裁庭更根据如下一般原理拒绝适用东道国国内法：判断东道国行为是否构成国际不法行为应依据国际法而非国内法；在这种情况下，即便必须要考虑国内法，也只是将其作为事实(fact)而考虑。① 当然，当事人可以以仲裁庭的法律适用作法构成明显越权为由申请撤销裁决，但当专门委员会也适用同一条文时，其思路通常仍然一如仲裁庭。② 鉴于当事人不能对专门委员会的撤销决定再行申请撤销，就算其对专门委员会的法律适用问题颇有微词，最后也只能是不了了之。

(三)要求当事人出示证据以及自行调查取证

专门委员会的这一职权源自《华盛顿公约》第52条第4款和第43条。③ 根据这两条规定，专门委员会享有与仲裁庭相同的要求当事人出示证据和自行调查取证的权力和职能。鉴于撤销程序的目的是判断仲裁庭的裁决是否真的具有法定撤销理由所述情形，尤其是当事人最常指称的仲裁庭明显越权、严重违背基本程序规则、裁决未陈述其所依据的理由这三种情形，因此，撤销程序所需要的绝大多数证据都与仲裁庭及其活动有关。至于专门委员会的自行调查取证一权，就笔者所接触到的案例而言，尚未发现哪个专门委员会行使过这种权力。

(四)适用仲裁规则

专门委员会的这一职权源自《华盛顿公约》第52条第4款和

---

① See e. g., MTD Equity Sdn. Bhd. and MTD Chile S. A. v. Chile, ICSID Case No. ARB/01/7, Award of May 25, 2004, para. 88.

② Compañía de Aguas del Aconquija S. A. and Vivendi Universal (Formerly Compagnie Générale Des Eaux) v. Argentine Republic (Decision on Annulment), ICSID Case No. ARB/97/3, paras. 93－115.

③ 《华盛顿公约》第43条规定："除非双方另有协议，如果仲裁庭在程序的任何阶段认为有必要时，它可以：

"1. 要求双方提出文件或其他证据；和

"2. 访问与争端有关的场地，并在该地进行它可能认为适当的调查。"

第44条。[①] 根据这两条规定,在决定适用何种仲裁规则上,专门委员会所采纳的判断方法应当与仲裁庭相同。鉴于《华盛顿公约》第4章(仲裁)第3节(仲裁庭的权力和职能)中共有七个条文(第41条至第47条),该约第52条第4款又规定,在该节中,准用于专门委员会的仅仅是其第41条至第45条,因此,第46条、第47条应无法准用于专门委员会的程序。[②] 不过,根据第52条第4款和第44条的规定,倘若发生"本节"(按:指第4章第3节)未作规定的任何程序问题,则该问题应由专门委员会决定,这就使得人们不禁疑惑:"本节"之内的第46条、第47条究竟准用与否?专门委员会究竟是否有权决定有关这两条的"未尽事宜"?考虑到在有关撤销程序的规定方面,第52条的规定应为特别规定,第44条的规定应为一般规定,按照特别法优先于一般法的原则,第46条、第47条规定应该无法准用于专门委员会的程序,专门委员会因此也无须决定有关这两条的程序方面的"未尽事宜"。[③]

(五)缺席审理

专门委员会的这一职权源自《华盛顿公约》第52条第4款和第45条。[④] 根据这两条规定,专门委员会需要"善待"缺席的一方

① 《华盛顿公约》第44条规定:"如果双方另有协议,任何仲裁程序应依照双方同意提交仲裁之日有效的仲裁规则进行。在没有这种协议的情况下,则应依照本节规定。如发生本节或仲裁规则或双方同意的任何规则未作规定的任何程序问题,则该问题应由仲裁庭决定。"

② 《华盛顿公约》第46条和第47条分别规定:"除非双方另有协议,如经一方请求,仲裁庭应对争端的主要问题直接引起的附带或附加的诉请或反诉请求作出决定,但上述要求应是在双方同意的范围内,否则则是在'中心'的管辖范围内。""除双方另有协议外,仲裁庭如果认为情况需要,得建议采取任何临时措施,以维护任何一方各自的权利。"

③ Christoph H. Schreuer, *The ICSID Convention: A Commentary*, Cambridge University Press, 2001, p. 1044.

④ 《华盛顿公约》第45条规定:

"1. 一方未出席或申辩,不得视为接受另一方的主张。

"2. 如果一方在程序的任何阶段未出席或申辩,另一方可以请求仲裁庭处理向其提出的问题并作出裁决。仲裁庭在作出裁决之前,应通知未出席或申辩的一方,并给以宽限日期,除非仲裁庭确信该方不愿意这样做。"

当事人。

在ICSID仲裁实践中，的确有相当一部分东道国被申请人出于种种原因，如对问题的严重性认识不足、缺乏必要的仲裁资源、认为自己肯定要输等，消极对待ICSID仲裁程序，以至于出现程度不一的缺席仲裁的情况。《华盛顿公约》预料到了这种情况，并通过其第45条的规定尽量维护仲裁中未出席一方当事人的合法权利。但是，第52条第4款将第45条的规定照搬到撤销程序中，可能意义不大。这是因为，从常理上看，提起撤销程序的都是认定自己是“败诉方”(或者，至少在一定程度上是“败诉方”)却又不甘心的仲裁当事人。他们提起撤销程序的目的就是为了讨还“公道”，可想而知，他们不可能采取不出席的“下策”。就算他们事先估计不足、过于乐观，撤销程序开始后因感到胜利无望而不想让徒靡钱财的撤销程序进行下去，他们也完全可以采取请求中止撤销程序、[①]或者不缴清仲裁费用的方式让程序无果而终。[②] 因此，提起撤销程序的当事人无须从第45条的规定中获益。就撤销程序中的被申请人而言，其通常就是此前的仲裁程序中的“胜诉方”。面对已经到手的果实，他们没有理由不奋起捍卫自己的利益、积极参与撤销程序，因此，《华盛顿公约》第45条对他们提供的保护显然也无甚意义。[③]

---

① 根据《ICSID仲裁程序规则》第44条、第53条，撤销申请人有权这样做。

“第44条(一方当事人请求之中止) 如一方当事人申请中止仲裁，仲裁庭或秘书长(如仲裁庭还未成立)应在一份决议书中确定他方当事人可陈述其是否反对此项中止之期限。如在此期限内他方当事人没有提出书面反对意见，应视为其已经默许了此项中止，并且仲裁庭或秘书长(如仲裁庭还未成立)应在一份决议书中载入此项中止。但如有异议，仲裁应继续进行。”

“第53条(程序规则) 本《规则》之条款应比照适用于任何有关裁决之解释、修改、撤销之程序及有关仲裁庭或委员会决定之程序。”

② 比如，Gruslin案撤销程序就是这样无果而终的。

③ Christoph H. Schreuer, *The ICSID Convention: A Commentary*, Cambridge University Press, 2001, p. 1045.

（六）暂缓执行裁决

专门委员会的这一职权源自《华盛顿公约》第 52 条第 5 款。根据该条款的规定以及与之配套的《ICSID 仲裁程序规则》第 54 条、[①]第 55 条第 3 款，专门委员会拥有暂缓执行裁决的权力。[②]

在 ICSID 仲裁撤销程序中，暂缓执行裁决的情形分为以下两种：其一，专门委员会依申请而暂缓执行，即在当事人申请暂缓执行裁决并且确有必要的情况下，专门委员会可以在作出撤销决定前，准予暂缓执行。另外，在当事人申请暂缓执行裁决而专门委员会却尚未成立的时候，倘若 ICSID 秘书长初步认定，当事人的撤销申请符合《华盛顿公约》第 52 条的要求，从而决定予以登记，则其就应同时通知双方当事人暂缓执行裁决这一事宜。此时，原裁决就处于暂缓执行的状态了。当然，待专门委员会正式组建后，倘若当事人还想使该裁决继续暂缓执行，其就必须得向专门委员会提交暂缓执行申请。

---

① 《ICSID 仲裁程序规则》第 54 条规定：

"1. 申请解释、修改或撤销裁决之当事人可在其申请书中，并且任何一方当事人可在对此种申请作出最后处理前的任何时候，申请暂缓执行与申请书有关之部分或全部裁决。仲裁庭或委员会应优先对此项申请加以考虑。

"2. 如修改、撤销裁决申请书中包括暂缓执行裁决之申请，秘书长应通知双方当事人暂时暂缓执行，并送达登记通知书，一旦仲裁庭或委员会成立，如经任何一方当事人申请，其应在 30 日内裁决是否继续此项暂缓执行；除非其决定继续此项暂缓执行，否则暂缓执行应自动结束。

"3. 如根据第 1 款已经准予暂缓执行，或根据第 2 款已经准予继续暂缓执行，经任一方当事人申请，仲裁庭或委员会可随时更改或结束此项暂缓执行。所有暂缓执行应在对申请书之最后决定作出之日自动结束。但准予部分撤销裁决之委员会可决定对未撤销部分暂时暂缓执行，以给予任何一方当事人申请依《公约》第 52 条第 6 款成立之新仲裁庭根据本规则第 55 条第 3 款之规定准予暂缓执行之机会。

"4. 根据第 1 款、第 2 款（第 2 句）或第 3 款，申请书应详细列出要求暂缓执行、暂缓执行之更改或暂缓执行之结束的情形。只有仲裁庭或委员会在给予各方当事人提出意见之机会后，才可准予此项申请。

"5. 秘书长应将暂缓执行裁决、对暂缓执行裁决之更改或者结束及时通知双方当事人。此项暂缓执行、更改或其结束应在发送此通知之日生效。"

② 《ICSID 仲裁程序规则》第 55 条第 3 款规定："如仅仅部分撤销原裁决，新仲裁庭应不再审理裁决之未撤销部分。但根据第 54 条规定之程序，它可在其自己的裁决作出前，暂缓执行或继续暂缓执行未撤销之部分裁决。"

否则，上述暂缓执行通知的效力自动终止，即便撤销程序正在进行之中，当事人也负有履行裁决的义务。[①] 其二，专门委员会依职权暂缓执行，即专门委员会在最终决定部分撤销裁决的时候，可以依职权主动决定暂缓执行裁决的尚未撤销的部分。

从已经披露出来的ICSID仲裁撤销案件来看，只要有可能，几乎每案当事人都申请暂缓执行裁决。[②] 在已知的八个申请暂缓执行

---

① 《华盛顿公约》第53条第1款明文规定，"裁决对双方有约束力。除本公约另有规定外，不得进行任何上诉或采取任何其他救济方法。除依照本公约有关规定予以暂缓执行的情况外，每一方应遵守和履行裁决的规定。"国际海运代理公司案的专门委员会在其就几内亚申请暂缓执行裁决的第一号中间裁决中也明文指出："如果专门委员会准予暂缓执行，则裁决书所确定的当事人应遵守和履行的义务暂缓执行。"See Maritime International Nominees Establishment v. Republic of Guinea, ICSID Case No. ARB/84/4, Interim Order No. 1 on Guinea's Application for Stay of Enforcement of the Award, 12 August 1988, para. 9；陈安主编：《国际投资争端案例精选》，复旦大学出版社2001年版，第857页。

② 从已经披露出来的六个撤销决定看，除了Klöckner案(一)和Vivendi案外，其余四个案例［Amco案(一)、国际海运代理公司案、南太平洋房地产公司案、Wena案］的当事人都申请了暂缓执行裁决，上述没有申请暂缓执行的案例全都存在技术性障碍——Klöckner案(一)的裁决对双方的请求和反请求都没有支持；Vivendi案的裁决驳回了申请人的全盘请求——这种技术性障碍使得暂缓执行没有意义。根据第二手的资料，Amco案(二)的当事人也申请了暂缓执行。See Patrick Mitchell v. Democratic Republic of the Congo, ICSID Case No. ARB/99/7, Decision on the Stay of Enforcement of the Award, note 6. 此外，尚未审结的CDC Group PLC v. Republic of the Seychelles案、Patrick Mitchell v. Democratic Republic of the Congo案、Repsol YPF Ecuador, S. A. v. Empresa Estatal Petróleos del Ecuador (Petroecuador)以及MTD Equity Sdn Bhd. & MTD Chile S. A. v. The Republic of Chile案的当事人也提出了暂缓执行申请。See CDC Group PLC v. Republic of the Seychelles, ICSID Case No. ARB/02/14, Decision on Whether or Not to Continue Stay and Order of July 14, 2004. Patrick Mitchell v. Democratic Republic of the Congo, ICSID Case No. ARB/99/7, Decision on the Stay of Enforcement of the Award February 9, 2004. Repsol YPF Ecuador, S. A. v. Empresa Estatal Petróleos del Ecuador (Petroecuador), ICSID Case No. ARB/01/10 Annulment Proceedings, Procedural Order No. 1 of December 22, 2005 concerning the stay of enforcement of the award; Procedural Order No. 4 of February 22, 2006 concerning the stay of enforcement of the award. MTD Equity Sdn Bhd. & MTD Chile S. A. v. The Republic of Chile (ICSID Case No. ARB/01/7) (Annulment Proceeding), Ad hoc Committee's Decision on the Respondent's Request for a Continued Stay of Execution of June 1, 2005.

裁决的撤销程序中,其专门委员会都曾准予过暂缓执行。[①] 可是,由于《华盛顿公约》既未列举专门委员会在决定是否准予暂缓执行时应予考虑的条件,也未规定专门委员会可否为准予暂缓执行附加条件,而只是使用了"委员会如认为情况有此需要"(if it considers that the circumstances so requires)这一含糊的表述,所以,ICSID仲裁当事人以及不同的专门委员会对这两个问题一向存在较大分歧。

第一,专门委员会在决定是否准予暂缓执行时应考虑哪些条件?

从迄今已知的八个申请暂缓执行裁决的撤销程序运作实践看,在决定是否准予暂缓执行时,专门委员会通常考虑的因素主要包括:

1. 令暂缓执行申请人立即执行裁决是否会造成不可弥补的损害?在迄今已知的八个申请暂缓执行的撤销程序中,暂缓执行申请人都是发展中国家东道国(印尼、几内亚、埃及等)。这些国家通常都主张,令其立即执行裁决将会造成不可弥补的损害,而损害的表现则是:相对于该国的财力状况而言,ICSID裁决所确定的赔偿额度(通常达数以百万甚至千万计美元)过分巨大,立即执行裁决将会给该国

① See Amco Asia Corporation and others v. Republic of Indonesia (Decision on Annulment Ⅰ), ICSID Case No. ARB/81/1, para. 8; Maritime International Nominees Establishment v. Republic of Guinea, ICSID Case No. ARB/84/4, Interim Order No. 1 on Guinea's Application for Stay of Enforcement of the Award, 12 August 1988, para. 22; Wena Hotels Limited v. Arab Republic of Egypt (Decision on Annulment), ICSID Case No. ARB/98/4, para. 6; CDC Group PLC v. Republic of the Seychelles, ICSID Case No. ARB/02/14, Decision on Whether or Not to Continue Stay and Order of July 14, 2004; Patrick Mitchell v. Democratic Republic of the Congo, ICSID Case No. ARB/99/7, Decision on the Stay of Enforcement of the Award February 9, 2004; Repsol YPF Ecuador, S. A. v. Empresa Estatal Petróleos del Ecuador (Petroecuador), ICSID Case No. ARB/01/10 Annulment Proceedings, Procedure Order no. 1 (December 22, 2005) & Procedure Order no. 4 (February 22, 2006); MTD Equity Sdn Bhd. & MTD Chile S. A. v. The Republic of Chile (ICSID Case No. ARB/01/7) (Annulment Proceeding), Decision on the Respondent's Request for a Continued Stay (Rule 54 of the ICSID Arbitration Rules), para. 36. 有关南太平洋房地产公司案的暂缓执行问题,请参见 Christoph H. Schreuer, *The ICSID Convention: A Commentary*, Cambridge University Press, 2001, p. 1060.

造成严重的经济困难，甚至会导致该国社会发生动荡。[①] 实践中，这种主张都得到了专门委员会的支持。

2. 倘若不准予暂缓执行而裁决最终却被撤销了，那么，暂缓执行申请人是否可能在执行回转方面面临很大风险？由于现有的暂缓执行申请都是东道国提出的，所以，其往往主张，鉴于另一方当事人是私人公司或者干脆就是自然人，倘若不准予暂缓执行，则在裁决最终被撤销的情况下，申请人将面临巨额财产无法从这些私人公司或者自然人处追回的巨大风险。[②] 上述主张同样通常得到了专门委员会的支持。

---

① 如在CDC案中，暂缓执行申请人塞舌尔主张，由于其正面临着严峻的外汇汇兑危机，令其立即执行裁决将会对其管理国内事务的能力带来灾难性的影响。CDC Group PLC v. Republic of the Seychelles, ICSID Case No. ARB/02/14, Decision on Whether or Not to Continue Stay and Order of July 14, 2004, para. 11. 不过，该案的另一方当事人CDC公司却趁机主张，既然塞舌尔都差不多处于经济崩溃的边缘，这就更说明塞舌尔在履行原裁决方面缺乏必要的能力，塞舌尔因此更应该提供执行担保，并因此赢得了专门委员会的支持。See CDC Group PLC v. Republic of the Seychelles, ICSID Case No. ARB/02/14, Decision on Whether or Not to Continue Stay and Order of July 14, 2004, paras. 17, 19.

② 在国际海运代理公司案中，暂缓执行申请人几内亚将着眼点放在对方当事人的控制人系个人这一事实上："国际海运代理公司的控制人仅是一个个人，倘若几内亚在撤销程序进行过程中就向国际海运代理公司支付了裁决书所裁定的赔偿金，则该人有能力将国际海运代理公司所支配的资产转移出该公司，从而使几内亚根本不可能在裁决被撤销的情况下收回其所先行支付出去的赔偿金。"Maritime International Nominees Establishment [MINE] v. Republic of Guinea, Decision partially annulling the award, Dec. 22, 1989, ICSID Review—Foreign Investment Law Journal, Vol. 5, 1990, p. 95; Wena Hotels Limited v. Arab Republic of Egypt, Decision on application for annulment, Feb. 5, 2002, *International Law Materials*, Vol. 41, 2002, p. 935. 在Wena案中，暂缓执行申请人埃及也强调其对方当事人系为个人控制："Wena公司目前已经沦为一个'壳'公司，几乎完全没有任何资产，而这个'壳'公司的控制人还是一个个人。"Wena Hotels Limited v. Arab Republic of Egypt, Procedural Order no. 1 of the ad hoc Committee concerning the continuation of the stay of enforcement of the award of Apr. 5, 2001, para. 7(a), *Mealey's International Arbitration Report*, Vol. 18, No. 10, 2003, p. 33. 在米歇尔案中，暂缓执行申请人民主刚果则强调其对方当事人的自然人属性："作为一名律师，米歇尔先生的职业活动是建立在无形物上的，如办案诀窍和客户关系等，对这些无形物根本无法予以强制执行。"Patrick Mitchell v. Democratic Republic of the Congo, ICSID Case No. ARB/99/7, Decision on the Stay of Enforcement of the Award of February 9, 2004, para. 10.

3. 倘若准予暂缓执行而专门委员会最后却维持了原裁决，则原裁决能否得到迅速的执行？在此，暂缓执行申请人往往泛泛地提出，自己是一个堂堂的主权国家，当然有能力和诚意在专门委员会最终支持原裁决的情况下立即执行该裁决。① 虽然个别暂缓执行申请人还通过对其国内法的介绍和分析来证明自己在执行原裁决方面具有国内法上的合法性和正当性，②但从总体来看，实践中专门委员会往往倾向于要求暂缓执行申请人提供执行担保，以此作为准予暂缓执行的条件和在必要的时候迅速执行原裁决的保证。显而易见，提供了执行担保的申请暂缓执行的东道国必将丧失就其所担保的赔偿范围主张国家主权豁免的权利。对于执行担保问题，下文将做重点分析，故此不多赘。

4. 暂缓执行申请人是否系以拖延执行为动机提起撤销程序？考查一个撤销申请人是否存在拖延执行的动机，其着眼点不在于看该申请人胜算的可能性有多大，而在于看其提出撤销申请的方式是

① 如在国际海运代理公司案中，暂缓执行申请人几内亚指出："倘若国际海运代理公司控制了几内亚的资产，即便其在专门委员会撤销裁决后将这些财产返还给了几内亚，几内亚仍然会遭受到不可弥补的损害……对几内亚而言，哪怕是临时冻结几内亚的银行账户或临时查封几内亚的其他资产也会给这个国家带来不可弥补的金融灾难。"Maritime International Nominees Establishment [MINE] v. Republic of Guinea, Decision partially annulling the award, para. 12—13.

② 如在MTD案中，暂缓执行申请人智利引用了其《预算法》、该国财政部所颁发的一项行政规章、该国贯彻执行《华盛顿公约》的法律来证明该国在执行原裁决方面具有国内法上的合法性和正当性。MTD Equity Sdn Bhd. & MTD Chile S. A. v. The Republic of Chile (ICSID Case No. ARB/01/7) (Annulment Proceeding), Decision on the Respondent's Request for a Continued Stay (Rule 54 of the ICSID Arbitration Rules), paras. 7—11.

否严肃。[①] 如上所述，在提起仲裁撤销程序的时候，ICSID 仲裁当事人不但需要以《华盛顿公约》第 52 条第 1 款所列的四个理由为依据（这些撤销理由所涉及的皆非常严重的不法行为，故只要裁决中果真存在上述任何一个撤销理由所述的情况，其就非常有可能被专门委员会撤销），而且还需对支撑上述撤销理由的基础事实进行"详细陈述"，只有这样，ICSID 秘书长才可能对该撤销申请进行登记，ICSID 专门委员会也因此才可能成立，因此，尽管几乎所有的专门委员会都对暂缓执行申请人是否存在拖延执行的动机进行一番分析，但其结论却都是此种动机不存在。

第二，专门委员会是否有权为暂缓执行附加条件？

就 ICSID 仲裁撤销实践来看，在一方当事人申请暂缓执行裁决的时候，另一方当事人都会针锋相对地提出，倘若专门委员会准予暂缓执行，就应该要求申请人提供执行担保；否则，就应立即执行裁决。在迄今已经申请暂缓执行的八个撤销程序中，ICSID 专门委员会仅 3 次决定暂缓执行申请人不需要提供执行担保，其余情况下几乎都

---

① See e. g. , Patrick Mitchell v. Democratic Republic of the Congo, ICSID Case No. ARB/99/7, Decision on the Stay of Enforcement of the Award of February 9, 2004, para. 27. 需要注意的是，鉴于大多数国家的国内法都要求请求法院采取临时措施的当事人向法院证明其就实体问题有胜诉的可能性，为了与各国国内法接轨，从而使各国法院更愿意执行国际商事仲裁庭所采取的临时措施，联合国国际贸易法委员会晚近在修订《国际商事仲裁示范法》的同时，拟加入这样一个规定："请求仲裁庭采取临时措施的当事人需向仲裁庭证明……请求方存在就案件实体争议胜诉的合理可能。"UNCITRAL, *Settlement of Commercial Disputes: Preparation of Uniform Provisions on Interim Measures of Protection: Note by the Secretariat*, UNCITRAL Working Group II (Arbitration and Conciliation), 36th Sess, at 5, 12, U. N. Doc. A/CN. 9/WG. II/WP. 119(2002); UNCITRAL , *Report of the Working Group on Arbitration on the Work of its Fortieth Session (New York, 23—27 February* 2004), 37th Session, at 18, U. N. Doc. A/CN. 9/547 (2004). 不过，正如 CDC 案专门委员会所指出，由于《华盛顿公约》第 53 条明确规定，"除依照本公约有关规定予以暂缓执行的情况外，每一方应遵守和履行裁决的规定"，所以，ICSID 所作出的包括暂缓执行在内的临时措施在各缔约国国内法院自动生效，ICSID 没有必要像联合国国际贸易法委员会《国际商事仲裁示范法》那样为了与各缔约国国内法接轨而修改其规则。See CDC Group PLC v. Republic of the Seychelles, ICSID Case No. ARB/02/14, Decision on Whether or Not to Continue Stay and Order of July 14, 2004, para. 13.

明令暂缓执行申请人需要提供执行担保：在 Amco 案（一）和 Wena 案中支持了 Amco、Wena 分别提出的要求印尼、埃及提供执行担保的主张；南太平洋房地产公司案的双方当事人就埃及提供执行担保一事自行达成了协议，“私了”的结果仍然是埃及应当提供执行担保；在 CDC 案以及 Repsol 案撤销程序中，[①]专门委员会也都支持了另一方当事人提出的要求暂缓执行申请人提供执行担保的主张。只有在国际海运代理公司案以及目前尚未审结的米歇尔案、MTD 案撤销程序中，专门委员会才驳回了另一方当事人提出的要求暂缓执行申请人提供执行担保的主张。仔细研读上述专门委员会的所持理由可以发现，专门委员会不但在多数情况下都会支持另一方当事人的要求提供执行担保的主张，而且即便在少数情况下驳回了另一方当事人的要求申请人提供执行担保的主张，其所持的理由也不在于专门委员会无权要求暂缓执行申请人提供担保，而是强调在当时的情况

① CDC 案的案情梗概是：为了促成英国籍 CDC 公司向塞舌尔共和国公营公司 PUC 提供两笔贷款，塞舌尔以担保人的身份同 CDC 公司分别签订了两份贷款担保合同，并约定塞舌尔就这两份合同产生的争端接受 ICSID 仲裁管辖权。在 PUC 公司还贷违约的情况下，塞舌尔拒不承担担保责任，CDC 公司将塞舌尔诉诸 ICSID 仲裁庭。塞舌尔不否认它应该按照第一份担保合同的规定对第一笔贷款承担担保责任，但对第二份担保合同所担保的第二笔贷款有异议。第二笔贷款涉及的是项目融资问题：PUC 公司从 CDC 公司处借款建电站并拟用经营电站所获得的收益偿还贷款。塞舌尔主张，CDC 公司在最终决定贷款给 PUC 公司之前进行了项目可行性研究，正是本着对这一可行性研究的信任 PUC 公司才下定决心建电站，而 PUC 公司之所以无力还贷，就是因为该电站项目失败，有鉴于此，CDC 公司需要对 PUC 还不起第二笔贷款承担相应的责任。仲裁庭认为，CDC 公司是为了决定自己是否贷款给 PUC 公司而进行项目可行性研究的，对出借人有利的项目并不一定必然对借用人有利，同时，也没有证据证明 CDC 公司知道 PUC 或者塞舌尔依赖自己的可行性研究，故塞舌尔的抗辩不具有法律意义，其应该承担违约责任。塞舌尔不服申请撤销，在笼统地指责“仲裁庭明显越权”、“严重违背基本程序规则”、“裁决未说明其所依据的理由”之后，提出了 19 处所谓的仲裁瑕疵，但并未具体指出每一种仲裁瑕疵分别构成什么撤销理由。专门委员会最后驳回了塞舌尔的撤销请求。

下不适宜要求暂缓执行申请人提供担保,[①]这就从侧面再一次印证,在实践中,专门委员会倾向于认为自己有权就暂缓执行事宜要求申请人提供担保。通常,这种担保的担保形式是银行担保,担保范围是受到质疑的裁决或裁决受到质疑的部分所规定的暂缓执行申请人所应付而未付的那部分金钱再加上利息,担保期间是自专门委员会准予暂缓执行时起,直至专门委员会作出撤销决定之时止。如果专门委员会的撤销决定的内容是裁决应按照申请人的请求范围予以撤销,则担保自然失效;如果专门委员会的撤销决定的内容是裁决应予以部分撤销,但撤销幅度小于撤销申请人所指定的范围,则就尚未撤销的部分裁决所涉及的金钱债务而言,担保权人有权立即从担保账户中兑现。但是,在这种情况下,由于当事人往往会提请新的ICSID仲裁庭重新审理已经被撤销的部分,根据《ICSID仲裁程序规则》第54条第3款,在片面执行这种剩余的裁决可能导致不合理结果的情况下,或者出于其他考虑,专门委员会有权在其撤销决定中依职权主动决定,暂缓执行裁决的尚未撤销的部分,以让任何一方当事人享有请求新仲裁庭准予暂缓执行的机会。[②] 倘若如此,担保权人就无法立即实现其担保权利了。

然而,就专门委员会是否有权要求暂缓执行申请人提供执行担保这一问题,ICSID仲裁撤销当事人却不无争议。

在国际海运代理公司案的撤销程序中,暂缓执行申请人几内亚就曾针对专门委员会是否拥有责令当事人提供执行担保的权力提出

---

① 裁定暂缓执行申请人(民主刚果)不需要就暂缓执行提供执行担保的米歇尔案专门委员会就曾明确指出:"《华盛顿公约》以及《ICSID仲裁程序规则》从未(像《纽约公约》第5条那样)规定,暂缓执行裁决应该或者可以与提供执行担保合并起来使用,然而,显而易见的是,是否为暂缓执行设定提供担保这一附加条件属于专门委员会自由裁量权的范畴。"Patrick Mitchell v. Democratic Republic of the Congo, ICSID Case No. ARB/99/7, Decision on the Stay of Enforcement of the Award of February 9, 2004, para. 31.

② 比如,国际海运代理公司案的专门委员会在作出部分撤销裁决的最终决定时,还依职权决定,暂缓执行裁决的尚未撤销的部分,以为当事人保留一个在新仲裁庭前申请暂缓执行的机会。See Maritime International Nominees Establishment v. Republic of Guinea (Decision on Annulment), ICSID Case No. ARB/84/4, para. 7.01.

过质疑。几内亚认为，专门委员会的权力只限于准予或者不准予暂缓执行，而没有权力对其相应决定附加条件，在此之前的 Amco 案(一)专门委员会作出的责令暂缓执行申请人提供担保的决定是错误的。[①] 然而遗憾的是，该案专门委员会对这一问题并未予以直接回答，仅指出："不管专门委员会有没有权力要求暂缓执行申请人提供担保(regardless of its power to do so)，国际海运代理公司的论证都不能使专门委员会心悦诚服地同意，应责令几内亚提供一笔银行担保，使之对继续暂缓执行裁决付出必要的代价。"[②]。

在 Repsol 案中，暂缓执行申请人厄瓜多尔再一次主张，由于《ICSID 仲裁程序规则》、《华盛顿公约》都没有授权专门委员会可责令暂缓执行申请人提供执行担保，ICSID 专门委员会无权在作出暂缓执行的同时对申请人附加一个提供执行担保的义务。[③] 该案专门委员会对于这一质疑进行了回应。它认为，自己的责令暂缓执行申请人提供执行担保的权利来源于以下三个法律条文：(1)《华盛顿公约》第 52 条第 3 款最后一句话，即"委员会根据第 1 款规定的任何理由应有权撤销裁决或裁决中的任何部分"；(2)《华盛顿公约》第 52 条第 5 款的第一句话，即"委员会如认为情况有此需要，可以在作出决定前，暂缓执行裁决"；(3)《ICSID 仲裁程序规则》第 54 条第 3 款第 1 句话，即"如根据第 1 款已经准予暂缓执行，或根据第 2 款已经准予继续暂缓执行，**经任一方当事人申请，仲裁庭或委员会可随时更改或结束此项暂缓执行**(the Tribunal or Committee may at any time

① See Interim Order No. 1 on Guinea's Application for Stay of Enforcement of the Award, 12 August 1988, 4 ICSID Reports 112/3, para. 20. 转引自陈安主编：《国际投资争端案例精选》，复旦大学出版社 2001 年版，第 859 页。

② See Interim Order No. 1 on Guinea's Application for Stay of Enforcement of the Award, 12 August 1988, 4 ICSID Reports 112/3, para. 22. 转引自陈安主编：《国际投资争端案例精选》，复旦大学出版社 2001 年版，第 860 页。

③ Repsol YPF Ecuador, S. A. v. Empresa Estatal Petróleos del Ecuador (Petroecuador), ICSID Case No. ARB/01/10 (Annulment Proceedings), Procedural Order No. 1 of December 22, 2005 concerning the stay of enforcement of the award, para. 13.

modify or terminate the stay at the request of either party)。"[按:着重标志是该案专门委员会加的][①]在列举了这三个法律依据之后,该案专门委员会总结道:"《华盛顿公约》以及《ICSID 仲裁程序规则》的上述规定表明,本专门委员会在审查一项撤销申请的时候,有充分的权力对受到质疑的仲裁裁决命令暂缓执行或者取消暂缓执行。而且,就像本专门委员会有权决定是否暂缓执行一样,本专门委员会也有权确定准予继续暂缓执行的必要条件,这也正是 ICSID 诸专门委员会所一贯坚持的。"[②]

根据《维也纳条约法公约》第 31 条来判断可知,Repsol 案专门委员会的主张确有一定的道理。从实效上看,责令申请暂缓执行裁决的当事人——通常也就是撤销申请人——就暂缓执行裁决事宜提供担保,可以对当事人滥用 ICSID 仲裁撤销机制起到一定的防范作用。这是因为,倘若撤销申请人就裁决的暂缓执行无须提供担保,则其不但在旷日持久的撤销程序中无须承担履行裁决的义务,而且就算专门委员会最终驳回了其提出的撤销申请,其也可以借助于国家主权豁免或者其他手段拖延履行裁决义务。但是,提供了担保就会使得本可以在技术上拖延时日的裁决执行变得无法拖延——担保权人一嗣得到适当决定就可以立即实现其担保利益,从而使得裁决的执行得到彻底实现。

然而,一个不能回避的问题是,倘若凡作为撤销申请人的东道国申请暂缓执行,专门委员会就责令其相应地提供执行担保,不提供担保就不准予暂缓执行,ICSID 仲裁当事人之间的权利义务就会出现严重失衡现象。这是因为:尽管《华盛顿公约》第 54 条的确要求,缔

---

① Repsol YPF Ecuador, S. A. v. Empresa Estatal Petróleos del Ecuador (Petroecuador), ICSID Case No. ARB/01/10 (Annulment Proceedings), Procedural Order No. 1 of December 22, 2005 concerning the stay of enforcement of the award, para. 14.

② Repsol YPF Ecuador, S. A. v. Empresa Estatal Petróleos del Ecuador (Petroecuador), ICSID Case No. ARB/01/10 (Annulment Proceedings), Procedural Order No. 1 of December 22, 2005 concerning the stay of enforcement of the award, para. 15.

约国有义务将依据《华盛顿公约》作出的ICSID裁决作为其国内法院的终局判决来承认执行，但该规定的效果是有限的：它并不要求各国当其国内判决在同等条件下都无法得到执行的时候仍然对ICSID裁决承担强制性的执行义务。也就是说，在国内法院的判决因为国家主权豁免的原因而无法得到执行的时候，ICSID裁决同样无法得到执行。为了突出这一点，《华盛顿公约》第55条特别强调，尽管ICSID当事人都负有履行裁决的义务，但败诉的东道国仍然保有主张国家主权豁免的固有权力。这样，该公约通过一方面设定缔约国的履行金钱裁决义务、一方面确认缔约国的国家主权豁免权力，实际上已经在国家主权与国际义务之间进行了必要的平衡。可以说，倘若《华盛顿公约》不允许东道国主张国家主权豁免，则整个《华盛顿公约》能否最终诞生，尚是一个未知数。所以，以暂缓执行将会导致对方当事人无法尽早得到裁决所确定的赔偿金或者东道国经济状况欠佳、履行能力令人堪忧为由，强制性地命令请求暂缓执行的东道国提供执行担保，其实已经构成对依照《华盛顿公约》正当行使申请撤销权的东道国的惩罚，而这显然与该公约的立法原意相悖。

（七）维持或撤销裁决

专门委员会的这一职权源自《华盛顿公约》第52条第3款，该条款的英文原文是："The Committee shall have the authority to annul the award or any part of thereof on any of the grounds set forth in paragraph (1)"，[①]译成中文为："委员会根据第1款规定的任何理由应有权撤销裁决或裁决中的任何部分"。这一规定涉及三个问题：

第一，上述规定中的"应有权"(shall have the authority)这一措辞到底是赋予专门委员会可以撤销的权力、还是科以专门委员会必须撤销的义务？

对此，《华盛顿公约》的缔约准备资料没有提供任何蛛丝马迹可供参考，而实践中却曾经产生了很大的争议。

① Emphasis added.

在克劳科纳案(一)撤销程序中,其专门委员会指出:"除非出现极端特殊的情况,否则,专门委员会将倾向于做这样一种认定:只要裁决存在第 52 条第 1 款所列的撤销理由,原则上,专门委员会就必须得全部或者部分撤销裁决。专门委员会对此没有任何自由裁量权。《华盛顿公约》缔约国和 ICSID 体制下的仲裁当事人有绝对的权利要求专门委员会遵守该约的规定,尤其是其第 52 条的规定。"① 因克劳科纳案(一)专门委员会的上述观点必将导致裁决易被撤销,故遭到了学者们的激烈批判。② 以后的专门委员会在这个问题上几乎都进行了鲜明表态,支持自己在撤销裁决上拥有自由裁量权的观点。③ 可以说,迄今的共识已经是:在裁决具备法定撤销理由的情况下,专门委员会仍有酌定撤销与否的自由裁量权。这种共识显然是符合《维也纳条约法公约》第 31 条、第 32 条所规定的解释条约的一般规则的,因为依据《华盛顿公约》第 52 条第 3 款的"应有权"这一用语,联系整个公约的上下文,可以看出,《华盛顿公约》第 52 条第 3 款的目的并不在于强制性地命令专门委员会在何种情况下必须撤销裁决,而在于确认到底谁享有撤销裁决的大权。这就意味着专门委员会在这里是被授权而不是被科以强制性的义务,它对于是否撤销、是全部撤销还是部分撤销自然享有一定的自由裁量权。

但是,考虑到当事人最常引用的撤销理由是"仲裁庭明显越权"、"严重违背基本程序规则"、"裁决未陈述其所依据的理由",而前两个

① Klöckner Industrie-Anlagen GmbH and others v. United Republic of Cameroon and Société Camerounaise des Engrais (Decision on Annulment Ⅰ), ICSID Case No. ARB/81/2, para. 179.

② See e. g., Aron Broches, Observations on the Finality of ICSID Awards, *ICSID Review—Foreign Investment Law Journal*, Vol. 6, No. 2, 1991, pp. 356～370; W. Michael Reisman, The Breakdown of the Control Mechanism in ICSID Arbitration, *Duke Law Journal*, No. 4, 1989, p. 762.

③ Maritime International Nominees Establishment v. Republic of Guinea (Decision on Annulment), ICSID Case No. ARB/84/4, paras. 4.09, 4.10; Compañía de Aguas del Aconquija S. A. and Vivendi Universal (Formerly Compagnie Générale Des Eaux) v. Argentine Republic (Decision on Annulment), ICSID Case No. ARB/97/3, para. 66.

撤销理由都有程度要求——“明显”、“严重”，也就是说，不到“明显”这一程度的越权行为以及不到“严重”这一程度的违反基本程序规则的行为，都不构成法定撤销理由，故至少在当事人根据这两个撤销理由申请撤销裁决时，专门委员会的自由裁量幅度是很小的。

需要提及的是，曾有学者设想过，至少在如下情况下，专门委员会可以行使不予撤销的自由裁量权：

(1)仲裁庭组成不当。根据《ICSID仲裁程序规则》第6条，仲裁员应在仲裁庭开庭前或第一次开庭时签署声明，在仲裁庭第一次开庭结束前尚未签署声明书的仲裁员应被视为已经辞职。倘若有仲裁员迟至第一次开庭结束后才签署上述声明，却一直任职下去，则显然构成仲裁庭组成不当，却不大可能必然导致裁决被撤销。①

(2)仲裁庭明显越权。如果仲裁庭本该既适用国际法又适用东道国法，但却实际上只适用了东道国法，则这种未能适用准据法的行为就构成仲裁庭明显越权。可是，倘若如此适用错误法律所得出的结论与适用正确法律所得出的结论相同，就不大可能导致裁决被撤销。Amco案(一)和国际海运代理公司案的专门委员会都持这种观点。②

(3)仲裁庭的成员有受贿行为。倘若情况属实，但该成员的观点为仲裁庭其他成员所反对，且没有体现在裁决书中，就不大可能导致裁决被撤销。③

(4)严重违背基本程序规则。如果一方当事人提出了一个动议，仲裁庭在对其进行裁断的过程中没有给予另一方当事人陈述意见的机会，不过裁决的结果仍然是完全维护了没有机会陈述意见一方当

① Christoph H. Schreuer, *The ICSID Convention: A Commentary*, Cambridge University Press, 2001, p. 1021.

② Christoph H. Schreuer, *The ICSID Convention: A Commentary*, Cambridge University Press, 2001, p. 1021.

③ Christoph H. Schreuer, *The ICSID Convention: A Commentary*, Cambridge University Press, 2001, p. 1021.

事人的利益、驳回了上述动议，则这一严重违背基本程序规则的行为也很可能无法导致裁决被撤销。[①]

(5)裁决未陈述其所依据的理由。正如 Amco 案(一)、国际海运代理公司案撤销决定所表明的那样，裁决推理过程中的缺点和断层可以由专门委员会通过重新解释来修补，而不至于必然导致裁决被撤销。[②]

第二，专门委员会的撤销裁决和不予撤销裁决的决定分别能够产生什么样的法律后果？

在撤销程序正常终结时，专门委员会对裁决的处理可能为：不予撤销、全部撤销、部分撤销。从 ICSID 专门委员会目前已经发布并公开披露出来的撤销决定上看，在正常终结的 8 个撤销决定中，不予撤销的有 4 个，[③]全部撤销的为 1 个，[④]其余的 3 个案件为部分撤销。[⑤] 鉴于《华盛顿公约》第 53 条只允许当事人对仲裁庭的裁决和专门委员会的撤销决定采取该约所规定的救济措施，不得采取任何该约框架外的上诉和其他补救方法，又鉴于该约所允许的相关救济措施仅仅规定在第 49 条(补充与纠正)、第 50 条(解释)、第 51 条(修改)、第 52 条(撤销)中，而这些条款的规定皆以“裁决”而非“撤销决定”为救济对象，所以，不论专门委员会的撤销决定最后是撤销了裁决、还是不予撤销裁决，其在 ICSID 体制下都具有终局性、约束力。

但是，撤销裁决与不予撤销裁决所带来的法律后果之间存在非常大的差异：

对于不予撤销的裁决而言，由于上述条文所规定的救济措施都以“裁决”为救济对象，且并未指出，一旦“裁决”经历了撤销程序，当

---

① Christoph H. Schreuer, *The ICSID Convention: A Commentary*, Cambridge University Press, 2001, p. 1021.

② Christoph H. Schreuer, *The ICSID Convention: A Commentary*, Cambridge University Press, 2001, p. 1021.

③ 分别为 Klöckner 案(二)、Amco 案(二)、Wena 案、CDC 案。

④ 即 Klöckner 案(一)。

⑤ 即 Amco 案(一)、国际海运代理公司案、Vivendi 案。

事人就不可以申请对之进行补充与纠正、解释、修改，因此，可想而知，在符合法定期间等条件后，当事人仍然可以对该裁决申请撤销之外的救济。不过，从技术上看，由于第 49 条所规定的“补充与纠正”以当事人在裁决作出后 45 天内提出申请为条件，而撤销程序必定要经岁延年才会终结，所以，对于不予撤销后的裁决，当事人事实上无法再启动《华盛顿公约》第 49 条所规定的“补充与纠正”措施来救济。因为《华盛顿公约》第 50 条和第 51 条所规定的“解释”和“修改”或者根本没有设定任何时间限制，或者时间限制较为宽松，所以，对于不予撤销后的裁决，当事人还是有可能要求对之进行“解释”或者“修改”的。[①] 但是，“解释”也好，“修改”也罢，其严厉性都远逊于“撤销”，不能与“撤销”同日而语。

对于被撤销的裁决而言，根据《华盛顿公约》第 52 条第 6 款，[②] 被撤销的裁决或其组成部分没有任何法律效力，当事人任何一方都可以将原来的争端提交新仲裁庭重新处理。可想而知，专门委员会在作出全部或者部分撤销裁决的决定的过程中，势必要通过摆事实、讲道理、评析案件的是非曲直的方式，进行一番极为缜密、细致的推理，以证明裁决的不当以及这种不当足以导致撤销。但是，通常认为，专门委员会的这种推理对其后的新仲裁庭并不具有约束力。在克劳科纳案(一)的撤销决定中，专门委员会认为，自己的撤销决定对其后的新仲裁庭的审理将会产生影响，因此，在认定裁决因为仲裁庭明显越权而需要全部撤销后，仍然用了约占整个撤销决定的 2/3 的篇幅，不辞劳苦地对申请人提出的其他所有撤销理由进行了一一审查，并在每一个系争问题上都进行表态，以为新仲裁庭将来的审理定

---

① 在 Wena 案中，埃及就曾经对受到撤销决定维持的裁决申请解释。ICSID, List of Pending Cases, at http://www.worldbank.org/icsid/cases/pending.htm, Nov. 5, 2004.

② 该条款规定：“如果裁决被撤销，则经任何一方的请求，应将争端提交给依照本章第 2 节组成的新仲裁庭。”

下基调。[①] 该案的新仲裁庭所做的裁决迄未公布，因此，该新仲裁庭是否同意上述专门委员会的推理对其有约束力目前尚不得而知。不过，在随后公布出来的 Amco 案(二)的仲裁裁决中，印尼提出了专门委员会的撤销决定的约束力问题，尤其是其中的推理对新仲裁庭的约束力问题。该案新仲裁庭认为，在撤销决定中，只有专门委员会作出的有关法定撤销理由的确存在的认定结论对自己有约束力，其余的地方，包括为此而进行的推理都不具有约束力。[②] Amco 案(二)新仲裁庭的这一观点和作法受到了赞扬。人们普遍认为，《华盛顿公约》只授权专门委员会作出撤销与否的决定，并未要求它对后来的新仲裁庭进行审理上的指导。[③] 并且，《华盛顿公约》已经明文规定，ICSID 仲裁撤销不同于上诉。如果要求新仲裁庭遵循之前的专门委员会的推理，那就等同于实际上承认，ICSID 仲裁撤销具有上诉的性质。[④] 同时，专门委员会的推理可能是无所不包的。如果赋予这样的推理以既判力，那么，随后成立的新仲裁庭的任务可能就是机械性的了，谈不上解决“争端”(dispute)，而《华盛顿公约》第 52 条第 6 款规定，如果裁决被撤销，则经任何一方的请求，应将“争端”提交给新仲裁庭。[⑤]

但是，这样又会产生一个“恶性循环”的问题。申言之，既然新仲裁庭不需要遵循撤销决定的推理框架，那么，尽管专门委员会可以因为裁决的某一认定而撤销了裁决，新案仲裁庭仍然可以重新作出该

---

① Klöckner Industrie-Anlagen GmbH and others v. United Republic of Cameroon and Société Camerounaise des Engrais (Decision on Annulment Ⅰ), ICSID Case No. ARB/81/2, paras. 82—176.

② Quoted in Christoph H. Schreuer, *The ICSID Convention: A Commentary*, Cambridge University Press, 2001, p. 1070.

③ W. Michael Reisman, The Breakdown of the Control Mechanism in ICSID Arbitration, *Duke Law Journal*, No. 4, 1989, pp. 760～761.

④ Christoph H. Schreuer, *The ICSID Convention: A Commentary*, Cambridge University Press, 2001, p. 1070.

⑤ Christoph H. Schreuer, *The ICSID Convention: A Commentary*, Cambridge University Press, 2001, p. 1070.

认定，从而导致该认定再次被撤销，再次被更新的仲裁庭重新作出……"恶性循环"理论看似顺理成章，但是，ICSID仲裁撤销实践却表明，迄今尚未出现这样的情况。其原因可能在于，第一，在指定仲裁员和专门委员会成员时，ICSID一直试图保持一定程度的连续性，这就使得同类案件的处理结果之间出入不会很大。第二，ICSID专门委员会的推理虽然没有先例效应，但可能具有说服力，并因此对后案的仲裁庭乃至其他专门委员会产生影响。在目前尚未审结的米歇尔案撤销程序中，其专门委员会就明确地承认了这一"说服力"。[①]

① See Patrick Mitchell v. Democratic Republic of the Congo, ICSID Case No. ARB/99/7, Decision on the Stay of Enforcement of the Award of February 9, 2004, para. 23.

第二章

ICSID 仲裁撤销制度的撤销理由

第一节 概 述

所谓 ICSID 仲裁撤销制度的撤销理由，是指《华盛顿公约》第 52 条所规定的，当事人据以提出撤销申请、专门委员会据以撤销裁决的原因和根据。

《华盛顿公约》第 52 条所规定的撤销理由共有五个，分别是：仲裁庭组成不当、仲裁庭明显越权、仲裁庭的成员有受贿行为、严重违背基本程序规则、裁决未陈述其所依据的理由。一望而知，这些理由涉及的都是程序问题。

《华盛顿公约》第 52 条也规定，无论当事人出于何种原因对裁决不满，如其想要提起撤销申请，则必须以上述五种撤销理由中的一种或者几种为依据，这就自然而然地涉及了一个如何"贴标签"的问题。比如说，到底是把特定仲裁瑕疵定性为"裁决未陈述其所依据的理由"、还是定性为"仲裁庭明显越权"？这一"贴标签"的过程也就是撤销理由的界定过程。从 ICSID 仲裁撤销实践来看，在多数情况下，当事人都在撤销申请中将所声称存在的仲裁瑕疵自行"贴上具体的标签"，如断言裁决中的某些论述既构成"仲裁庭明显越权"，又构成"裁决未说明其所依据的理由"，还构成"严重违背基本程序规则"。但在个别案件中，也存在当事人将自己不服的地方一一列举在撤销申请书中，然后笼统地说这些所谓的仲裁瑕疵构成了若干撤销理由。[①] 在以下的各节中，本章将分别讨论这些问题。

根据《华盛顿公约》第52条，只要裁决符合其所述的一种撤销理由，专门委员会就"应有权"撤销之。但是，为了增加胜算的可能性，在ICSID仲裁撤销实践中，撤销申请人往往还是同时援用多个撤销理由。比如，在克劳科纳案(一)、Amco案(一)、国际海运代理公司案、南太平洋房地产公司案、Wena案、Vivendi案的撤销程序中，撤销申请人皆同时援引了如下三个撤销理由：仲裁庭明显越权、严重违背基本程序规则、裁决未陈述其所依据的理由。[②] 根据第二手资料，迄今尚未公布的克劳科纳案(二)和Amco案(二)的撤销申请人所援引的也是多个撤销理由。其中，前者援引的是严重违背基本程序规则、裁决未陈述其所依据的理由；在后者所援引的撤销理由中，目前已知包括严重违背基本程序规则。[③] 上述事实也说明，在第52条所

① 如CDC案撤销申请人塞舌尔的撤销申请在一一列举原裁决所存在的19处仲裁瑕疵的同时，并没有具体指明各个仲裁瑕疵分别构成《华盛顿公约》第52条第1款所列的哪种撤销理由，而是在这些所谓的仲裁瑕疵的基础上泛泛地宣称，原裁决的"仲裁庭明显越权"、"严重违反基本程序规则"、"裁决未说明其所依据的理由"。

② Christoph H. Schreuer, *The ICSID Convention: A Commentary*, Cambridge University Press, 2001, pp. 925～926; Wena Hotels Limited v. Arab Republic of Egypt (Decision on Annulment), ICSID Case No. ARB/98/4, para. 17; Compañía de Aguas del Aconquija S. A. and Vivendi Universal (Formerly Compagnie Générale Des Eaux) v. Argentine Republic (Decision on Annulment), ICSID Case No. ARB/97/3, para. 2.

其中，Vivendi案的案情梗概是：法籍Vivendi公司与阿根廷的土库曼省签订了一份对该省城市供水和污水处理系统进行投资的特许合同，约定将有关该合同解释和适用的争议提交土库曼省行政争议法院管辖。合同开始履行后不久，双方即发生各种争议。Vivendi在阿根廷国内未提起任何诉讼，便依据《阿根廷－法国促进和相互保护投资协定》直接去ICSID对阿根廷提起了有关违反该条约的仲裁。仲裁庭认为：它是对争端有管辖权，但阿根廷联邦政府本身并未违反其对Vivendi的条约义务；由于土库曼省的政府行为与特许合同的履行密不可分，仲裁庭无法在不解释和适用合同的情况下判断是非，因此，Vivendi需要先去土库曼省行政争议法院起诉。结果，Vivendi的全部实体请求都被驳回。Vivendi遂于2001年3月申请撤销该裁决有关实体请求的处理部分。专门委员会2002年7月作出了部分撤销裁决的决定。目前该案已被重新提交到一个新ICSID仲裁庭，正在审理中。

③ Christoph H. Schreuer, *The ICSID Convention: A Commentary*, Cambridge University Press, 2001, p. 926.

规定的撤销理由中，由于如下理由弹性较大，涵盖面较宽，遂成为当事人的首选：仲裁庭明显越权、严重违背基本程序规则、裁决未陈述其所依据的理由。并且，由于《华盛顿公约》本身对这些理由到底具体指的是什么并未明确阐释，为了防止自己的"归类法"不为专门委员会认同，从而造成不必要的功亏一篑，当事人往往将裁决中的同一仲裁瑕疵贴上好几个标签。比如，在 Amco 案（一）中，仲裁庭裁决，Amco 的投资不足额数量不大，印尼不应因此而撤销其投资许可证。印尼在申请撤销的时候就主张，这一认定不但构成仲裁庭明显越权，还构成严重违背基本程序规则、裁决未陈述其所依据的理由。[①] 这种撤销理由援引与认定上的错综复杂、纵横交错是 ICSID 仲裁撤销制度中的特有现象。

本书以下将对五个撤销理由逐一进行阐析。[②]

第二节 仲裁庭组成不当

一、一般国际商事仲裁撤销制度中的仲裁庭组成不当情形

"仲裁庭组成不当"是一个常见的撤销以及不予承认和执行理由。这一撤销理由不仅体现在《华盛顿公约》第 52 条第 1 款中，也体现在若干其他国际法律文件、国内仲裁立法中。比如，1985 年《联合国国际商事仲裁示范法》第 34 条第 2 款第 1 项第 4 目、1961 年《欧洲国际商事仲裁公约》第 9 条第 1 款第 4 项以及 1996 年《英国仲裁法》第 30 条、第 67 条，1998 年《德国仲裁法》第 1059 条第 2 款第 1 项

---

① Amco Asia Corporation and others v. Republic of Indonesia (Decision on Annulment Ⅰ), ICSID Case No. ARB/81/1, para. 4.

② 本书在对国际海运代理公司案以前的撤销案例（包括国际海运代理公司案）进行归纳总结的时候，除了以相关的裁决书和撤销决定书为依据外，还主要参考了下述著作的相应论述：Christoph H. Schreuer, *The ICSID Convention: A Commentary*, Cambridge University Press, 2001.

第 4 目,《法国新民事诉讼法》第 1502 条、第 1504 条,2003 年《日本仲裁法》第 44 条第 1 款第 6 项,1994 年《中国仲裁法》第 70 条等,都针对国际商事仲裁裁决规定了这一撤销理由。

这些国际法律文件以及国内法等既在一定程度上允许当事人对仲裁庭组成事宜作出约定,又规定了一定的强行性或者补充性法律规定,而这些约定(如果有的话)以及法律规定就是仲裁庭组建过程中必须遵守的规则,故仲裁庭组成不当的通常含义是,仲裁庭的组成与法律的相关规定或者当事人间协议约定不符。

许多国际法律文件和国内仲裁立法都花了相当大的篇幅规定仲裁员的资格和指定程序问题,从这些规定来看,在一般国际商事仲裁撤销制度中,仲裁庭组成不当情形一般涉及仲裁员不合格和仲裁员指定程序不合格两方面问题。所谓仲裁员不合格通常指仲裁员欠缺仲裁法或当事人协议中所确定的资格以及欠缺独立性与公正性;① 所谓仲裁员指定程序不合格指的则是没有遵守仲裁法或者仲裁协议中有关时间、条件、指定者与被指定者等的规定。然而,从实践看,由于指定机关在指定仲裁员时都会严格遵守相关程序规定,故主张仲

① 尽管很多国家的仲裁法都要求仲裁员应该具有独立性,但是,《美国仲裁协会与美国律师协会处理商事纠纷的仲裁员道德准则》(*The AAA-American Bar Association Code of Ethics for Arbitrators in Commercial Disputes*)却对当事人指定的仲裁员和首席仲裁员确定了不同的标准:首席仲裁员必须是中立的;除非当事人的协议或可以适用的仲裁规则或准据法另有不同规定,否则,当事人指定的仲裁员都应被看作是非中立的。这是因为,根据美国一些州法(如纽约州法),当事人指定的仲裁员被推定为指定一方的人,只有首席仲裁员才是中立的。Jose Rosell, The Challenge of Arbitrators, *Croatian Arbitration Yearbook*, 2003, p. 155.

裁庭组成不当的当事人几乎都以仲裁员不合格为依据。[①] 整体看来,在一般国际商事仲裁撤销制度中,当事人不但很少以此为由申请撤销,而且即便真的这样申请了,其成功率也很低。[②]

由于当事人往往在仲裁庭组建之初就能够很容易地发现其组成不当,为了防止有权提出异议的当事人怠于行使权利从而导致仲裁程序无谓地进行下去,同时也为了防止有权提出异议的当事人坐享双重利益——如果最终裁判结果有利于自己就不提仲裁庭组成的不当性,如果最终裁判结果不利于自己就甩出仲裁庭组成不当这一"杀手锏"——许多国际法律文件和国内法都明确规定,当事人在发现仲裁庭组成不当后有义务及时提出异议,否则其就会丧失在仲裁庭作出裁决后据此申请仲裁裁决撤销或者宣告仲裁裁决无效的权利。

二、有关"仲裁庭组成不当"的基本问题

(一)相关缔约历史概述

从《华盛顿公约》的缔约历史来看,该约的最初文本——《公约预

---

① 不过,在多方当事人仲裁(multi-party arbitration)的情况下,则可能出现违反指定程序的问题。比如,在法国就曾发生过这样一个案例。构成一个建筑集团的多方当事人共同签订了一份建筑集团合同,该合同中的仲裁条款规定,仲裁庭应由三个仲裁员组成,如果一方当事人未能指定仲裁员,则该仲裁员需根据《国际商会仲裁规则》的规定由国际商会仲裁院指定。后来,这些当事人中有三方当事人发生了争议,一方当事人针对另外两方当事人提出了仲裁,国际商会仲裁院遂要求后两方当事人共同指定一名仲裁员。这两方当事人认为他们有权分别指定仲裁员,但为了防止国际商会仲裁院以他们怠于行使权利为由为他们强行指定仲裁员,他们在声明自己保留提出异议的权利的前提下共同指定了一名仲裁员。在仲裁庭成立并作出一项临时裁决之后,这两方当事人向巴黎上诉法院提出撤销之诉,但未获支持。他们又向巴黎撤销法院提出上诉,后者推翻了巴黎上诉法院的裁决,认定仲裁庭组成确系不当,因为:"鉴于当事人在指定仲裁员问题上地位平等的原则是一个公共政策问题,故当事人只有在争议发生后才能够放弃该原则所赋予自己的权利。"显然,在该案中,这两方当事人从来都没有放弃过自己的这一权利。Cass. Civ. 7 Jan. 1992, 119 J. DROIT INT'L (CLUNET) 712 (1992); 1992 REV. ARB. 479, commented by Pierre Bellet at 473－82; 18 Y. B. COM. ARB. 140 (1993). quoted in Toby Landau, Composition and Establishment of the Tribunal: Articles 14 to 36, *The American Review of International Arbitration*, Vol. 9, 1998, pp. 65～66.

② 韩健著:《现代国际商事仲裁法的理论与实践》,法律出版社 2000 年版,第 425 页。

备草案第一稿》中并未提及这一撤销理由。该理由是迟至拟定《公约草案》的时候才增加进去的，且直至《华盛顿公约》出台都没有被删除或者修改过。在《华盛顿公约》缔结过程中，埃塞俄比亚代表曾对这一撤销理由具体指代哪些情形提出过疑问，有代表回答说："仲裁庭组成不当"旨在涵盖很多情形，比如：当事人之间没有达成仲裁协议、仲裁协议无效、投资者不具备缔约另一方的国籍、仲裁庭的一个成员不具备资格，等等。[①] 这样的回答是不合情理的。这是因为，第一，从一般国际商事仲裁撤销制度的原理看，当事人之间没有仲裁协议、仲裁协议无效以及当事人不合格基本都是广义的仲裁庭无管辖权的表现，不属于仲裁庭组建本身的问题；第二，ICSID 专门委员会已经指出，无管辖权而管辖构成"仲裁庭明显越权"，而这基本也是学者们公认的观点。[②]

(二)"仲裁庭组成不当"的表现形式

《华盛顿公约》中具体规定仲裁庭组成问题的是其第二章第二节。这一名为"仲裁庭的组成"的节中包括 4 条，其内容依次是：

第 37 条："1. 仲裁庭应在依照第 36 条提出的请求登记之后尽速组成。2.(1)仲裁庭应由双方同意指定的唯一的仲裁员或任何非偶数的仲裁员组成。(2)如双方对仲裁员的人数和指定的方法不能取得协议，仲裁庭应由 3 名仲裁员组成，由每一方各指定仲裁员一名，第三人由双方协议指定，并担任仲裁庭庭长。"

第 38 条："如果秘书长依照第 36 条第 3 款发出关于请求已予以

---

① ICSID, *Convention on the Settlement of Investment Disputes between States and Nationals of Other States: Documents Concerning the Origin and Formulation of the Convention*, Vol. 2, 1968, p. 850.

② See e. g., David D. Caron, Reputation and Reality in the ICSID Annulment Process: Understanding the Distinction between Annulment and Appeal, *ICSID Review—Foreign Investment Law Journal*, Vol. 7, No. 1, 1992, p. 39; Christoph H. Schreuer, *The ICSID Convention: A Commentary*, Cambridge University Press, 2001, p. 937; Compañía de Aguas del Aconquija S. A. and Vivendi Universal (Formerly Compagnie Générale Des Eaux) v. Argentine Republic (Decision on Annulment), ICSID Case No. ARB/97/3, para. 86.

登记的通知后 90 天内,或在双方可能同意的其他期限内未能组成仲裁庭,主席经任何一方请求,并尽可能同双方磋商后,得指定尚未指定的仲裁员或数名仲裁员。主席根据本条指定的仲裁员不得为争端一方的缔约国的国民或其国民是争端一方的缔约国的国民。”

第 39 条:“大多数仲裁员不得为争端一方的缔约国国民和其国民是争端一方的缔约国的国民。但如唯一的仲裁员或仲裁庭的每一成员是经双方协议指定的,则不适用本条的上述规定。”

第 40 条:“1. 除主席根据第 38 条进行指定的情况外,可以从仲裁员小组以外来指定仲裁员。2. 从仲裁员小组以外指定的仲裁员应具备第 14 条第 1 款所述的品质。”

而第 40 条所援引的第 14 条第 1 款的规定为:“指定在小组服务的人员应具有高度的道德品质,并且在法律、商务、工业或金融方面有公认的资格,他们可以被信赖作出独立判断。对仲裁员小组的而言,在法律方面的资格尤其重要。”

显然,仲裁庭组成不当只能与上述规定中所涉及的问题有关。据此,我们可以总结出,“仲裁庭组成不当”的表现形式主要包括:仲裁员的指定程序不合格、仲裁员不合格。后者具体包括仲裁员的国籍不合格、道德品质不合格、专业素质不合格、不能“被信赖作出独立判断”(be relied upon to exercise independent judgment)。在实践中,由于 ICSID 秘书长的细心监控,ICSID 仲裁员的指定程序问题从没有引发过争议,当事人提出的有关“仲裁庭组成不当”的异议都仅仅涉及仲裁员不合格问题,尤其是仲裁员不能“被信赖作出独立判断”。

(三)当事人的失权

《华盛顿公约》第 57 条第 1 句规定,“一方可以根据……仲裁庭的任何成员明显缺乏第 14 条第 1 款规定的品质的任何事实,向委员会或仲裁庭建议取消其资格。”《ICSID 仲裁程序规则》第 9 条第 1 款规定:“根据《公约》第 57 条,提议仲裁员资格不合之当事人应在仲裁宣布终结前的期间内向秘书长及时提交建议,并说明理由。”而《IC-

SID仲裁程序规则》第27条则规定："一方当事人知道或应当知道《行政与财务规则》、本规则及任何其他规则之规定，或仲裁所适用之协议、仲裁庭裁决未得到遵守，并且未及时提出异议，应视为——依《公约》第45条——放弃了提出异议之权利。"因此，认为仲裁庭组成不当的当事人需要及时将自己的异议提交给仲裁庭，以让仲裁庭尽量先行处理这一问题，否则，其就会丧失就此申请撤销的权利。只有在当事人提出了"仲裁庭组成不当"的异议，而仲裁庭未予支持，或者当事人是在裁决作出后才得知仲裁庭组成不当的情况下，才可以以此为由申请撤销。[①]

三、ICSID仲裁庭对"仲裁庭组成不当"异议的处理

在《华盛顿公约》缔结过程中，曾有人担心，"仲裁庭组成不当"这一撤销理由会被滥用，因此，主张在公约中不要规定该理由。[②] 但是，在目前可知的资料中，尚未有ICSID当事人基于"仲裁庭组成不当"提起过撤销申请的案例。有些学者甚至预测，由于ICSID秘书长对仲裁庭的组建问题细心监控，在将来的ICSID仲裁撤销实践中，也不大可能会出现这种情况。[③] 不过，在正常的ICSID仲裁程序之中，倒是曾经发生过几起有关"仲裁庭组成不当"的案例，在这些案例中，有权主张"仲裁庭组成不当"的当事人均适时提出了异议，其结果或者是仲裁庭驳回了异议，或者是相关仲裁员辞职。由于这些当事人后来都没有针对"仲裁庭组成不当"问题申请撤销，故可以说，

---

① ICSID, *Convention on the Settlement of Investment Disputes between States and Nationals of Other States: Documents Concerning the Origin and Formulation of the Convention*, Vol. 2, 1968, p. 853.

② ICSID, *Convention on the Settlement of Investment Disputes between States and Nationals of Other States: Documents Concerning the Origin and Formulation of the Convention*, Vol. 2, 1968, p. 853.

③ Christoph H. Schreuer, *The ICSID Convention: A Commentary*, Cambridge University Press, 2001, p. 929; David Williams, International Commercial Arbitration and Globalization—Review and Recourse against Awards Rendered under Investment Treaties, *ICSID Review—Foreign Investment Law Journal*, Vol. 19, No. 1, 2004, p. 267.

ICSID 仲裁庭或者相关仲裁员对上述异议的处理已为相关当事人心悦诚服地接受了。无疑,ICSID 仲裁庭对"仲裁庭组成不当"异议的处理为我们揣度将来的 ICSID 专门委员会如何处理依据这一理由提出的撤销申请提供了宝贵的思路。

(一)仲裁员不能"被信赖作出独立判断"

一个不能"被信赖作出独立判断"的仲裁员也即"缺乏独立性"(lack of independence)的仲裁员。"缺乏独立性"一个常见的术语,但在很多情况下,人们将仲裁员的"缺乏独立性"等同于"偏袒"(partiality),并将这两个词彼此通用,两者实则是不同的概念:仲裁员偏袒强调仲裁员对特定当事人或者当事人的案件有所袒护或者持有成见;仲裁员缺乏独立性则强调仲裁员与当事人或当事人的代理人之间存在密切的关系,如经济关系、职业关系、个人关系等。[①]

《华盛顿公约》第 14 条对名列在仲裁员小组的仲裁员的资格提出了三方面的要求:道德素质、业务素质、能够被依赖作出独立判断的素质。该公约第 40 条还规定,就算当事人指定的仲裁员不在上述仲裁员小组之列,其也需具备上述品质。该公约第 57 条第 1 句则规定,"一方可以根据……仲裁庭的任何成员**明显**缺乏第 14 条第 1 款规定的品质的任何事实,[②]向委员会或仲裁庭建议取消其资格"。上述规定显然意味着:第一,《华盛顿公约》允许仲裁员的应然素质与实然素质之间存在一定程度的差距;第二,当这种差距达到"明显"程度的时候,有关仲裁员会被取消资格。查阅 ICSID 仲裁成案可知,在仲裁员必备的上述三个素质中,当事人怀疑特定仲裁员并不具备的主要是"可以被信赖作出独立判断"的素质或曰具有独立性。其争议

① Alan Redfern & M. Hunter, *The Law and Practice of International Commercial Arbitration*, Sweet & Maxwell, 1999, pp. 220~221; D. Bishop & L. Leed, Practical Guidelines for Interviewing, Selecting and Challenging Party-Appointed Arbitrators in International Commercial Arbitration, *Arbitration International*, Vol. 14, 1998, at http://www.kluwerarbitration.com/arbitration/arb/home/ipn/default.asp? ipn = 9633, March 1, 2005.

② 黑体为笔者所加。

的焦点不在于仲裁员自身是否具有独立思考和判断的能力，而是集中在：当有关仲裁员与涉案争端或者争端的一方当事人之间存在直接或者间接的利益关系的情况下，这些具备极高的道德素质和业务素质的仲裁员能够不受影响、独立判案吗？

目前已经披露出来的涉及仲裁员缺乏独立性争议的普通 ICSID 案例共五个，分别是 Amco 案(一)、Zhinvali Development Ltd. v. Republic of Georgia 案、Vivendi 案，Generation Ukraine Inc. v. Ukraine 案以及 Salini Costruttori S. p. A. and Italstrade S. p. A. v. The Hashemite Kingdom of Jordan 案。

在 Amco 案(一)中，申请人 Amco 公司所指定的加拿大籍仲裁员 Edward W. Rubin 与申请人之间存在如下关系：(1)在仲裁程序开始后、尚未被指定为仲裁员之前，Rubin 曾就税务问题向申请人的大股东提出过个人建议，并为此获得了报酬。(2)Rubin 所在的律师事务所曾与申请人的代理律师达成过一个利润分享协议，并且共用过办公室，该利润分享协议在仲裁程序开始前终止。被申请人印尼认为，由于这些因素的影响，Rubin 明显缺乏第 14 条所要求的“可以被信赖作出独立判断”的品质，遂根据《华盛顿公约》第 57 条，请求取消 Rubin 的仲裁员资格。该案的另外两名仲裁员认为，《华盛顿公约》第 57 条中的“明显”这一用语表明，不能仅仅因为仲裁员存在缺乏第 14 条所规定的品质的可能性就取消其资格，而是要这种可能性非常大。鉴于 Rubin 并非申请人的正式法律顾问，Rubin 向申请人的大股东提供个人法律建议所获报酬也不多，故这只不过是件区区小事，对 Rubin 的可信赖性毫无影响。同时，Rubin 所在律师事务所与申请人代理律师所在律师事务所之间的关系也不会给 Rubin 带来心理压力，使之有偏袒之虞。因此，他们的结论是，不能认为，Rubin 明显缺乏可被信赖作出独立判断的能力，申请人的请求应予驳回。①

在 Zhinvali Development Ltd. v. Republic of Georgia 案中，塞浦路斯籍仲裁员 Andrew J. Jacovides 与申请人的一个管理型的投资工具之间存在着偶然的、纯社交性的接触。被申请人格鲁吉亚据此提出了取消该仲裁员资格的申请。该案另外两名仲裁员认定，上述关系不具有职业关系或者生意关系的性质，而仅仅是偶然的个人接触，仅仅凭着这一点就主张该事实会明显影响 Jacovides 的独立判断能力，这是不足采信的。②

在 Vivendi 案中，被申请取消资格的是加拿大籍的 L. Yves Fortier，其在该案中的身份是专门委员会成员而非仲裁庭成员，但是，该案的争议核心仍是《华盛顿公约》第 14 条以及第 57 条有关"明显"缺乏可以"被信赖作出独立判断"的能力的含义问题。具体争议为：Fortier 所在的律师事务所的一名合伙人曾为 Vivendi 公司的一个子公司提供过和正在提供着特定、有限并与该案无关的法律服务，其工作的绝大部分已经完成，报酬较高，大部分已经领取，在撤销程序进行期间所本应领取的那部分报酬数额很小。阿根廷据此主张，Fortier 明显缺乏可被信赖作出独立判断的能力，其专门委员会成员资格应予以取消。该案另外两名专门委员会成员驳回了阿根廷的请求，理由是：Fortier 充分及时地披露了相关信息；Fortier 个人与申请人或其子公司之间并无任何职业关系；其同事所做的工作概与本案无关，而是仅仅涉及某一具体交易，并且该交易已经进入尾声，所有

---

① Quoted in W. M. Tupman, Challenge and Disqualification of Arbitrators in International Commercial Arbitration, *International and Comparative Law Quarterly*, Vol. 38, 1989, p. 49.

② Zhinvali Development Ltd. v. Republic of Georgia, ICSID Case No. ARB/00/1, Decision on Respondent's Proposal to Disqualify Arbitrator, 19 January 2001. 此决定迄今未公布，本书的上述介绍转引自 Compañía de Aguas del Aconquija S. A. and Vivendi Universal v. Argentine Republic, ICSID Case No. ARB/97/3, Decision on the Challenge to the President of the Committee of October 5, 2001, para. 23.

这些不会使得Fortier的独立判断能力受到任何损害，更谈不上“明显”损害了。[①]

从Generation Ukraine Inc. v. Ukraine案裁决书的措辞中可以看出，在该案中，申请人系基于第14条规定的如下原因要求取消德国人Jurgen Voss的仲裁员资格：“明显”缺乏可以被信赖作出独立判断的能力。但最终结果仍然是没能取消该仲裁员的资格。[②]

在Salini Costruttori S. p. A. and Italstrade S. p. A. v. The Hashemite Kingdom of Jordan案中，[③]被申请人约旦指定了美国籍Eric Schwartz作为仲裁员，由于Schwartz曾在另一个投资仲裁案件中担任了被申请人方律师，而这个投资仲裁案中的申请人恰是Salini Costruttori S. p. A. and Italstrade S. p. A. v. The Hashemite Kingdom of Jordan案的申请人之一。申请人知道这一指定后就立即声明，倘若Schwartz真的接受指定，则其就将提出异议，但后者仍不为所动接受了约旦的指定。于是，申请人依据《华盛顿公约》第57条正式提出了仲裁员不合格的异议，约50天后，Schwartz辞职。[④]

上述案例表明，在一般情况下，有关仲裁员无法被信赖作出独立判断的异议很难成功。这主要是因为，ICSID仲裁庭对第57条的“明显缺乏第14条第1款规定的品质”中的“明显”一词倾向于做严格的解释，使得承担举证责任的主张者几乎无法满足其要求。表现在：不仅仲裁员本人与当事人之间存在偶然的社交接触的事实本身

① Compañía de Aguas del Aconquija S. A. and Vivendi Universal (Formerly Compagnie Générale Des Eaux) v. Argentine Republic (Decision on Annulment), ICSID Case No. ARB/97/3, Decision on the Challenge to the President of the Committee of October 5, 2001.

② Generation Ukraine Inc. v. Ukraine, ICSID Case No. ARB/00/9, Award of September 16, 2003, paras, 4.6—4.18.

③ Salini Costruttori S. p. A. and Italstrade S. p. A. v. The Hashemite Kingdom of Jordan, ICSID Case No. ARB/02/13, Decision on Jurisdiction of November 29, 2004.

④ Salini Costruttori S. p. A. and Italstrade S. p. A. v. The Hashemite Kingdom of Jordan, ICSID Case No. ARB/02/13, Decision on Jurisdiction of November 29, 2004, paras. 5—9.

不足以证明，前者明显缺乏可以被信赖作出独立判断的能力，而且仲裁员本人或者其同事与当事人之间存在法律服务方面的委托人与受委托人关系的事实也不必然足以证明，前者明显缺乏可以被信赖作出独立判断的能力。在仲裁员或者其同事、所在律师事务所从当事人处领取了报酬但数目较小的情况下，该事实还是不能证明，仲裁员明显缺乏可以被信赖作出独立判断的能力，因为报酬金额很小意味着两者的关系微不足道；在仲裁员或者其同事、所在律师事务所从当事人处取得的报酬数目较大，但在仲裁程序或者撤销程序开始之前，这笔报酬的绝大部分已经领取完毕，仲裁员等人在上述程序进行过程中可领的剩余报酬只是很小的一笔的时候，也不能认定仲裁员明显缺乏可以被信赖作出独立判断的能力。

笔者认为，ICSID 仲裁庭对“明显”一词做严格解释的作法是正确的。这是因为，ICSID 所仲裁的投资争端皆系重大争端，其解决事宜不仅涉及东道国国内法的理解和适用，更涉及模糊含混的国际公法规则的理解和适用以及发展中国家东道国与发达国家海外投资者之间的利益平衡，这些都要求胜任 ICSID 仲裁员的人士在相关领域具有精深的知识和多年的经验。在将这些知识获取到精深的程度的过程中，在持续多年地积累这些经验的过程中，能够胜任 ICSID 仲裁员的人士势必将与国际投资及其解决领域发生广泛的联系。同时，比之于一般国际商事仲裁，ICSID 仲裁案件虽然标的额极为巨大，但其案件总量却相对有限，有志于从事这一方面研究和实务工作并真正胜任 ICSID 仲裁员的人士亦相对较少。在这种情况下，一概要求 ICSID 仲裁员与案件乃至案件当事人没有任何联系、保持绝对的独立性并不现实。因此，通过严格解释“明显”一词，将仲裁员与案件乃至案件当事人之间的联系控制在不足以导致仲裁员偏袒任何一方的限度内，的确是合理的，也符合一般国际商事仲裁的惯常作法。此点恰如两位学者所言：“一位不偏袒但并未全然独立的仲裁员可能是合格的，而一位独立但偏袒的仲裁员却一定是不合格的。在选择国际仲裁的仲裁员时,绝对的、不可剥夺的主导标准就是不偏袒。"[①]反之,"如果任何程度的缺乏独立性这一现象本身即足以使一个仲裁员失去仲裁员资格,则(为了保证仲裁员的绝对独立性)就需要额外破费建立一套事无巨细、累赘烦人的披露制度,且当事人打乱仲裁程序的机会将变得更多"。[②]

然而,如上所述,偏袒主要涉及仲裁庭或者仲裁员的心理状态,而心理状态是个抽象的东西,很难衡量,[③]故对仲裁员是否"明显"不能够"被信赖作出独立判断"的确定始终是一个颇为主观的问题。

(二)仲裁员的国籍与《华盛顿公约》的要求不符

"在考虑仲裁员是否合格的过程中,理想的状态是,独任仲裁员或者首席仲裁员的国籍应与案件无关,仲裁员的资格、经验和刚正不阿倒是应该考虑的因素。仲裁员出生在哪个国家、他持的是哪个国家的护照并不重要。"[④]但是,根据"正义不仅应被实现,而且还应看起来被实现"(Justice must not only be done, but must be seen to be done)的古老法谚,《华盛顿公约》第38条、第39条还是规定,不但行政理事会主席依法指定的仲裁员不得为争端一方的缔约国的国民或其国民是争端一方的缔约国的国民,而且,除非唯一的仲裁员或仲裁庭的每一成员是经双方协议指定的,否则,仲裁庭中的大多数仲裁员也不得为争端一方的缔约国国民和其国民是争端一方的缔约国的国民。为了避免先行指定仲裁员的一方当事人(也即申请人)指定

---

① D. Bishop & L. Leed, Practical Guidelines for Interviewing, Selecting and Challenging Party-Appointed Arbitrators in International Commercial Arbitration, *Arbitration International*, Vol. 14, 1998, at http://www.kluwerarbitration.com/arbitration/arb/home/ipn/default.asp? ipn=9633, March 1, 2005.

② Toby Landau, Composition and Establishment of the Tribunal: Articles 14 to 36, *The American Review of International Arbitration*, Vol. 9, 1998, p. 80.

③ Hong-Lin Yu & Laurence Shore, Independence, Impartiality, and Immunity of Arbitrators-US and English Perspectives, *International and Comparative Law Quarterly*, Vol. 52, 2003, p. 936.

④ Alan Redfern & M. Hunter, *The Law and Practice of International Commercial Arbitration*, Sweet & Maxwell, 1999, p. 223.

争端一方的缔约国国民和其国民是争端一方的缔约国的国民，从而致使后指定仲裁员的一方当事人(也即被申请人)无法再指定与该仲裁员同国籍的仲裁员，由此导致双方当事人指定仲裁员的权利失衡，《ICSID 仲裁程序规则》第 1 条第 3 款进一步规定，在未经对方当事人同意的情况下，任何一方当事人所指定的仲裁员都不得系争端一方的缔约国国民和其国民是争端一方的缔约国的国民。倘若当事人或者行政理事会主席的指定违反了这些规定，则受影响的当事人可以根据《华盛顿公约》第 57 条第 2 句的规定，[①]要求取消该仲裁员的资格。

在 ICSID 仲裁实践中，已经出现过两起有关仲裁员国籍不合格的争议的案例。其中之一为 Eudoro A. Olguín v. Republic of Paraguay 案。在该案中，申请人未同被申请人协商便指定了美国籍仲裁员 Dale Beck Furnish，而申请人自己又有秘鲁、美国双重国籍，被申请人据此要求取消 Furnish 的仲裁员资格，Furnish 次日即辞职。[②] 另一个案件是 Víctor Pey Casado and President Allende Foundation v. Republic of Chile 案。[③] 由于该案裁决书系用西班牙语写就，不谙此语种的笔者无从知晓其具体内容，但根据第二手资料中透露出来的有限信息判断，该案亦存在有关仲裁员国籍不合格的争议。

毫无疑问，与仲裁员是否缺乏独立性不同，仲裁员是否具有合格的国籍是一个极为客观的问题，其衡量标准没有什么弹性，相关仲裁员一旦被证实具备不适当的国籍，往往会自然而然地自动辞职。因此，可想而知，即便是在 ICSID 仲裁撤销案件中，以仲裁员国籍不合

---

① 该句规定："参加仲裁程序的一方还可以某一仲裁员根据第 4 章第 2 节无资格在仲裁庭任职为理由，建议取消该仲裁员的资格。"

② Eudoro A. Olguín v. Republic of Paraguay, ICSID Case No. ARB/98/5, Award of July 26, 2001, paras. 10, 15, 16.

③ Víctor Pey Casado and President Allende Foundation v. Republic of Chile, ICSID Case No. ARB/98/2, quoted in Christoph H. Schreuer, *The ICSID Convention: A Commentary*, Cambridge University Press, 2001, p. 1201.

格为由主张“仲裁庭组成不当”的撤销请求也应是极为容易裁断的。

第三节 仲裁庭明显越权

一、一般国际商事仲裁撤销制度中的仲裁庭越权情形

“仲裁庭越权”(excess of power; excess of mandate; excess of authority)是一个常见的撤销以及不予承认或者执行国际商事裁决的理由,诸如1996年《英国仲裁法》第68条第2款第2项、1990年《美国仲裁法》第10条第4款、1987年《瑞士联邦国际私法》第190条第2款第3项、联合国国际贸易法委员会1985年《国际商事仲裁示范法》第34条第2款第3项、1958年《纽约公约》等5条第1款第3项都对这一理由作出了直接或者间接的规定。一般来说,一般国际商事仲裁撤销制度中的“仲裁庭越权”专指两方面的缺陷:管辖权缺陷和法律适用缺陷。

在国际商事仲裁实践中,管辖权缺陷主要包括如下四种情况:超越管辖权、无管辖权、不行使管辖权、未充分行使管辖权。

超越管辖权指的是仲裁庭就当事人在仲裁协议中没有提到的事项进行仲裁以及超越当事人的仲裁申请范围进行仲裁。它属于“仲裁庭越权”这一撤销理由的常规内容,也一般国际商事仲裁撤销制度据以撤销裁决的理由之一。

无管辖权包括两种情况:第一,仲裁协议不存在;第二,根据双方当事人协议约定的法律或在没有这种选择的时候,根据仲裁地所在国法律,仲裁协议无效。无管辖权虽然通常也是国际商事仲裁的撤销理由之一,但却往往处在与“仲裁庭越权”并列的地位上,不为后者所涵盖,如1996年《英国仲裁法》第67条和第68条、2003年《西班牙仲裁法》第41条第1款和第3款都对此做了明确区分。

所谓不行使管辖权是指仲裁庭本来对有关事项拥有管辖权,但却拒绝承认这一点从而断定自己没有管辖权。一些国家认为,这种

不行使管辖权的处理结果不具有"裁决"的性质，因为仲裁庭既然都没有管辖权，所涉争端就根本不能仲裁，故仲裁庭所作出的处理结果当然也不是仲裁裁决，因此，尽管当事人可以对之申请救济，但这种救济不应是仲裁撤销。[①] 一些国家则认为，这种不行使管辖权的处理结果具有裁决的性质，并且可以对之申请撤销。如 1987 年《瑞士联邦国际私法》第 190 条第 2 款第 2 项就明确规定："只有在符合如下条件的情况下，才可以提起仲裁撤销程序：……(2)仲裁庭错误地宣布自己有或者没有管辖权……"。1999 年《瑞典仲裁法》第 27 条及第 36 条也有类似的规定。[②] 上述规定显然意味着，尽管不行使管辖权是一个撤销理由，但是，该理由并非处于"仲裁庭越权"的项下。根据联合国国际贸易法委员会 1985 年《国际商事仲裁示范法》的准备资料，该示范法的第二稿草案曾经设计了一种不同于撤销程序的程序，以对这种情况进行救济。但因工作组的多数意见认为，不应该强迫仲裁员仲裁，交给法院来裁断纠纷好了，故最终删除了这一程序。[③] 因为很多国家的国际仲裁法就是以 1985 年《国际商事仲裁示范法》为蓝本起草的，该示范法的这一作法对当代各国仲裁法影响非常大，结果，许多国家同样都没有把这种情况规定为撤销理由，如 1998 年《德国仲裁法》就是。同时，德国最高法院在 2002 年的一个判例中已经明确宣布，由于 1998 年《德国仲裁法》第 1059 条没有把仲裁庭错误地否认自己有管辖权的情况规定为撤销理由，并且这种

---

① 如 1972 年《丹麦仲裁法》第 1052 条第 5 款、1998 年《比利时司法法典》第 1673 条第 3 款。奥地利最高法院的一则判例也持这种观点。See Austrian Supreme Court, Case 4 Ob 1542/94 of 12 April 1994，转引自 Stefan Kröll, *Recourse against Negative Decisions on Jurisdiction*, at http://www.kluwerarbitration.com/arbitration/arb/home/ipn/default.asp? ipn=25593, May 1, 2005

② 此外，英国的主流观点、法国及意大利的判例也支持这种作法。转引自 Stefan Kröll, *Recourse against Negative Decisions on Jurisdiction*, at http://www.kluwerarbitration.com/arbitration/arb/home/ipn/default.asp? ipn=25593, May 19, 2005.

③ Quoted in Stefan Kröll, *Recourse against Negative Decisions on Jurisdiction*, at http://www.kluwerarbitration.com/arbitration/arb/home/ipn/default.asp? ipn = 25593, May 19, 2005.

情况也不违反德国公共秩序，因此，它对以此为由提起的撤销请求不予支持。[①] 该院的这一态度不可避免地会对其他以1985年《国际商事仲裁示范法》为蓝本的国家产生深刻的影响。

未充分行使管辖权指的是仲裁庭没有解决当事人提交仲裁的所有争端事项，通常人们称之为“漏裁”。对漏裁是否可能导致裁决被撤销，存在两种不同的看法：一种看法认为，不应以此为由撤销裁决，因为就其所已经处理的事项而言，仲裁庭并未超越权限。因此，大部分国家对其仅仅规定了仲裁补充这一救济措施。[②] 另一种看法则认为，不应简单地下结论，而应从整体上考虑裁决中尚未解决的争端问题的重要性。如果未得到解决的争端问题一旦解决，将会改变整个裁决的均衡，影响原裁决中所确定的当事人的权利义务，则应该允许当事人就此申请撤销裁决。一些国家的法律在规定“仲裁庭越权”的同时，并列规定了这种情况也可以导致撤销，如1987年《瑞士联邦国际私法》第190条第2款第3项即是如此。显而易见，在这些国家，“仲裁庭越权”这一撤销理由无法涵盖漏裁问题。

综上所述，从管辖权的角度出发，在一般国际商事仲裁撤销制度中，“仲裁庭越权”这一撤销理由通常只意味着仲裁庭就当事人在仲裁协议中没有提到的事项进行仲裁以及超越当事人的仲裁申请范围进行仲裁。

实践中，当事人在协议选择以仲裁方式解决争端的时候，往往还同时约定仲裁庭所应适用的实体法律。这种有关准据法的约定界定了仲裁庭在法律适用方面的权限，仲裁庭有义务适用该约定的准据法而非其他法律。所以，在一些国家，仲裁庭蓄意专横地胡乱确定准

---

① BGH (German Supreme Court), Case III ZB 44/01 of 6 June 2002; Hanseatisches Oberlandesgericht (Higher Regional Court of Hamburg), Case 11 Sch 2/00 of 30 August 2002, quoted in Stefan Kröll, *Recourse against Negative Decisions on Jurisdiction*, at http://www. kluwerarbitration. com/arbitration/arb/home/ipn/default. asp? ipn = 25593, May 19, 2005.

② 杜焕芳：《论国际商事仲裁裁决的撤销制度》，载梁慧星主编：《民商法论丛》第28卷，法律出版社2003年版，第380页。

据法或毫无根据地适用准据法的情况也可能被界定为“仲裁庭越权”。[①] 如瑞典斯德哥尔摩上诉法院2003年在CME v. Czech Republic仲裁撤销案中就曾经不惜笔墨地阐述过这个问题：[②]在当事人之间已经就仲裁庭解决争端所应适用的法律作出了约定的情况下，“如果仲裁员明显违背这种协议，适用了另一个国家的法律，则应当事人的申请，本法院可以基于仲裁员越权而撤销该裁决”。[③] 不过，以仲裁庭适用错误的准据法为根据主张“仲裁庭越权”难度较大，因为撤销申请人的举证责任较重：通常其不但要证明仲裁员的确适用了错误的准据法，而且还要证明仲裁庭系蓄意为之，而不是出言不谨慎。[④] 仍以瑞典为例。只有在当事人明明白白地约定了某一特定国家的法律为解决争端的准据法，但仲裁员却又几乎蓄意地漠视这种约定而适用另一个国家的法律的情况才算做越权。如果当事人对准据法的约定不够明确，还有待仲裁员解释，那就几乎谈不上存在任何越权的情势了。并且，如果当事人所约定的准据法不止一种，那么，只要仲裁员适用了其中的任何一个，就不算越权。[⑤] 话虽如此，然而，实践中，审理撤销案件的法官还是有可能会曲解该程序性的撤销

---

① 可以涵盖这一情形的另一撤销及不予承认和执行理由还包括“裁决违反公共政策”，如德国就是这样做的。See Giorgio Sacerdoti, Investment Arbitration under ICSID and UNCITRAL Rules: Prerequisites, Applicable Law, Review of Awards, *ICSID Review—Foreign Investment Law Journal*, Vol. 19, No. 1, 2004, pp. 35～38.

② CME v. Czech Republic, Partial Award of 13 September 2001, at http://www.cetv-net.com/ifiles/1439-cme-cr_eng.pdf, May 25, 2005.

③ Judgment of the Svea Court of Appeal in Case No. T 8735－01, rendered on May 15, 2003, paras. 91－94, *International Legal Materials*, Vol. 42, 2003, pp. 967～969.

④ Klaus Peter Berger, International Economic Arbitration, quoted in Giorgio Sacerdoti, Investment Arbitration under ICSID and UNCITRAL Rules: Prerequisites, Applicable Law, Review of Awards, *ICSID Review—Foreign Investment Law Journal*, Vol. 19, No. 1, 2004, pp. 35～36.

⑤ Judgment of the Svea Court of Appeal in Case No. T 8735－01, rendered on May 15, 2003, paras. 91－94, *International Legal Materials*, Vol. 42, 2003, pp. 967～969.

理由，以直接审查裁决的重大实体问题。[①]

二、有关"仲裁庭明显越权"的基本问题

(一)相关缔约历史概述

世界银行在1963年12月和1964年5月之间召开了四届区域性的专家咨询会议，《公约预备草案第一稿》就是这次会议的工作文件。《公约预备草案第一稿》将"仲裁庭越权"规定为一个撤销理由，但并没有提及"明显"(manifest)这一修饰性词语。[②] 经联邦德国代表提议，《公约草案》将这一撤销理由进一步表述为"仲裁庭明显越权"，以防裁决被轻易撤销。[③] 此后，虽然也曾经有个别代表提议删除"明显"这一限制性定语，但与会的众多代表都没有支持这一提议，并最终通过表决的方式否定了这一主张。[④] 在整个公约缔结过程中，代表们针对这一撤销理由的讨论主要集中在"仲裁庭明显越权"的外延上——也即到底哪些具体情形属于"仲裁庭明显越权"，对此，本书将在以下相关部分述及。

---

① William Park, Why Courts Review Arbitral Awards, quoted in David Williams, International Commercial Arbitration and Globalization-Review and Recourse against Awards Rendered under Investment Treaties, *ICSID Review—Foreign Investment Law Journal*, Vol. 19, No. 1, 2004, p. 265.

② ICSID, *Convention on the Settlement of Investment Disputes between States and Nationals of Other States: Documents Concerning the Origin and Formulation of the Convention*, Vol. 2, 1968, p. 230.

③ ICSID, *Convention on the Settlement of Investment Disputes between States and Nationals of Other States: Documents Concerning the Origin and Formulation of the Convention*, Vol. 2, 1968, pp. 423, 850. 不过，印度及中国台湾地区代表反对添加该限制性词语，会议因此进行了投票表决，反对者的异议最终被以23:11的比例否决。ICSID, *Convention on the Settlement of Investment Disputes between States and Nationals of Other States: Documents Concerning the Origin and Formulation of the Convention*, Vol. 2, 1968, pp. 851～852.

④ ICSID, *Convention on the Settlement of Investment Disputes between States and Nationals of Other States: Documents Concerning the Origin and Formulation of the Convention*, Vol. 2, 1968, pp. 851, 852.

(二)构成要件

有学者认为,在判断特定裁决是否具备“仲裁庭明显越权”的情形时,可以将这一撤销理由分割为两个要件:“明显”、“越权”,并由此自由选用两种顺序不同却又殊途同归的“两步式”推理方法:其一,先确定仲裁庭的特定行为是否“越权”,再在该行为构成越权后确定该越权的程度是否“明显”,我们不妨称之为“‘越权→明显’方法”。其二,先假定仲裁庭的某一行为已经构成“越权”,然后判断这种“越权”是否“明显”,在得到肯定性答案后,再返回来判断该行为到底属不属于“越权”,我们不妨称之为“‘明显→越权’方法”。① 上述分析虽然逻辑清晰,但各专门委员会事实上所沿用的推理方法却不尽如此。在论及此一问题时,有的专门委员会基本遵循了上述的任何一种“两步式”推理方法。有的专门委员会却来得更直截了当:先认定某一情形,比如未适用准据法是否存在,然后就不加解释地贴上“仲裁庭明显越权”的标签,并未有意识地区分“越权”和“明显”这两个要件。可见,专门委员会实际上所采纳的推理方法是有些芜杂的。

笔者承认硬性地区分“越权”和“明显”这两个要件的“两步式”推理方法不足以涵盖专门委员会所援用的所有推理方法,但考虑到其他替代性的研究方法并不见得更好,故仍拟采用这个两分法的构成要件说。就“越权”而言,《华盛顿公约》第 52 条除了简简单单地提及“仲裁庭明显越权”(the Tribunal has manifestly exceeded its powers)是撤销理由外,并未对“仲裁庭越权”这一概念的内涵与外延作出任何界定。根据 ICSID 仲裁撤销实践,从整体上看,ICSID 仲裁庭的越权体现为两个方面的缺陷:管辖权缺陷、法律适用缺陷。

三、有关“仲裁庭明显越权”的实证研究

如上所述,本书系采用“两分法”的构成要件说来剖析“仲裁庭明

① Christoph H. Schreuer, *The ICSID Convention: A Commentary*, Cambridge University Press, 2001, p. 933.

显越权"这一撤销理由的构成要件。其中,"仲裁庭越权"的表现又分为管辖权有缺陷、法律适用有缺陷。鉴于有关"仲裁庭越权"的内容篇幅庞大,仅仅出于使我们的表述更方便起见,在以下的论述中,本书拟将"仲裁庭的管辖权有缺陷"、"仲裁庭的法律适用有缺陷"、"仲裁庭的越权是'明显'的"并列讨论。

(一)仲裁庭的管辖权有缺陷

在1964年2月17—21日召开的第三届"解决投资争端法律专家咨询会议"上,会议主席曾经提到,有代表建议将"仲裁庭无权管辖"这一内容确定为撤销理由,虽然会议参加者对这一建议的具体讨论没有见诸文字,但有一点可以确定的是,它并没有被采纳。[①] 在1965年1月4日召开的法律委员会会议上,法律委员会主席Aron Broches指出,"仲裁庭明显越权"涉及仲裁庭超越当事人的协议范围进行裁决、仲裁庭对当事人并未提交或不适当提交的事项进行裁决。[②] 同日下午,哥斯达黎加代表和西班牙代表提议,修正"仲裁庭明显越权"的具体表述,明确加上裁决超越当事人请求的范围这一内容时,但经过投票表决,会议还是没有采纳这一建议。[③] 对于这些缔约现象,有学者深感惋惜,认为出于应严格规制ICSID仲裁庭管辖权的考虑,《华盛顿公约》本应将无权管辖明确地规定为撤销理由。[④] 有学者却认为,仲裁庭缺乏管辖权却又管辖本是最明显不过的越权

① Christoph H. Schreuer, *The ICSID Convention: A Commentary*, Cambridge University Press, 2001, p. 271, 423, 517.

② ICSID, *Convention on the Settlement of Investment Disputes between States and Nationals of Other States: Documents Concerning the Origin and Formulation of the Convention*, Vol. 2, 1968, p. 850.

③ ICSID, *Convention on the Settlement of Investment Disputes between States and Nationals of Other States: Documents Concerning the Origin and Formulation of the Convention*, Vol. 2, 1968, p. 853.

④ Gaillard, CIRDI Chronique des sentences arbitrales, 114 Journal du Droit International 135, 187 (1987), quoted in Aron Broches, Observations on the Finality of ICSID Awards, *ICSID Review—Foreign Investment Law Journal*, Vol. 6, No. 2, 1991, p. 359.

形式，因此，《华盛顿公约》之所以没有明文将这一点写进来，就是因为这样做纯属多此一举。[①]

根据ICSID仲裁撤销制度的理论与实践，属于"仲裁庭越权"的管辖权缺陷包括如下几种情形：仲裁协议不存在或者无效、裁决超越仲裁协议或者当事人请求事项的范围、未行使或未充分行使管辖权。

1. 仲裁协议不存在或者无效

无论是大陆法系还是英美法系，根据合同法的一般原理，合同的成立专指具有订立合同目的的双方当事人通过要约与承诺的过程达成意思表示的一致，而合同的生效则指已成立的合同因为符合法律的强制性规定而发生当事人预期的法律效果。《华盛顿公约》第25条对ICSID仲裁协议的成立要件（如有关书面形式的要求）和生效要件（如有关当事人的主体资格、争端的可仲裁性的要求）做了基本规定。在国际条约、国内立法、特许协议这三种接受ICSID仲裁管辖权的主要方式之间，无论东道国选用了哪种，其以及在其境内的外国投资者若想成立一个仲裁协议并且使该协议生效，都必须以满足上述第25条的要求为前提。同时，在作为当事人一方的东道国以特许合同的方式逐案同意ICSID仲裁管辖权的时候，双方当事人完全还可以在合同中明确规定一些其他的仲裁条款成立或者生效要件。前者如要求履行特殊的形式要件方才成立，后者如要求当事人用尽当地救济后方可提交ICSID仲裁。在作为当事人一方的东道国以国内立法或者国际条约的方式"一揽子"同意ICSID仲裁管辖权的时候，则相关仲裁协议还必须符合上述国内立法以及国际条约所规定的成立或者生效要件：前者如争端发生后，投资者必须还要经过六个月或者12个月的"等待期"才能正式作出接受ICSID仲裁管辖权的承诺，从而最终成立仲裁协议；后者如对外国投资者的国籍要求。就仲裁协议而言，它至少需要当事人具备适当的缔约能力、争端事项

① Christoph H. Schreuer, *The ICSID Convention: A Commentary*, Cambridge University Press, 2001, p. 936.

具有可仲裁性等生效要件才可能发生当事人预期的法律效果。[①]

在ICSID仲裁实践中，被申请人几乎每案都要提起管辖权异议。常见的异议内容包括被申请人尚未同意ICSID仲裁管辖权、申请人不具有特定的国籍、争端不属于《华盛顿公约》第25条所谓的“因投资而直接产生的法律争端”等。尽管ICSID仲裁被申请人在异议时通常并不严格区分仲裁协议到底是不成立还是无效，而只是笼统地称之为“缺乏管辖权”(lack of jurisdiction)，但是，上述异议主张有的涉及仲裁协议不成立，有的涉及仲裁协议未生效，这却是毫无疑义的。虽然学者们都公认，这些管辖权缺陷情形都可以成为主张“仲裁庭越权”的有力依据，[②]但严格说来，从业已披露出来的仲裁撤销案例看，目前尚无以此为由申请撤销的案例。

2. 裁决超越仲裁协议或者当事人请求事项的范围

裁决超越仲裁协议或者当事人请求事项的范围的情形属于“仲裁庭越权”，这一点不仅得到了《华盛顿公约》缔约者以及其他学者们的公认，[③]而且也曾为ICSID仲裁撤销申请人作为“仲裁庭明显越权”的依据实实在在地主张过。

在Klöckner案(一)中，撤销申请人Klöckner公司主张，该案的《管理合同》已经规定，有关该合同的争端由国际商会来仲裁，但ICSID仲裁庭却偏偏根据Klöckner履行《管理合同》的情况驳回了克劳科纳的索赔请求。克劳科纳所主张的分明是裁决超越仲裁协议的范围。但令人遗憾的是，该案专门委员会虽然也抽象地同意，无权管辖构成越权，但在具体认定该案仲裁庭对有关《管理合同》的纠纷的

---

① 韩健著:《现代国际商事仲裁法的理论与实践》，法律出版社2000年版，第60～80页。

② See e.g., David D. Caron, Reputation and Reality in the ICSID Annulment Process: Understanding the Distinction between Annulment and Appeal, *ICSID Review—Foreign Investment Law Journal*, Vol. 7, No. 1, 1992, p. 39; Christoph H. Schreuer, *The ICSID Convention: A Commentary*, Cambridge University Press, 2001, p. 937.

③ See e.g., Christoph H. Schreuer, *The ICSID Convention: A Commentary*, Cambridge University Press, 2001, p. 937.

确进行了无权管辖之后，得出的结论却是：不管仲裁庭这样做对不对、有没有越权，考虑到仲裁庭的相应裁决尽管并不很令人信服，或曰并非很恰当，但看来是站得住脚的、并不武断，所以，不能基于"仲裁庭明显越权"而撤销之。[①] 也就是说，连该案仲裁庭超越仲裁协议管辖的行为已经构成越权这一点都不肯"说死"。该裁决因此受到了学者们的激烈批判。[②]

3. 未行使或者未充分行使管辖权

所谓"未行使管辖权"是指仲裁庭对案件有管辖权而拒绝行使，它具体表现为仲裁庭彻底拒绝承认自己对案件有管辖权。所谓"未充分行使管辖权"又称"漏裁"，是指仲裁庭在对案件的是非曲直进行处断的过程中，遗漏或者忽略了一些待解决事项，以至于没能对当事人所提交的每一个事项都作出处理，其表现形式不是明明白白地在裁决中声称仲裁庭不予断定相关事项的是非曲直，而是在裁决中对相关事项如何处理避而不提。漏裁与《华盛顿公约》第 48 条第 3 款的规定——"裁决应处理提交仲裁庭的每一个问题，并陈述其所依据的理由"——紧密相连，并具体体现为对上述规定的违反。在《华盛顿公约》缔结过程中，萨尔瓦多代表曾经担心，仲裁庭如果遗漏处理了一些问题，可能会导致裁决不完整。[③] Aron Broches 于是建议，将违反这种义务的情形规定为撤销理由，该建议被 8 ∶ 6 的投票结果否决。但是，多数与会代表还是同意，应该通过某种形式为"漏裁"提供救济，并以 32 ∶ 0 的比例决定，这种救济应该具有补充性质，且不

① Klöckner Industrie-Anlagen GmbH and others v. United Republic of Cameroon and Société Camerounaise des Engrais (Decision on Annulment Ⅰ), ICSID Case No. ARB/81/2, paras. 4, 52.

② See e. g., David D. Caron, Reputation and Reality in the ICSID Annulment Process: Understanding the Distinction between Annulment and Appeal, *ICSID Review—Foreign Investment Law Journal*, Vol. 7, No. 1, 1992, p. 39; Christoph H. Schreuer, *The ICSID Convention: A Commentary*, Cambridge University Press, 2001, p. 937.

③ ICSID, *Convention on the Settlement of Investment Disputes between States and Nationals of Other States: Documents Concerning the Origin and Formulation of the Convention*, Vol. 2, 1968, pp. 342～664.

同于仲裁修改。[①]

在Amco案(一)撤销决定中,专门委员会认为,漏裁可能会在特殊情况下构成"仲裁庭明显越权",从而导致撤销,但对究竟何为"特殊情况",它却没有论及。至于《华盛顿公约》起草者明确反对将漏裁规定为撤销理由的事实,专门委员会认为,这只能证明,与会代表都认为漏裁可以构成撤销理由,只是有些代表觉得其理至显,以至于无须作出明文规定。[②]

在Vivendi案中,仲裁庭在确认自己对与阿根廷土库曼省的行为有关的争端拥有管辖权后,经过一番推理得出结论说,对于这部分争端,Vivendi需要先诉诸国内法院,自己此时无权就其是非曲直问题作出裁断。Vivendi因此主张"仲裁庭明显越权"。专门委员会认为,不仅无管辖权而管辖构成越权,有管辖权而不行使也构成越权,[③]并据此撤销了仲裁庭的相关裁决。事实上,专门委员会的这一推理是有问题的。因为在该案中,仲裁庭并不是没有行使管辖权,只是仲裁庭行使管辖权的结果——责令Vivendi先诉诸国内法院——令专门委员会不满意,[④]所以,这已经不是管辖权问题了。

(二)仲裁庭的法律适用有缺陷

在《华盛顿公约》的缔结过程中,代表们曾经对"仲裁庭明显越权"这一撤销理由是否涵盖法律适用方面的瑕疵进行过讨论。在

---

① Aron Broches, Observations on the Finality of ICSID Awards, *ICSID Review—Foreign Investment Law Journal*, Vol. 6, No. 2, 1991, pp. 332, 366; ICSID, *Convention on the Settlement of Investment Disputes between States and Nationals of Other States: Documents Concerning the Origin and Formulation of the Convention*, Vol. 2, 1968, p. 849.

② Amco Asia Corporation and others v. Republic of Indonesia (Decision on Annulment Ⅰ), ICSID Case No. ARB/81/1, paras. 32-33. 它认为,漏裁还可以构成裁决未陈述其所依据的理由、严重违背基本程序规则。

③ See also, Christoph H. Schreuer, *The ICSID Convention: A Commentary*, Cambridge University Press, 2001, pp. 937~938.

④ Compañía de Aguas del Aconquija S. A. and Vivendi Universal (Formerly Compagnie Générale Des Eaux) v. Argentine Republic (Decision on Annulment), ICSID Case No. ARB/97/3, paras. 86-119.

1964 年 4 月 27 日—5 月 1 日召开的第四届“解决投资争端法律专家咨询会议”上，中国代表提出，既然当事人有权就准据法达成协议，那么，没有适用当事人约定的准据法的仲裁庭就使当事人之间的协议落空了，因此，应该将“仲裁庭越权”这一措辞修改为“包括未适用准据法在内的仲裁庭越权”。① 菲律宾代表则认为，中国代表所设想的这种情况似乎可以归类为另一个撤销理由，也即“裁决未陈述其所依据的理由”。② 针对这一问题，会议主席 Aron Broches 指出，公约草案并未规定对裁决不服可以上诉，因此，仲裁庭在法律适用方面所犯的错误不能构成有效的撤销理由。③ 黎巴嫩代表接着评论到，倘若当事人已经一致同意将某一特定的法律确定为准据法，而仲裁庭实际上却适用了其他法律，则这一行为本身就构成越权管辖，可以对之提出质疑。④ 在 1965 年 1 月 4 日召开的法律委员会会议上，仲裁庭越权问题再一次被提了出来。这次讨论的起因是印度代表的一次发言，他认为如果仲裁庭犯了法律上的明显错误，则应该通过仲裁修改制度来救济。⑤ 会议主席 Aron Broches 则认为，如果真的有必要在《华盛顿公约》框架内解决错误适用准据法的问题，那么，也应该在仲

---

① ICSID, *Convention on the Settlement of Investment Disputes between States and Nationals of Other States: Documents Concerning the Origin and Formulation of the Convention*, Vol. 2, 1968, p. 517.

② ICSID, *Convention on the Settlement of Investment Disputes between States and Nationals of Other States: Documents Concerning the Origin and Formulation of the Convention*, Vol. 2, 1968, p. 518.

③ ICSID, *Convention on the Settlement of Investment Disputes between States and Nationals of Other States: Documents Concerning the Origin and Formulation of the Convention*, Vol. 2, 1968, p. 518

④ ICSID, *Convention on the Settlement of Investment Disputes between States and Nationals of Other States: Documents Concerning the Origin and Formulation of the Convention*, Vol. 2, 1968, p. 518.

⑤ ICSID, *Convention on the Settlement of Investment Disputes between States and Nationals of Other States: Documents Concerning the Origin and Formulation of the Convention*, Vol. 2, 1968, p. 847.

裁撤销制度而非仲裁修改制度中作出规定。[①] 讨论了一段时间后，Aron Broches 的态度开始变得明朗起来：他指出，如果仲裁庭没有适用当事人同意的法律，而是适用了另外一种法律，则应当允许当事人以仲裁员违反仲裁协议为由主张存在“明显越权”情势，从而申请撤销裁决。[②] 接着发言的印度代表建议，应当再增加一个撤销理由——“明显错误适用法律”。该增加撤销理由的建议受到伊朗代表的支持，但会议的举手表决结果却是：8 票赞成，17 票反对。[③]

因此，ICSID 仲裁撤销制度区分“未适用准据法”和“错误适用准据法”这两种情况。“未适用准据法”的典型表现是，仲裁庭本该适用甲国法，结果却擅自适用了乙国法，或者，根本没有适用任何国家的法律，而是擅自适用了公平与正义原则裁断争端。“错误适用准据法”的典型表现是，仲裁庭本该适用甲国法，并且也的确适用了甲国法，但是依据甲国法的适用规则看来，仲裁庭的这种适用存在错误。鉴于当事人对 ICSID 仲裁庭的授权内容不仅涉及仲裁庭可解决何种争端，而且还涉及仲裁庭应适用何种准据法，故适用当事人所约定的准据法解决当事人所提交的仲裁事项，遂成为 ICSID 仲裁庭的职责所在，所以，倘若仲裁庭竟然“未适用准据法”，则该行为便是程序

---

① ICSID, *Convention on the Settlement of Investment Disputes between States and Nationals of Other States: Documents Concerning the Origin and Formulation of the Convention*, Vol. 2, 1968, pp. 847～848.

② ICSID, *Convention on the Settlement of Investment Disputes between States and Nationals of Other States: Documents Concerning the Origin and Formulation of the Convention*, Vol. 2, 1968, p. 851.

③ ICSID, *Convention on the Settlement of Investment Disputes between States and Nationals of Other States: Documents Concerning the Origin and Formulation of the Convention*, Vol. 2, 1968, pp. 851, 853, 854.

错误，[①]可能构成“仲裁庭明显越权”，从而导致撤销裁决。与之相反，在ICSID仲裁庭已经适用了准据法的情况下，倘若其犯了法律解释等方面的错误，则该行为属于“错误适用准据法”，是实体错误，不会构成“仲裁庭明显越权”，也不会导致裁决被撤销。

克劳科纳案(一)的专门委员会确认了错误适用准据法不构成撤销理由、未适用准据法才构成撤销理由的观点。[②] 在克劳科纳案(一)中，双方当事人约定，该案的准据法是以法国法为基础的喀麦隆法(以下简称“法国民法”)，但裁决书在陈言其法律依据时，没有引用前述法国民法的具体条文，而是代之以：“我们真诚地相信，遵循一种建立在信任基础之上的原则而进入密切的合同关系的当事人应该以坦率、忠诚、正直的方式对待他的合同另一方当事人，这是法国民法的基本原则，据我们所知，也的确是其他国家法律中的基本原则。”尽管上述法律原则的确存在于法国民法之中，但克劳科纳还是主张，仲

① 这一点已经为学界公认。如联合国贸易与发展会议出版的一本有关投资者与东道国之间的投资仲裁的出版物就特别强调说，虽然对实体性准据法的适用会影响到实体法的具体内容，而实体法的具体内容则进一步影响着争端的是非曲直的断定，但是，仲裁庭是否适用了实体性的准据法仍是一个程序而非实体问题。UNCTAD, *Dispute Settlement: Investor-State*, UNCTAD/ITE/IIT/30, 2003, p. 44. See also, Bernard G. Poznanski, The Nature and Extent of an Arbitrator's Powers in International Commercial Arbitration, *Journal of International Arbitration*, Vol. 4, 1987, p. 83.

② 该专门委员会还试图对未适用准据法之所以构成撤销事由的个中原因进行分析：“不能将第42条解释为仅仅向仲裁员提出简单的建议、推荐，或仅仅为其规定并无约束力的义务。很明显，根据普遍承认的法律解释原则，如《维也纳条约法公约》第31条，对于规定了仲裁撤销的第52条，必须联系公约上下文，特别是第42条或者第48条来进行解释，反之亦然。不能设想，公约起草者在草拟第52条时，已经忘记了第42条或第48条第3款的存在，正如不可能设想在起草第42条第1款和第48条第3款时却忽略了其救济机制一样。”Klöckner Industrie-Anlagen GmbH and others v. United Republic of Cameroon and Société Camerounaise des Engrais (Decision on Annulment Ⅰ), ICSID Case No. ARB/81/2, para. 63.

显然，Klöckner案(一)的专门委员会是从“《华盛顿公约》第42条的规定不应是毫无拘束力的一纸空文”这一角度来解释未适用准据法构成撤销事由的，这种解释方法的实质在于，允许当事人就仲裁庭违反《华盛顿公约》的每一个强制性规定的行为申请撤销，从而使得同约第52条第1款规定的撤销理由具有极大的开放性。这显然不符合《华盛顿公约》的立法原意。

裁庭的裁决违反了《华盛顿公约》第42条第1款，构成明显越权。专门委员会抓住裁决书中“据我们所知”这一措辞，认为这表明：“仲裁庭并没有确认具体原则或规则的存在，而只是声称或假定存在这样一个‘原则’。它是先假定该原则存在，然后再认为、抑或想当然地认为，该原则是‘法国民法的基本原则’。”因此，它断定，仲裁庭属于没有获得双方当事人授权便擅自进行友谊仲裁，擅自不适用《华盛顿公约》第42条第1款所规定的准据法，构成明显越权。[①] 这部分撤销决定的推理表明，在确定仲裁庭是否适用了正确的准据法时，专门委员会只审查其形式上的表述，哪怕仲裁庭只是引证条文的时候表述得不精确，也要认定其未适用准据法，并构成明显越权。这显然是吹毛求疵、矫枉过正。

Amco案(一)的专门委员会虽然总括性地承认了前述错误适用准据法和未适用准据法之区分，但在实际断案中，还是将错误适用准据法的情形归类为“明显越权”。其具体措辞是：仲裁庭在计算Amco公司的投资差额时，“未适用印尼法律的基本规定”，此一行为构成明显越权。[②] 比照上文所阐析的“未适用准据法”的含义，可以看出，该案专门委员会曲解了“未适用准据法”这一程序性撤销理由。倘若此种解释方法得到推广，那么，所有适用错了法律的情况就都可以说成是“未适用某某国法的基本规定”了，也就因此都等同于“仲裁庭明显越权”了。这不仅不符合一般国际商事仲裁撤销制度中同名撤销理由的界定惯例，也不符合《华盛顿公约》的立法原意。因此，该

① Klöckner Industrie-Anlagen GmbH and others v. United Republic of Cameroon and Société Camerounaise des Engrais (Decision on Annulment Ⅰ), ICSID Case No. ARB/81/2, paras. 64—81.

② Klöckner Industrie-Anlagen GmbH and others v. United Republic of Cameroon and Société Camerounaise des Engrais (Decision on Annulment Ⅰ), ICSID Case No. ARB/81/2, para. 98.

种曲解程序性的撤销理由的方法受到了猛烈抨击。[①] 同时,该专门委员会还提出,仲裁庭在裁决中援用公平因素的行为并不自动等同于按照公正与正义原则裁断是非,因此,在当事人并未授权仲裁庭依据公平与正义原则裁断争端的情况下,仲裁庭无须讳言公平因素。[②]

在国际海运代理公司案的撤销程序中,仲裁庭本该适用几内亚法律《统一法国民法典》,但是它却错误地适用了《法国民法典》第1134 条的规定。不过,作为几内亚法律的《统一法国民法典》第 1134 条的内容和条目与《法国民法典》第 1134 条完全相同。该案专门委员会认为,该行为并没有构成越权,更未构成明显越权。[③] 这种认定意味着,在确定仲裁庭是否适用了正确的准据法时,专门委员会要透过形式看实质,只要实际效果是相同的,哪怕仲裁庭所适用的是错误的准据法,也要认定其适用了正确的准据法。笔者认为,专门委员会的上述推理非常不合逻辑。在该案仲裁庭是否适用了准据法这一问题上,情况非常明朗。倘若专门委员会并不想最终撤销错误适用了准据法、但实体并无错误的裁决,它完全可以在遵守逻辑的"同一律"的前提下,一方面承认该案仲裁庭未适用准据法,另一方面将仲裁庭的这种越权定性为性质不"明显",或者,干脆直接行使撤销与否的自由裁量权。

在 Wena 案中,专门委员会的论述似乎暗示,当仲裁庭需要依据《华盛顿公约》第 42 条第 1 款第 2 句"仲裁庭应适用作为争端当事国的缔约国的法律(包括它的法律冲突规范)以及可以适用的国际法规范"解决争端时,如果仲裁庭将国际法作为首要渊源(primary

---

① Alan Redfern, ICSID—Losing Its Appeal?, *Arbitration International*, Vol. 3, 1987, pp. 116～117; Björn Pirrwitz, Annulment of Arbitral Awards under Article 52 of the Washington Convention on the Settlement of Investment Disputes between States and Nationals of Other States, *Texas International Law Journal*, Vol. 23, 1988, p. 109.

② Amco Asia Corporation and others v. Republic of Indonesia (Decision on Annulment Ⅰ), ICSID Case No. ARB/81/1, paras. 27, 28.

③ Maritime International Nominees Establishment v. Republic of Guinea (Decision on Annulment), ICSID Case No. ARB/84/4, paras. 6.38－6.43.

source)加以适用,主要依赖国际法断案,那么,这一行为不见得必然等于已经适用了准据法,专门委员会还需要综合其他情况来考量。在该案中,这种可供考量的其他情况就是:埃及宪法已经规定,在埃及,已被批准和公布的条约具有法律的效力。并且,埃及的许多法律和法院判例都规定,条约具有优先于国内法的效力。这些规定产生了一种“反致”的效力,使得本该适用国内法的仲裁庭转而适用国际法。① 从某种程度上说,该专门委员会的决定强调了仲裁庭适用每一种准据法的义务,也就是说,当准据法不止一种(如国内法兼国际法)的时候,原则上,仲裁庭不仅需要适用国际法,而且也需要适用国内法。

CDC案专门委员会再次确认了错误适用准据法不构成撤销理由、未适用准据法才构成撤销理由的观点。该案仲裁庭在适用英国法的时候,没有适用塞舌尔所引证的判例和立法,也没有适用塞舌尔所坚持的衡平原则,而是适用了其他判例,塞舌尔据此主张仲裁庭未适用准据法。专门委员会在通过深入剖析英国法的具体规定——为仲裁庭做辩护后,话锋一转,指出:“但是,正如我们刚才所说,对英国判例的具体适用条件进行分析不是本专门委员会的职责。实际上,我们只需要就仲裁庭是否尊重了当事人的用英国法来裁断他们之间的争端的意愿进行程序审查。”该案所涉及的问题较为简单,故不予多赘。②

(三)仲裁庭的越权是“明显”的

在克劳科纳案(一)的撤销程序中,撤销申请人提出的“仲裁庭明显越权”主张有两个依据:无管辖权、未适用准据法。就前一个主张依据而言,尽管专门委员会声称自己将采纳“越权→明显”方法,但在

---

① Wena Hotels Limited v. Arab Republic of Egypt(Decision on Annulment), ICSID Case No. ARB/98/4, paras. 26—46.

② CDC Group plc v. Republic of the Seychelles, ICSID Case No. ARB/02/14, Decision of the ad hoc Committee on the Application for Annulment of the Republic of Seychelles on June 29, 2005, paras. 44—47.

实际判断中，专门委员会却没有言行一致，反而采纳了“明显→越权”方法。它首先表态说，仲裁庭无权管辖就是越权。然后，经过一番冗长的论证后发问道：仲裁庭对该案的管理合同并无管辖权却作出了相关的裁决，那仲裁庭这样做到底对不对呢？有没有越权呢？专门委员会最后得出的结论是：不管仲裁庭这样做对不对、有没有越权，考虑到仲裁庭的相应裁决看来是站得住脚的、并不武断，所以，不能基于“仲裁庭明显越权”而撤销之。这无疑意味着，判断某一假定的越权行为是否达到“明显”地步，要看该行为会不会造成实体处理结果的站不住脚、武断，也就是说，看其是否会对裁决实体上的是非曲直产生不利影响。就后一个主张根据而言，专门委员会在断定仲裁庭的确未适用准据法后，就直接赋予了其“明显越权”的性质，①故在“明显”的含义界定方面，这一部分裁决没有给我们留下任何启示。

Amco 案(一)专门委员会除了指出，仲裁庭未适用准据法就是“明显越权”外，②未就如何认定“明显”这一要件给予任何启示。

在国际海运代理公司案的撤销程序中，撤销申请人赖以主张“仲裁庭明显越权”的依据依然是仲裁庭未适用准据法。专门委员会除了指出，仲裁庭的相关行为不构成未适用法律，更不构成明显越权外，③亦无有关“明显”这一要件的含义的阐述。

在 Wena 案中，专门委员会采用了“越权→明显”方法来剖析“仲裁庭明显越权”这一撤销理由，并对“明显”一词作出了独到的解释：越权的情形必须是不言自明的，无须这样或那样的详细阐释。因为如果真的需要经过详细阐释才能看出存在越权情形的话，那么，这种

---

① Klöckner Industrie-Anlagen GmbH and others v. United Republic of Cameroon and Société Camerounaise des Engrais (Decision on Annulment Ⅰ), ICSID Case No. ARB/81/2, paras. 4, 52, 58, 67.

② Amco Asia Corporation and others v. Republic of Indonesia (Decision on Annulment Ⅰ), ICSID Case No. ARB/81/1, para. 95.

③ Maritime International Nominees Establishment v. Republic of Guinea (Decision on Annulment), ICSID Case No. ARB/84/4, paras. 6.40, 6.43.

越权就不是明显的了。① 该专门委员会的解释显然与克劳科纳案(一)专门委员会的有所不同:前者强调越权情形的一眼即可识破,后者则强调越权情形对裁决实体上的是非曲直产生严重不利影响。

Vivendi 案专门委员会也采纳"越权→明显"方法来剖析"仲裁庭明显越权"这一撤销理由。它指出,不仅无管辖权而管辖构成越权,有管辖权而不管辖也构成越权;如果仲裁庭对某事项有管辖权而不行使,以致案件处理结果受到影响,那么,该行为就已经相当于"明显"越权了。专门委员会最终以仲裁庭对有关事项有管辖权而不行使从而构成"越权",该越权情势对撤销申请人的利益有明确、严重的不利影响从而达到"明显"的程度为由,决定部分撤销裁决。② 可见,在认定由管辖权缺陷所导致的"仲裁庭明显越权"时,该专门委员会采用的"两步式"推理方法与克劳科纳案(一)的恰好相左:前者是"越权→明显"方法,后者则是"明显→越权"方法。但是,两个专门委员会在界定"明显"含义的时候,其标准却如出一辙:越权情势对裁决的实体结果产生不利影响。

CDC 案的撤销申请人塞舌尔以仲裁庭未适用准据法(英国法)为由主张"仲裁庭明显越权"。仲裁庭在针对塞舌尔的具体论点进行臧否之前,曾专门用了大约 4 段的篇幅专门论述"明显"的含义。它指出,"明显"意味着清清楚楚或不证自明,因此,就算仲裁庭越权了,也只有在这种越权一眼即可识破的情况下才可以撤销,倘若这一越权本身虽然很显眼,但看似可以有理有据地作出其他不同解释,则就

---

① Wena Hotels Limited v. Arab Republic of Egypt (Decision on Annulment), ICSID Case No. ARB/98/4, para. 25.至于相反的观点,请参见 Philippe Pinsolle, Jurisdictional Review of ICSID Awards, *The Journal of World Investment and Trade*, Vol. 5, No. 4, 2004, p. 619.

② Compañía de Aguas del Aconquija S. A. and Vivendi Universal (Formerly Compagnie Générale Des Eaux) v. Argentine Republic (Decision on Annulment), ICSID Case No. ARB/97/3, paras. 86—115.

不算“明显”。[①]

可见，现有的 ICSID 仲裁撤销决定在分析“仲裁庭越权”是否“明显”上，其思路并不完全一致：在少数情况下，仲裁庭在断定存在诸如未适用准据法之情形后，就直接得出“仲裁庭明显越权”的结论。在多数情况下，仲裁庭采用越权→明显、明显→越权这样的两步式推理方法。就赖以断定“明显”是否存在的具体标准而言，总的看来，存在两种截然不同的标准：其一是越权情形是否一眼即可识破，无须过多解释；另一是越权情形是否对裁决的实体结果产生不利影响。

不过，有学者认为，就特定仲裁庭而言，其对特定争端要么有管辖权，要么无管辖权，不存在似有非有的中间状态，因此，仲裁庭无管辖权而硬进行管辖或者有管辖权而不管辖的行为，其性质极为严重，必须得允许当事人就此申请撤销，“仲裁庭明显越权”这一撤销理由中的“明显”一词毫无意义。另外一种看法是，对于管辖权缺陷而言，漏裁之外的所有管辖权缺陷本身都是明显的，故自动符合“明显”要件，无须细加衡量。[②]

四、有关“仲裁庭明显越权”的比较研究

比之于一般国际商事仲裁撤销制度中的相应撤销理由，作为ICSID 仲裁撤销理由的“仲裁庭明显越权”的独特之处在于：

首先，从管辖权缺陷来看，ICSID 的“仲裁庭明显越权”将以下四种情况完全囊括其中：超越管辖权、无管辖权、不行使管辖权、未充分行使管辖权。但是，在一般国际商事仲裁撤销制度中，“仲裁庭越权”

---

① CDC Group plc v. Republic of the Seychelles, ICSID Case No. ARB/02/14, Decision of the ad hoc Committee on the Application for Annulment of the Republic of Seychelles on June 29, 2005, paras. 39—43.

② Philippe Pinsolle, Jurisdictional Review of ICSID Awards, *The Journal of World Investment and Trade*, 2004, Vol. 5, No. 4, p. 619; Björn Pirrwitz, Annulment of Arbitral Awards under Article 52 of the Washington Convention on the Settlement of Investment Disputes between States and Nationals of Other States, *Texas International Law Journal*, Vol. 23, 1988, pp. 101～102.

通常只是指代第一种情形:超越管辖权,故ICSID仲裁撤销制度的"仲裁庭明显越权"所涵盖的程序错误情形更为丰富。

其次,从法律适用缺陷来看,在一般国际商事仲裁撤销制度中,未适用准据法的行为只是在极其特殊、极端的情况下才可以构成"仲裁庭越权"的对象。但是,在ICSID仲裁撤销制度中,未适用准据法却构成"仲裁庭明显越权"这一规定的常规内容。主张存在这种情况的ICSID当事人既无须以当事人事先对准据法作出明确、具体的约定为前提,也无须证明仲裁庭这样做的主观心理状态纯属蓄意。并且,在仲裁庭应该适用的准据法不止一种的时候,ICSID专门委员会似乎倾向于加重仲裁庭的法律适用义务,不但要求仲裁庭切切实实地适用了每一种准据法,还要考察其适用的量度。

不过,尽管存在如上不同,但至少在审查切入点的性质上,两者是相同的:程序问题。虽然在ICSID仲裁撤销实践中,早期的专门委员会曾经较多地通过曲解程序性的撤销理由的方法,直接以实体问题作为审查的切入点,但一则这种作法是一种非常态、一种例外,二则这种作法后来受到了猛烈的抨击,故可以说,主流的观点和作法一直是,"仲裁庭越权"只涉及程序审查。

第四节 仲裁庭的成员有受贿行为

一、一般国际商事仲裁撤销制度中的仲裁员有受贿行为情形

仲裁员受贿将严重影响到仲裁制度的公正廉洁性,因此,各国仲裁法都对这个现象采取了严厉惩罚的态度,只不过具体惩罚的方法有所不同。有的国家采取直接将其规定为撤销理由的方式来救济。比如,1990年《美国仲裁法》第10条规定:"遇到下列任何情形,仲裁裁决地所属区内的美国法院根据任何当事人的请求,可裁定撤销仲裁裁决:1. 裁决以贿赂、欺诈或者不正当方法取得;……"1985年《国际商事仲裁示范法》第34条则将之作为违背公共政策的情形进

行了规定,[1]这就导致许多以该示范法为蓝本的国家都采取公共政策保留的方式来救济。比如,1974年《澳大利亚国际仲裁法》第19条第1款、1996年《新西兰仲裁法》第36条、1996年《印度仲裁与调解法》第34条、1996年《津巴布韦仲裁法》第36条第3款等都明确规定:在不损害该条所规定的公共政策的普遍性的前提下,或者"为了避免疑惑起见","如果某裁决是在……贿赂的引诱或者影响下作出的",那么,该裁决就违背了该国的公共政策。

不过,从各国的实践来看,以仲裁员受贿为由撤销裁决的情况是极其罕见的。且以美国为例。有学者指出,通过对美国联邦上诉法院报告出来的仲裁撤销案件进行考察可以发现,尚无一例是法院基于仲裁员受贿而作出的。[2]

二、有关"仲裁庭的成员有受贿行为"的基本问题

(一)相关缔约历史

出于对仲裁员廉洁公正的要求,从《公约预备草案第一稿》起,起草者即把仲裁员受贿规定为撤销理由。此后,这一撤销理由一直稳居各个草案所规定的撤销理由之列,从未经受过任何变动。可以说,在有关ICSID仲裁撤销理由的缔约历史中,相对最无争议、最无悬念的撤销理由就是"受贿"了。不过,就如何表述这一撤销理由,倒是曾经产生过些许争议。比如,印度代表建议,用"行为不轨"(misconduct)一词取代"受贿"(corruption),但被会议否决;另一代表建议,将这一理由用下列措辞表述:"存在令人相信仲裁庭受贿的合理证据",但也被会议否决;法国代表建议,用缺乏"廉洁公正"性或者存在

---

① UN Doc. A/40/17, paras. 297, 303.

② Stephen L. Hayford, A New Paradigm for Commercial Arbitration: Rethinking the Relationship between Reasoned Awards and the Judicial Standards for Vacatur, *George Washington Law Review*, Vol. 66, 1998, p. 455.

“道德瑕疵”来取代“受贿”，但仍然被会议否决。[1] 对于由谁来裁断是否存在“受贿”，也曾进行过表决。如中国代表就建议过，应该由法院来裁断仲裁庭是否有受贿行为，但与会的多数代表反对这一建议。

(二)独特的撤销期限

考虑到仲裁员的受贿行为通常是秘密进行的，当事人不见得有机会及时知晓，《华盛顿公约》第 52 条第 2 款规定，基于仲裁员受贿而申请撤销的当事人，可以在撤销时效上享有一定的优惠待遇。表现为：依据其他撤销理由申请撤销的，当事人需要在裁决作出之日后 120 天内即提出撤销申请，逾期则丧失权利；但以受贿为理由而申请撤销的，当事人则有权在自裁决作出之日起 3 年之内，随时发现仲裁员有受贿行为，随时申请撤销，只要在其提出撤销申请之日与其发现仲裁员有受贿行为之日之间，时间不超过 120 日。

三、有关“仲裁庭的成员有受贿行为”的实证研究

这里所言的“受贿”指的是实际受贿，而不是当事人的主观猜测。这种受贿不仅要有金钱的实际收受，而且还要与案件的仲裁有关，申言之，以不当影响仲裁案件的处理为目的。因此，申请撤销方承担着很重的举证责任。[2] 由于《华盛顿公约》第 14 条已经为 ICSID 仲裁员规定了极高的道德素质要求，ICSID 本身也有一整套严密、完整的仲裁员披露程序，ICSID 秘书长又对仲裁庭的组建事宜悉心安排，因此，在 ICSID 仲裁撤销制度中，“仲裁庭的成员有受贿行为”这一撤销理由很可能只是一种心理上的安慰、纸面上的宣告，并不会衍生出实际的撤销案件。事实上，在一般国际商事仲裁撤销制度中，情况亦大致如此。

---

① ICSID, *Convention on the Settlement of Investment Disputes between States and Nationals of Other States: Documents Concerning the Origin and Formulation of the Convention*, Vol. 2, 1968, pp. 851, 852.

② Christoph H. Schreuer, *The ICSID Convention: A Commentary*, Cambridge University Press, 2001, p. 967.

第五节 严重违背基本程序规则

一、一般国际商事仲裁撤销制度中的违反正当程序情形

《华盛顿公约》第52条第1款将"严重违背基本程序规则"规定为撤销理由,这一规定充分体现了缔约者对正当程序的尊崇。类似的规定可见于1990年《美国仲裁法》第10条、1998年《德国仲裁法》第1059条第2款第1项第2目、2003年《日本仲裁法》第44条第1款第3项和第4项、1996年《印度仲裁与调解法》第34条第2款第1项第3目、1999年《希腊国际商事仲裁法》第34条第2款第2项、2004年《西班牙仲裁法》第42条第1款第2项、1994年《埃及民商事仲裁法》第53条第1款第3项等。

正当程序的含义是多方面的。但是,各国通常特别选取出如下两种违反正当程序的情形,将其明文规定为撤销理由:申请人未被给予指定仲裁员或进行仲裁程序的适当通知,申请人由于其他原因而不能申辩。然后,再另行规定公共政策保留问题,也即,如果一裁决与公共政策相抵触,法院也有权撤销该裁决,如1998年《德国仲裁法》第1059条第2款第2项第2目、1996年《印度仲裁与调解法》第34条第2款第2项第2目、2004年《西班牙仲裁法》第42条第1款第6项、1994年《埃及民商事仲裁法》第53条第2款等即是如此。由于正当程序通常属于公共政策的范畴,这就令人产生了一个疑问:在仲裁立法中规定了公共秩序保留的国家,其同时又将违反正当程序的上述情形明确规定为撤销理由的作法是不是多此一举?对此的通行解释是,之所以如是规定是因为,正当程序方面的要求具有特别的重要性,并且这样规定也是约定俗成。[①]

① 韩健著:《现代国际商事仲裁法的理论与实践》,法律出版社2000年版,第413页。

顺应各国仲裁立法纷纷把违反正当程序的上述情形规定为仲裁撤销理由的趋势，1958年《纽约公约》第5条第1款第4项也将违反正当程序的上述情形规定为各国法院据以拒绝承认和执行裁决的理由，其具体措辞亦为：申请人未被给予指定仲裁员或进行仲裁程序的适当通知、申请人由于其他原因而不能申辩。有学者曾经对当事人依据《纽约公约》申请承认或者执行裁决的司法判例进行了专门的考察，其结果表明：在《纽约公约》所规定的据以拒绝承认或者执行裁决的理由中，[①]违反正当程序这一理由的援用率最高，但成功率却很低。只有在情况非常严重的情况下，法院才会接受该抗辩。[②] 个中原因在于，仲裁员或者仲裁机构一般都对正当程序给予相当的注意，所以，当事人提出的违反正当程序的主张往往站不住脚，以至于有些学者把一些案件中当事人提出的违反正当程序的主张称为"仅仅是诡辩"。[③] 考虑到各国法院在界定《纽约公约》第5条中的正当程序抗辩时，所依据的法律准绳仍然是本国仲裁法，故作为撤销理由的正当程序抗辩在一般国际商事仲裁撤销制度中的应用状况亦大体如上。

二、有关"严重违背基本程序规则"的基本问题

（一）相关缔约历史简述

早在草拟《公约预备草案第一稿》的时候，《华盛顿公约》的缔约者就将这一撤销理由规定了进去，只不过当时的措辞是"包括裁决未

---

① 分别是：当事人无行为能力或者仲裁协议无效、违反正当程序、超越权限、仲裁庭组成不当、裁决尚未发生效力或者已经被撤销、争端没有可仲裁性、违背公共政策。

② Albert Jan Van Den Berg, The New York Arbitration Convention of 1958, 1981, p. 291. 转引自韩健著：《现代国际商事仲裁法的理论与实践》，法律出版社2000年版，第411页。

③ P. Sanders, Consolidated Commentary, *Yearbook of Commercial Arbitration*, Vol. 4, 1979, p. 248，转引自韩健著：《现代国际商事仲裁法的理论与实践》，法律出版社2000年版，第420页。

陈述其所依据的理由在内的严重违背基本程序规则”。[①] 在1964年2月17—21日召开的第三届“解决投资争端法律专家咨询会议”上，有代表曾经提出，应该在这一表述的基础上增加“严重违反自然正义原则”或者“严重错误适用法律”之类的措辞，但其他代表对此建议未予理会。[②] 在1964年4月27日—5月1日召开的第四届“解决投资争端法律专家咨询会议”上，中国代表提出，有鉴于不同国家的国内法体制对程序规则的界定各不相同，而《华盛顿公约》已经规定，“违反基本程序规则”可以导致撤销，因此，有必要在该公约或其附件中明文列举一下仲裁庭应当遵守的主要程序规则，以让人们一目了然地知道哪些是基本程序规则，避免出现歧义。[③] 会议主席 Aron Broches 回应说，“严重违背基本程序规则”中的“基本程序规则”的内涵要比行政理事会通过的仲裁规则广得多，比如，“基本规则”应该包括所谓的自然正义原则，举例来说，双方当事人都有权向仲裁庭陈述意见、双方当事人都有权拥有充分的辩驳机会等都是此种基本程序规则。[④] 印度代表也就该撤销理由发表了意见，认为，应该对“违反基本程序规则”这一措辞进行澄清，以不但排除违反一般仲裁规则的情形，而且将这一撤销理由的运用局限于相当于自然正义原则的程序

---

① ICSID, Convention on the Settlement of Investment Disputes between States and Nationals of Other States: Analysis of Documents Concerning the Origin and Formulation of the Convention, Vol. 1, 1970, p. 230.

② ICSID, *Convention on the Settlement of Investment Disputes between States and Nationals of Other States: Documents Concerning the Origin and Formulation of the Convention*, Vol. 2, 1968, p. 423.

③ ICSID, *Convention on the Settlement of Investment Disputes between States and Nationals of Other States: Documents Concerning the Origin and Formulation of the Convention*, Vol. 2, 1968, p. 478, 450.

④ ICSID, *Convention on the Settlement of Investment Disputes between States and Nationals of Other States: Documents Concerning the Origin and Formulation of the Convention*, Vol. 2, 1968, p. 480.

规则。会议主席 Aron Broches 回应到，是应该对这一点进行澄清。[①]到 1964 年 9 月《公约草案》形成时，有关裁决未陈述理由的内容已被剥离出去，该撤销理由已被表述为“严重违背基本程序规则”。[②] 在 1965 年 1 月 4 日召开的法律委员会会议上，德国代表曾经提出，是否可以考虑用“原则”一词取代“规则”，以让人明白，这一撤销理由所涉及的应该只是程序原则而非行政理事会所通过的程序规则。会议主席 Aron Broches 马上解释说，这一撤销理由在提到“程序规则”的时候并没有用大写，同时还用“基本”一词对“程序规则”进行限制，因此，它显然就是指程序原则。[③] 有代表进一步主张，应明确写上这样一个要求，即双方当事人都有权得到公正的审理，但未被与会者认同。[④]

（二）构成要件

顾名思义，“严重违背基本程序规则”这一撤销理由强调两个构成要件：受到违背的是“基本”程序规则、违背的程度是“严重”。[⑤]

国际海运代理公司案的专门委员会指出：《ICSID 仲裁程序规则》中所规定的程序规则并非都是“基本”程序规则；联合国国际贸易法委员会 1985 年《国际商事仲裁示范法》第 18 条所规定的“双方当

---

① ICSID, *Convention on the Settlement of Investment Disputes between States and Nationals of Other States: Documents Concerning the Origin and Formulation of the Convention*, Vol. 2, 1968, p. 517.

② ICSID, *Convention on the Settlement of Investment Disputes between States and Nationals of Other States: Documents Concerning the Origin and Formulation of the Convention*, Vol. 2, 1968, p. 231.

③ ICSID, *Convention on the Settlement of Investment Disputes between States and Nationals of Other States: Documents Concerning the Origin and Formulation of the Convention*, Vol. 2, 1968, p. 854.

④ ICSID, *Convention on the Settlement of Investment Disputes between States and Nationals of Other States: Documents Concerning the Origin and Formulation of the Convention*, Vol. 2, 1968, p. 853.

⑤ See also, David D. Caron, Reputation and Reality in the ICSID Annulment Process: Understanding the Distinction between Annulment and Appeal, *ICSID Review—Foreign Investment Law Journal*, Vol. 7, No. 1, 1992, pp. 41～42.

事人地位平等、各方当事人均应有足够的机会表达自己的意见”就是“基本”程序规则的典例。该委员会还认为，这里的“严重”有量和质两个方面的衡量标准：量的标准在于，违背基本程序规则的程度必须是根本性的；质的标准在于，这种根本性违背剥夺了该程序规则为一方当事人所提供的保护和利益。其后的专门委员会在确定“严重违背基本程序规则”的含义时，都沿用了这种“两要件”分析法。Wena案专门委员会在此基础上进一步解释说：“基本”程序规则指的是人们需要将之作为国际法律问题而尊重的最低程序标准，如当事人有权陈述自己的主张和驳斥对方的主张，有权出示支持自己主张的所有证据，等等；只有在“违背基本程序规则”导致仲裁庭所得出的结论与它在遵守上述基本程序规则的情况下所得出的结论具有实质性不同的情况下，这种违背基本程序规则的情形才是“严重”的。①

从以上专门委员会的分析中我们可以看出，在“严重违背基本程序规则”这一撤销理由中，“基本”这一要件强调的是程序规则本身的重要性或曰意义。可以说，这些基本程序规则的外延是相对固定的，客观的，不会因案而异、因人而异。然而，“严重”这一要件强调的却是违背基本程序规则对案件是非曲直断定的影响是否重大，是否会导致实质不同。可以说，这种断定是相对不固定的，是主观的，因案而异、因人而异的，因为判断者需要事先预想，倘若仲裁庭当初没有违背这一基本程序规则，那么，案件应该怎样裁断方为正当合理，然后再拿这个心目中的“正确”结果与案件的实际裁断结果相对比。

(三)当事人的失权

《ICSID仲裁程序规则》第27条规定：“一方当事人知道或应当知道《行政与财务规则》、本规则及任何其他规则之规定，或仲裁所适用之协议、仲裁庭裁决未得到遵守，并且未及时提出异议，应视为——依《公约》第45条——放弃了提出异议之权利。”因此，与企图

① Maritime International Nominees Establishment v. Republic of Guinea (Decision on Annulment), ICSID Case No. ARB/84/4, paras. 5.05, 5.06, 58.

主张“仲裁庭组成不当”的当事人一样，如果可能，企图主张“严重违背基本程序规则”的当事人也必须及时异议，否则就丧失了在其后的撤销程序中以此为理由申请撤销的权利。在克劳科纳案（一）和克劳科纳案（二）的撤销程序中，专门委员会就曾以此为由驳斥过撤销申请人的特定请求。①

三、有关“严重违背基本程序规则”的实证研究

从已经披露出来的撤销决定及相关第二手资料来看，所有的撤销申请人都曾经援引了“严重违背基本程序规则”这一撤销理由。根据这些申请人的主张以及 ICSID 的确认，违背基本程序规则的具体表现包括但不限于：仲裁庭偏袒、仲裁庭侵犯当事人的申辩权（right to be heard）、仲裁员未进行评议或者未进行适当的评议、仲裁庭违反证据规则、漏裁。②

（一）仲裁庭偏袒

涉及仲裁员偏袒的往往归类为“仲裁庭组成不当”，涉及仲裁庭偏袒的则通常归类为严重违背基本程序规则。

在克劳科纳案（一）的撤销程序中，专门委员会指出：仲裁员的不偏袒是一项基本并且起码的资格条件，其任何瑕疵，或曰任何偏袒的表现，都构成《华盛顿公约》第 52 条第 1 款第 4 项所言的“严重违背

---

① Klöckner Industrie-Anlagen GmbH and others v. United Republic of Cameroon and Société Camerounaise des Engrais (Decision on Annulment Ⅰ), ICSID Case No. ARB/81/2, paras. 87－88; F. Niggemann, Das Washingtoner Weltbankübereinkommen von 1965— Das Nichtigkeitsverfahren im Ad-Hoc-Komitee, Jahrbuch für die Praxis der Schiedsgerrichtsbarkeit, quoted in Christoph H. Schreuer, *The ICSID Convention: A Commentary*, Cambridge University Press, 2001, p. 981.

② 这是下述著作总结出来的：Christoph H. Schreuer, *The ICSID Convention: A Commentary*, Cambridge University Press, 2001, pp. 972～984. 此外，塞舌尔案撤销申请人还曾经以仲裁庭逾期发布裁决为由主张“严重违反基本程序规则”，但专门委员会认为，即便仲裁庭真的逾期发布裁决了，这也不是得以撤销裁决的正当根据。CDC Group plc v. Republic of the Seychelles, ICSID Case No. ARB/02/14, Decision of the ad hoc Committee on the Application for Annulment of the Republic of Seychelles on June 29, 2005, paras. 62－65.

基本程序规则”。该案的裁决书用非常大的篇幅激烈批评克劳科纳针对其合作伙伴喀麦隆的行为之不妥、违反了对后者所应承担的充分披露义务，而对喀麦隆的违约行为进行批评的篇幅却小得多，语气温和得多。申请人克劳科纳公司因此主张，从裁决书可以看出，仲裁庭对克劳科纳素怀敌意，并明显偏袒喀麦隆。专门委员会认为，尽管裁决书中的确存在上述问题，并且这着实令人遗憾，但是，裁决书的此种行文特征以及其他厚此薄彼的作法并非系统地作出的，其中哪一个都不足以构成或者说明部分仲裁员之不公正。①

在Amco案(一)的撤销程序中，撤销申请人印尼提出了三个指称仲裁庭偏袒的主张。其一，对于外国投资者Amco公司未经印尼政府许可违法将饭店管理权分租一事，仲裁庭既然认定印尼军方企业Wisma公司的知晓等同于印尼的知晓，那么，对于Amco公司一直没有对自己的投资进行登记一事，仲裁庭就应同理认定印尼中央银行的告知相当于印尼的告知。然而，对于后一事宜，仲裁庭却作出了完全相反的认定，并进一步推断出印尼在吊销Amco公司的许可证的时候未给予后者适当的警告。这种自相矛盾的裁决表明，仲裁庭没有给予印尼平等的待遇。专门委员会承认仲裁庭在这两个类似情形下所得出的结论迥异，但认为，这是仲裁庭根据《ICSID仲裁程序规则》第34条行使自由裁量权的结果，仲裁庭没有明显超越自由裁量权，也并未给予当事人不平等的待遇。其二，印尼认为，仲裁庭把本该由Amco公司承担的举证责任加诸自己身上，系统地偏袒Amco公司。专门委员会认定，仅从仲裁庭在核定Amco公司投资数额时减去一大笔金额的作法就可以看出，仲裁庭没有系统地偏袒Amco公司。至于举证责任的倒置，则是因为Amco公司已经被逐出印尼，许多本该由Amco公司提供的证据已经不在Amco公司的

① Klöckner Industrie-Anlagen GmbH and others v. United Republic of Cameroon and Société Camerounaise des Engrais (Decision on Annulment Ⅰ), ICSID Case No. ARB/81/2, paras. 93－113.

控制之下，而是由印尼所掌握。最后，仲裁庭允许 Amco 公司在 ICSID 仲裁中提出后者在之前的印尼国内诉讼中未曾提出的新证据，但在断定印尼非法吊销 Amco 公司许可证的时候，对印尼事后补充提出的吊销理由却没有给予考虑，因此，仲裁庭没有给予印尼平等待遇。专门委员会还是认为，印尼所互相比较的事项是风马牛不相及的，无法从中得出仲裁庭厚此薄彼的结论。[①]

根据第二手的信息，在 Amco 案(二)中，专门委员会就仲裁庭的纠正决定所作的撤销决定也涉及了平等待遇的问题。虽然撤销申请人主张仲裁庭没有给予自己平等待遇，也就是说，主张仲裁庭偏袒，但是，该案实则是仲裁庭是否侵犯当事人的申辩权的问题，鉴于下文将就该问题详加评介，故不赘述。[②]

在 CDC 案撤销程序中，撤销申请人塞舌尔提出了两个指称仲裁庭偏袒的主张：第一，该不该叫塞舌尔方的证人出庭作证完全是塞舌尔自己的事情，然而，独任仲裁员却专门就此问题进行了预审。第二，仲裁庭笔录表明，独任仲裁员总是站在偏袒被申请人的立场插嘴，或者说，独任仲裁员在提问题的时候总是想得到一个对 CDC 有利的回答。专门委员会首先指出，对于这些所谓的偏袒行为，塞舌尔在仲裁过程中并没有及时提出异议，故依照《华盛顿公约》第 57 条，塞舌尔其实已经失去就此申请撤销的权利了。然后，专门委员会进一步剖析说，尽管独任仲裁员并不大赞同塞舌尔多此一举的传唤证人出庭作证的请求，但独任仲裁员仍然极为宽容地许可了，这表明仲裁庭并没有对塞舌尔这样的弱小发展中国家持有偏见。其次，从整个仲裁记录来看，独任仲裁员非但不偏袒，而且非常独立，行为适当，

---

① Amco Asia Corporation and others v. Republic of Indonesia (Decision on Annulment Ⅰ), ICSID Case No. ARB/81/1, paras. 87, 121—123, 90—91.

② Aron Broches, Convention on the Settlement of Investment Disputes between States and Nationals of Other States of 1965, Explanatory Notes and Survey of its Application, *Yearbook of Commercial Arbitration*, 1993, Vol. 18, pp. 693～694. Quoted in Christoph H. Schreuer, *The ICSID Convention: A Commentary*, Cambridge University Press, 2001, p. 976.

工作卓有成效。[①]

以上ICSID专门委员会的作法似乎可以令人得出这样一种结论——在ICSID仲裁撤销实践中,专门委员会不愿轻易认定存在"仲裁庭偏袒"情形:裁决书在行文上的明显爱憎不足以证明"仲裁庭偏袒";裁决书在类似的不同场合下对不同当事人所给予的不同待遇也不能证明"仲裁庭偏袒",因为专门委员会认为,不能这样比较;对于存在多处疑似"仲裁庭偏袒"情况的裁决书而言,只要该裁决书中有一处重要断定对撤销申请人有利,后者就无法成功地主张,仲裁庭的"偏袒"是系统的、环环相扣的,从而无法说服专门委员会将这些"偏袒"情况综合起来全面考察。

(二)仲裁庭侵犯当事人的申辩权

日本诉讼法学者谷口平安曾经说过:"与程序的结果有利害关系或者可能因该结果而蒙受不利影响的人,都有权参加该程序并得到提出有利于自己之主张和证据以及反驳对方提出之主张和证据的机会。这就是正当程序原则最基本的内容或者要求,也是满足程序正义的最重要条件。"[②]"一种法律制度如果不能保证当事人参加到审判中来,就会使审判的内在品质受到破坏。"[③]故仲裁当事人的申辩权,也即要求仲裁庭给予自己陈述与反驳的机会的权利,不但是当事人有效参与仲裁的法律保障,也是确保仲裁制度能够公正地定纷止争的有效工具。

在ICSID仲裁撤销实践中,当事人所主张的仲裁庭侵犯自己的申辩权的情形主要有:仲裁庭的临时或者中间结论与双方当事人的立场皆不相同;在针对一方当事人的主张作出决定的时候,仲裁庭没

---

① CDC Group plc v. Republic of the Seychelles, ICSID Case No. ARB/02/14, Decision of the ad hoc Committee on the Application for Annulment of the Republic of Seychelles on June 29, 2005, paras. 51—55.

② [日]谷口平安著:《程序的正义与诉讼》(增补本),王亚新、刘荣军译,中国政法大学出版社2002年版,第11页。

③ 陈瑞华:《程序正义论纲》,载陈光中、江伟主编:《诉讼法论丛》第1卷,法律出版社1998年版,第22页。

有给予另一方当事人陈述意见的机会；仲裁庭就当事人并未提出的主张作出了决定。

在克劳科纳案(一)的仲裁程序中，当事人双方对《协议纪要》的法律效力提出了不同的主张，而仲裁庭的最后结论又有别于双方当事人的立场。克劳科纳在申请撤销时指称：仲裁庭对未曾预先提交给它的甚或未曾产生的乃至根本未被当事人争论过的事项作出决定，从而未遵守“正当程序”原则。专门委员会指出：倘若当事人基于合同提出主张，仲裁庭却基于侵权作出裁决，则是超越了争端的法律框架。不过，只要其决定不超出争端的法律框架，那么，为了达到一种暂时的结果，仲裁庭的中间结论就可以不同于当事人的观点。在仲裁庭如此决定之前，是否有必要重新开庭以及是否有必要允许当事人就仲裁员的“新”观点表达意见，这是个需要权宜行事的问题。即便一般来说，仲裁庭最好避免将自己的结论建立在当事人双方都没有表述过的观点之上，这样也比较理想，但是，没有这么做的仲裁庭并不因此就“严重违背基本程序规则”了。[①] 因此，专门委员会不同意克劳科纳的观点。

根据第二手的资料，在Amco案(二)的裁决作出后，Amco公司曾经依据《华盛顿公约》第49条第2款申请仲裁庭对该裁决进行补充和纠正。第49条第2款规定，仲裁庭应该在“通知另一方后”才可以作出决定。《ICSID仲裁程序规则》第49条第3款也规定，在这种情况下，“仲裁庭应确定双方当事人就申请书发表意见之期限，并且应确定其审理之程序”。印尼主张，仲裁庭对该申请无权管辖，但表示，如果仲裁庭准备将该补充和纠正程序继续进行下去，它将保留“在仲裁庭根据Amco公司提出的理由就该申请的实质问题进行审议之前，针对该申请的所涉问题发表意见的权利”。但是，仲裁庭没

① Klöckner Industrie-Anlagen GmbH and others v. United Republic of Cameroon and Société Camerounaise des Engrais (Decision on Annulment Ⅰ), ICSID Case No. ARB/81/2, paras. 89, 91.

有确定当事人发表意见的期限，也没有理会印尼的上述保留发表意见权利的意愿，而是迅速作出了不予补充、但予纠正的决定。并且，它也未陈述自己之所以没有为印尼规定一个发表意见期限、没有考虑印尼上述意愿的原因。印尼遂主张，仲裁庭此举"严重违背基本程序规则"。专门委员会认为：根据一方当事人的请求作出决定，同时又不给予对方当事人陈述自己意见的机会，这就违反了当事人待遇平等的原则；当事人就仲裁庭解决和裁断的事项有行使申辩权的平等机会，仲裁庭的作法违反了确保这种平等机会的强制性规则，构成"严重违背基本程序规则"，并最终据此撤销了该纠正决定。①

在国际海运代理公司案的撤销程序中，当事人双方对损害赔偿额的计算方法提出了不同的主张，而仲裁庭的最后结论又有别于双方当事人的立场。几内亚据此主张，自己被剥夺了陈述意见的机会，仲裁庭此举"严重违背基本程序规则"。这就与上述克劳科纳案(一)撤销程序的情形类似。国际海运代理公司则援用克劳科纳案(一)的撤销决定的观点予以反驳道：仲裁庭的裁决没有超出争端法律框架，属于正常行使自由裁量权的行为。② 但鉴于该案专门委员会依据别的理由撤销了这部分裁决，所以，未对这一有关侵犯申辩权的争议进行表态。

在 Wena 案中，Wena 公司虽然要求埃及赔偿其投资损失及由此衍生的利息，但并没有特别提出要埃及支付复利。双方当事人都没有提过复利问题。仲裁庭最后却裁决，埃及应向 Wena 支付复利。埃及就此主张，仲裁庭剥夺了自己就适当的利息确定规则发表意见的权利，侵犯了自己的申辩权。专门委员会指出：就如何确定利息一

① Aron Broches, Convention on the Settlement of Investment Disputes between States and Nationals of Other States of 1965, Explanatory Notes and Survey of its Application, *Yearbook of Commercial Arbitration*, 1993, 18 (693—694), quoted in Christoph H. Schreuer, *The ICSID Convention: A Commentary*, Cambridge University Press, 2001, p. 972.

② Maritime International Nominees Establishment v. Republic of Guinea (Decision on Annulment), ICSID Case No. ARB/84/4, paras. 6.94, 6.96, 6.95.

事，双方当事人都采取了非常宽泛的未定立场，主要是要求仲裁庭确定“适当”的利息。双方当事人也都承认，判赔复利尽管不是国际仲裁庭确定利息的主导方法，但至少也是其可能援用的方法之一。所以，双方当事人一定已经意识到这样一种可能性：国际仲裁庭有可能会参考国际通例，在该案中认定判赔复利为“适当”。因此，专门委员会不同意埃及的主张。[①]

在Vivendi案中，仲裁庭宣布自己对与土库曼省行为有关的仲裁请求有管辖权，却接着说，Vivendi需要先诉诸国内法院，仲裁庭此时不能对有关土库曼省行为的是非曲直问题作出裁断。这一结论是双方当事人都始料未及的。Vivendi主张，仲裁庭的这种推理意图在审理过程中没表露出任何蛛丝马迹，因此，没有给予其就此提出意见的机会。专门委员会认为，为了调和案件中诸多相互矛盾的因素，仲裁庭所采取的推理方法可能是当事人始料未及的，但这在国际以及国内司法实践中并非史无前例，与“严重违背基本程序规则”毫无关系。[②]

从以上专门委员会的论断中我们似乎可以得出如下结论：专门委员会对当事人的申辩权非常重视，仲裁庭必须得给予当事人就每一个正式动议和案件所涉的每一个法律问题陈述主张和反驳对方意见的机会。并且，即便这种主张或者反驳的内容仲裁庭不消思考都会猜知，也依然不能省略这个步骤，否则，就可能会导致“严重违背基本程序规则”。[③] 但是，这并不妨碍仲裁庭在争端的法律框架内采取与当事人双方不同的推理，从而得出与当事人双方不同的临时或者最终结论；也不妨碍仲裁庭在当事人所默许的范围内，根据自己的自

---

① Wena Hotels Limited *v.* Arab Republic of Egypt(Decision on Annulment), ICSID Case No. ARB/98/4, paras. 66－68.

② Compañía de Aguas del Aconquija S. A. and Vivendi Universal (Formerly Compagnie Générale Des Eaux) v. Argentine Republic (Decision on Annulment), ICSID Case No. ARB/97/3, paras. 81－85.

③ Christoph H. Schreuer, *The ICSID Convention: A Commentary*, Cambridge University Press, 2001, p. 979.

由裁量权并参照国际通例，对当事人科以双方都未明提的附加义务。

(三)仲裁庭违反证据规则

根据“当事人自治”原则，当事人赋予了仲裁庭在仲裁过程中依法断定当事人主张的孰是孰非的权力。然而，正如有的学者所言，奢望法官能绝对客观、绝对真实、绝对准确地查清案情真相的想法，不过是一种“司法理想”，因为“通过司法活动所能发现的事实，或者说，司法判决所依据的事实仅仅是案件事实的一部分，甚至是一小部分，尽管可能是最重要的部分”。[①] 仲裁亦不例外。人类的思维的有限性、时间的不可逆转性、信息的不完整性决定了仲裁庭所能认定的案件事实充其量只能达到法律真实程度，[②]而客观真实朝向法律真实的这种转化的媒介就是证据制度。[③]

《华盛顿公约》本身并没有作出任何有关证据规则的规定，作出规定的是《ICSID仲裁程序规则》第33条至第38条。在ICSID仲裁撤销实践中，当事人常常以仲裁庭违反证据规则为由主张其“严重违背基本程序规则”。

如前所述，在Amco案(一)的撤销程序中，印尼曾经把对仲裁庭违反举证责任的指责与对仲裁庭偏袒的指责结合起来，认为，这种举证责任的不合理倒置就是没有给予自己平等的待遇。专门委员会驳斥了印尼的主张，指出，之所以要举证责任倒置，是因为本应由Amco公司掌握并提供的证据现在掌握在印尼手中，故不得不要求印尼提供。[④]

根据第二手的资料，在克劳科纳案(二)的裁决中，仲裁庭认定，合营项目之所以失败，重要原因之一在于，喀麦隆所制定的销售化肥

---

① 朱苏力、张志铭、贺卫方：《关于司法改革的对话》，载刘军宁主编：《市场社会与公共秩序》，生活·读者·新知三联书店1996年版，第150页。

② 有关客观真实与法律真实的论述，请参见沈达明编著：《英美证据法》，中信出版社1996年版，第1～5页。

③ 齐树洁主编：《民事司法改革研究》，厦门大学出版社2000年版，第85～86页。

④ Amco Asia Corporation and others v. Republic of Indonesia (Decision on Annulment Ⅰ), ICSID Case No. ARB/81/1, paras. 90－91.

的当地价格低于世界市场价格。仲裁庭同时也指出,它已经给了喀麦隆就地方价格问题出示证据的机会,但喀麦隆没有提出什么证据。喀麦隆遂申请撤销,并主张,仲裁庭通过举证责任倒置将举证责任非法地加诸喀麦隆的身上,而且,它还被剥夺了提交相关证据的机会。专门委员会驳斥了喀麦隆的主张,但同时也指出:从《ICSID仲裁程序规则》第32条和第33条(现为第33条和第34条)中可以看出,举证责任倒置是一个程序而非实体问题,故错误地倒置举证责任可以相当于"严重违背基本程序规则"。①

在Wena案中,埃及指称的足以构成"严重违背基本程序规则"的仲裁庭违反证据规则的情形包括:仲裁庭错误地倒置举证责任;在Wena没有履行相应举证责任的情形下就确定了Wena的损失额;在没有要求当事人提交进一步证据的情形下,就作出了对埃及不利的裁断。专门委员会根据对具体案件事实的分析认为:埃及的第一点抗辩不能成立,因为仲裁庭根本没有倒置举证责任。埃及的第二点抗辩其实指的是Wena所提供的证据的可采信性不足,这其实是一个实体问题。就算不考虑这一点,鉴于《ICSID仲裁程序规则》第34条第1款明确规定,仲裁庭对于所提供的证据,有权判断其可采信性

① F. Niggemann, Das Washingtoner Weltbankübereinkommen von 1965—Das Nichtigkeitsverfahren im Ad-Hoc-Komitee, Jahrbuch für die Praxis der Schiedsgerrichtsbarkeit, quoted in Christoph H. Schreuer, *The ICSID Convention: A Commentary*, Cambridge University Press, 2001, p. 982.

另外,现行《ICSID仲裁程序规则》第33条和第34条的内容分别是:

"第33条规则(证据之提供)在不影响有关提供书证规则之情况下,各方当事人应在仲裁庭规定的期限内,将准备提供之证据以及准备申请仲裁庭收集之证据,连同此种证据所指向之某些案情特征的确切情况通知秘书长,以传送给仲裁庭和他方当事人。"

"第34条规则(证据:一般原则)

"1. 仲裁庭对于所提供的证据,应就其是否接受及其证明价值作出判断。

"2. 仲裁庭在整个仲裁期间如认为必要,可:(1)要求双方当事人提供文件、证人和专家;并且(2)勘察争端所涉及的现场,或在此现场进行调查询问。

"3. 双方当事人在提供证据和采取第2款规定之措施时,应与仲裁庭合作。仲裁庭应将一方当事人未履行本款规定之义务及未履行之理由作正式记录。

"4. 提供证据和依第2款规定所采取之其他措施而产生的费用应被认为构成《公约》第61条第2款意义上双方当事人开支的一部分。"

及证明价值,而埃及不能证明在判断证据的可采信性以及证明价值的时候仲裁庭明显超越其自由裁量权,所以,埃及的主张也不成立。至于第三个抗辩,根据《ICSID 仲裁程序规则》第 34 条第 2 款的规定,仲裁庭只是有要求当事人提供进一步证据的自由裁量权,而不是负有必须这样做的义务,既然如此,埃及的主张就不能成立。

在 CDC 案中,塞舌尔主张,在己方的证人已经出庭作证、对方 CDC 公司没有相应的证人出庭反驳塞舌尔方的证言的情况下,仲裁庭本该采信塞舌尔方的主张。专门委员会回应道,事实审理者在此种情况下有权决定一方的证据不可信,故认为 CDC 的主张不成立。①

从以上案例中我们可以看出,在当事人基于仲裁庭违反证据规则而主张"严重违背基本程序规则"的时候,其所能着眼的方面通常只是举证责任及其倒置的问题。通常说来,当事人所举的证据的可采信性问题与程序规则无关,故仲裁庭的这方面裁断即便有误也不会导致"严重违背基本程序规则"。

(四)仲裁员未进行评议或者未进行适当的评议

所谓评议就是仲裁员们对案件的争端进行处理,并将处理决定表述到具备特定形式要件的名为"仲裁裁决书"的法律文书之中的一个过程。②

在克劳科纳案(一)中,克劳科纳主张,通过比较仲裁庭的多数意见裁决与少数意见仲裁员的异议书,就可以发现两者之间彻底不一致,这种意见的极端相左表明,在多数意见仲裁员与少数意见仲裁员之间并没有进行过观点的交锋和沟通,故"仲裁员们不可能进行了严肃的评议"。专门委员会认为:尽管《华盛顿公约》第 52 条没有把"未

① CDC Group plc v. Republic of the Seychelles, ICSID Case No. ARB/02/14, Decision of the ad hoc Committee on the Application for Annulment of the Republic of Seychelles on June 29, 2005, paras. 59—61.

② Emmanual Gaillard & John Savage, *Fouchard Gaillard Goldman on International Commercial Arbitration*, 中信出版社 2004 年版,第 746 页。

进行评议"明确规定为撤销理由，但是，主张仲裁庭应进行评议是一个"基本程序规则"的观点，还是有可能成立的。同时，主张这种评议必须实实在在地进行过而非仅仅看起来好像进行过即可，也是可能成立的。但是，撤销申请人克劳科纳既没有指出专门委员会怎样才能确定这种情况的存在，比如专门委员会判断秘密评议的认真程度的具体方法，也没有指出一个"正常"的评议程序应是什么样子。考虑到ICSID秘书处已经证实，仲裁庭的确评议过，并且裁决书中也曾两次提到少数意见仲裁员的观点，所谓"仲裁员们不可能进行了严肃的评议"的观点不能成立。①

根据第二手的资料，在克劳科纳案(二)的撤销程序中，当事人再次提出了一个与仲裁庭评议有关的撤销事由。在克劳科纳案(二)的仲裁程序中，克劳科纳聘请了克劳科纳案(一)中的一位仲裁员担任自己的代理律师。喀麦隆据此主张，这是严重违背基本程序规则。专门委员会认为，《华盛顿公约》和《ICSID仲裁程序规则》都没有禁止这种代理，这种代理也没有损害原仲裁庭评议的秘密性。况且，克劳科纳也没有从为这位前仲裁员所知、而为喀麦隆所不知的事实中得到任何好处。因此，驳回了喀麦隆的主张。②

在CDC案中，塞舌尔基于如下几个原因主张仲裁庭未进行评议：对该审查的问题不审查、对不该审查的不相干问题反倒审查、裁决书中出现多处前后不一致。该案专门委员会虽然把塞舌尔的这些主张归结到"未进行评议"的小标题下，但却同时指出，人们更经常把塞舌尔的这些主张理解为"裁决未说明其所依据的理由"，故并没有

---

① Klöckner Industrie-Anlagen GmbH and others v. United Republic of Cameroon and Société Camerounaise des Engrais (Decision on Annulment Ⅰ), ICSID Case No. ARB/81/2, paras. 84—85.

② F. Niggemann, Das Washingtoner Weltbankübereinkommen von 1965—Das Nichtigkeitsverfahren im Ad-Hoc-Komitee, Jahrbuch für die Praxis der Schiedsgerrichtsbarkeit, quoted in Christoph H. Schreuer, *The ICSID Convention: A Commentary*, Cambridge University Press, 2001, p. 981.

在“严重违反基本程序规则”的大前提下深入探讨这一问题。①

从以上案例中我们可以发现，由于仲裁庭的评议都是秘密进行的，具体评议情况如何，是否严肃认真、是否没有泄密，当事人无法观察到，而只能通过一些外部的表象，如裁决书的内容如何，甚或再结合少数意见仲裁员的异议书等来猜测，这就不可避免地使得企图通过仲裁庭评议方面的瑕疵来撼动裁决的有效性的撤销申请人困难重重、收效甚微。

（五）漏裁

根据《华盛顿公约》第48条第3款，仲裁庭有义务处理当事人所提交的每一个问题。但是，违反这一义务的漏裁行为可否导致撤销，《华盛顿公约》本身却未明言。根据相关缔约准备资料，起草者当初曾经不同意将违反这一义务的情形明确规定为撤销理由。尽管学者们就这一缔约历史的意义存在激烈的争议，②但ICSID仲裁庭通常认为，严重的漏裁有可能构成撤销理由，只是在“仲裁庭明显越权”、“严重违背基本程序规则”、“裁决未陈述其所依据的理由”这三个理由之间游移不定。不过，在克劳科纳案（一）和Amco案（一）的撤销程序中，专门委员会都承认，漏裁除了可能导致其他撤销理由外，还

---

① CDC Group plc v. Republic of the Seychelles, ICSID Case No. ARB/02/14, Decision of the ad hoc Committee on the Application for Annulment of the Republic of Seychelles on June 29, 2005, para. 58.

② Aron Broches, Observations on the Finality of ICSID Awards, *ICSID Review—Foreign Investment Law Journal*, Vol. 6, No. 2, 1991, p. 367; W. Michael Reisman, The Breakdown of the Control Mechanism in ICSID Arbitration, *Duke Law Journal*, No. 4, 1989, p. 763; Aron Broches, On the Finality of Awards: A Reply to Michael Reisman, *ICSID Review—Foreign Investment Law Journal*, Vol. 8, No. 1, 2004, pp. 96～97; W. Michael Reisman, Repairing ICSID's Control System: Some Comments on Aron Broches' "Observations on the Finality of ICSID Awards", *ICSID Review—Foreign Investment Law Journal*, Vol. 7, No. 1, 1992, pp. 203～204.

可能导致“严重违背基本程序规则”。①

第一个切切实实地在“严重违背基本程序规则”的框架下审查漏裁问题的是Amco案（一）的专门委员会，但其结论是，不存在漏裁。②

在CDC案中，专门委员会把塞舌尔的仲裁庭漏裁问题归类在“严重违反基本程序规则”的项下。塞舌尔认为，仲裁庭本该处理它所提出的“CDC公司是否有义务进行项目评估”的问题，而其对这一问题避而不答，实际处理的却是“CDC公司是为了自己还是为了塞舌尔进行项目评估”的问题。专门委员会指出，仲裁庭到底应该处理何种问题要视案件的具体情况判断，不受塞舌尔在表述自己主张时的具体措辞的限制。在该案中，塞舌尔所提出的问题不具有法律意义，而仲裁庭实际处理的问题反倒是能够确定当事人的权利义务的法律问题。故仲裁庭此举并未“严重违反基本程序规则”。③

从实践中看，至今尚未有以“严重违背基本程序规则”为由对漏裁的裁决予以撤销的实例，但以其他撤销理由为依据对漏裁裁决予以撤销的实例已经发生过了。可见，倘若未处理的问题对裁决的具体影响很大，以至于无法通过仲裁补充制度加以补救，ICSID专门委员会还是不会坐视不管的。

四、有关“严重违背基本程序规则”的比较研究

如上所述，作为ICSID仲裁撤销理由的“严重违背基本程序规

① Klöckner Industrie-Anlagen GmbH and others v. United Republic of Cameroon and Société Camerounaise des Engrais (Decision on Annulment Ⅰ), ICSID Case No. ARB/81/2, para. 115; Amco Asia Corporation and others v. Republic of Indonesia (Decision on Annulment Ⅰ), ICSID Case No. ARB/81/1, paras. 121－124.

② Amco Asia Corporation and others v. Republic of Indonesia (Decision on Annulment Ⅰ), ICSID Case No. ARB/81/1, paras. 121－124.

③ CDC Group plc v. Republic of the Seychelles, ICSID Case No. ARB/02/14, Decision of the ad hoc Committee on the Application for Annulment of the Republic of Seychelles on June 29, 2005, paras. 56－57.

则”的具体表现包括但不限于：仲裁庭偏袒、仲裁庭侵犯当事人的申辩权、仲裁庭违反证据规则、仲裁庭未进行评议或未进行适当的评议、漏裁。而在一般国际商事仲裁撤销制度中，直接作为撤销理由的违反正当程序的情形通常仅仅指：申请人未被给予指定仲裁员或进行仲裁程序的适当通知，或者由于其他原因而不能申辩。两相对照，我们可以看出，“严重违背基本程序规则”的外延更广，因为它不仅包括当事人未能申辩的情况，而且还包括仲裁庭偏袒、仲裁庭违反证据规则、仲裁庭未进行评议或者未进行适当评议、漏裁等诸多情形，从而在实质上不仅涵盖了一般国际商事仲裁撤销制度中直接作为撤销理由的违反正当程序情形，而且还涵盖了一般国际商事仲裁撤销制度中公共政策保留项下的部分内容。

尽管存在如上不同，但在审查切入点的性质上，两者是相同的，即都是程序问题。这一点无消细及。

第六节 裁决未陈述其所依据的理由

一、一般国际商事仲裁撤销制度中的裁决未陈述理由情形

虽然从传统上看来，大陆法系国家对裁决理由更为珍视，往往要求裁决必须陈述其理由，而英美法系国家相对不那么重视裁决理由，但是，随着全球化的进一步发展，越来越多地相互承认和执行对方裁决的需要，英美法系国家的相应规定有渐渐向大陆法系靠拢的趋势。[①] 至今可以说，有关国际商事仲裁的晚近立法大多原则上要求仲裁员在裁决中写明其所依据的理由。[②] 即便是在长期青睐裁决不必陈述其所依据的理由这一作法的英国，人们也越来越体会和认识

---

① Mauro Rubino-Sammartano, *International Arbitration Law and Practice* (Second Edition)，中信出版社 2003 年版，第 777～778 页。

② 如 1994 年《中国仲裁法》第 54 条、1998 年《比利时司法法典》第 1701 条第 6 款、2004 年《西班牙仲裁法》第 1504 条第 2 款、2003 年《日本仲裁法》第 39 条第 2 款等。

到裁决写明理由的好处，英国判例法的晚近发展和1996年《英国仲裁法》的规定证明了这一点。[①] 而在美国，尽管1990年《美国仲裁法》未对裁决理由作出规定，但顺应大势所趋，美国仲裁协会晚近修订的《国际仲裁规则》第28条第3款明确规定："除非当事人另有约定，仲裁庭应写明裁决所依据的理由。"[②]这种规定也恰是晚近各国立法的通行措辞，其虽然给了当事人作出相反约定的自由，但立法者倾向于要求仲裁员写明裁决理由的推定意图是不证自明的。

尽管在晚近国际商事仲裁立法中，各国越来越多地原则上要求仲裁庭在裁决中陈述其所依据的理由，但是，对于裁决未陈述理由将导致何种法律后果，各国的态度却是不同的。一些国家把裁决未陈述理由情形直接确定为撤销理由，如1998年《比利时司法法典》第1704条第2款第8项。大多数国家的作法却是，尽管对裁决的理由有要求，但并没有把裁决未陈述理由情形直接规定为撤销理由，如1998年《德国仲裁法》。可这并不一定意味着，未依法陈述理由的裁决的效力丝毫不受影响，因为在一些国家，法院会以违背公共政策为由，不予承认和执行这类裁决。[③] 比如，虽然法国法只要求内国裁决必须陈述理由，对国际裁决并不做此类要求，但是，根据法国撤销法院的一个判例，如果适用于国际商事仲裁的程序法要求裁决必须陈述其所依据的理由，而仲裁庭最后却没有这么做，那么，当这样的裁决在法国被申请承认和执行时，"败诉"一方当事人就可以以违反国

---

① 1996年《英国仲裁法》第52条第4款；Emmanual Gaillard & John Savage, *Fouchard Gaillard Goldman on International Commercial Arbitration*，中信出版社2004年版。第761页。

② Stephen L. Hayford, A New Paradigm for Commercial Arbitration: Rethinking the Relationship between Reasoned Awards and the Judicial Standards for Vacatur, *George Washington Law Review*, Vol. 66, 1998, note 9.

③ Mauro Rubino-Sammartano, *International Arbitration Law and Practice* (Second Edition)，中信出版社2003年版，第778、779、781页。

际公共政策为由要求不予承认和执行。[①]

从各国的仲裁撤销以及裁决承认与执行实践上看，国际商事仲裁裁决在理由陈述方面的缺陷主要表现为以下两方面：未陈述理由、理由互相矛盾。在将“裁决未陈述其所依据的理由”定为撤销理由的国家，自然认为未陈述理由足以导致裁决被撤销。但是，裁决未陈述理由的情形极为罕见。由于各国法院在对裁决的理由陈述状况进行监督的时候，其用意通常都不在于审查实体问题，而判断裁决理由是否互相矛盾往往会导致审查实体问题，故对于如何处理理由互相矛盾的裁决，是否应将这种理由陈述缺陷认定为可以导致撤销，各国态度不一。一些国家的法院干脆不对裁决理由互相矛盾这一状况进行监督，而另一些国家的法院则自信自己可以把握好这一个“度”，故仍然审查裁决理由是否互相矛盾。如比利时的一些判例认为，法院无权审查裁决中理由陈述得是否矛盾，因为这种矛盾与争端的实体问题相关。[②] 但是，法国的一些判例却认为：互相矛盾的理由等于没有理由，从而可以导致裁决被撤销。[③]

---

① CA Paris, May 6, 1988, Unijet S. A. v. S. A. R. L. International Business Relations Ltd. (I. B. R.), 1989 Rev. Arb. 83，转引自 Emmanual Gaillard & John Savage, *Fouchard Gaillard Goldman on International Commercial Arbitration*，中信出版社 2004 年版，第 763 页。

② 比如，请参见 CA Brussels, Jan. 24, 1997, Caompagnie Inter-Arabe de Garantie des Investissements (CIAGI) v. Banque Arabe et Internationale d'Investissement (BAII), 1998 Rev. Arb. 181，转引自 Emmanual Gaillard & John Savage, *Fouchard Gaillard Goldman on International Commercial Arbitration*，中信出版社 2004 年版。第 763～764 页。

③ 比如，请参见 CA Paris, May 6, 1988, Unijet S. A. v. S. A. R. L. International Business Relations Ltd. (I. B. R.), 1989 Rev. Arb. 83，转引自 Emmanual Gaillard & John Savage, *Fouchard Gaillard Goldman on International Commercial Arbitration*，中信出版社 2004 年版，第 763～764 页。还可以参见 Dame Krebs et autre v. Milton Stern et autre, Court of Cassation (France) June 16, (1976), Cluet, 1977, 671; Société Sermi et Hennion v. Société Ortec, Court of Appeal, Paris, May 15, 1997, Rev. Arb. 1998, 558; Société Forasol v. Société mixte Kzakh-CISTM, Court of Appeal, Paris, March 5, 1998, Rev. Arb. 1999, 86，转引自 Mauro Rubino-Sammartano, *International Arbitration Law and Practice* (Second Edition)，中信出版社 2003 年版，第 763 页。

二、有关"裁决未陈述其所依据的理由"的基本问题

(一)相关缔约历史

1963 年 9 月形成的《公约预备草案第一稿》规定,"包括裁决未陈述其所依据的理由在内的严重违背基本程序规则"是一个撤销理由。① 次年 9 月形成的《公约草案》对上述理由的措辞进行了重新表述,令"严重违背基本程序规则"单独成一撤销理由、"裁决未陈述其所依据的理由"单独成一撤销理由,并在后一撤销理由上附一但书:"但当事人已经同意不必陈述理由的除外"。在 1965 年 1 月召开的法律委员会会议上,法律委员会主席 Aron Broches 提议与会代表就是否删除这一但书投票表决,会议最后以 39 : 0 的比例决定取消但书。② 至于何为此处所言的"理由",Aron Broches 曾在这次会议上解释道,没有代表反对这样一种理解:"理由"既包含对事实的陈述,又包含对法律的陈述。③

(二)漏裁与"裁决未陈述其所依据的理由"之间的关系

《华盛顿公约》第 48 条第 3 款规定:"裁决应处理提交仲裁庭的每一个问题,并陈述其所依据的理由。"这显然对仲裁庭施加了一个必须处理每一个问题的义务,未能完全履行这一义务即为本书此处所言的"漏裁"。然而,《华盛顿公约》在规定撤销理由的同时,却似乎不大重视仲裁庭的必须处理每一个问题的义务,而只将"裁决未陈述其所依据的理由"列为撤销理由,对仲裁庭漏裁的后果毫未提及。明

---

① ICSID, Convention on the Settlement of Investment Disputes between States and Nationals of Other States: Analysis of Documents Concerning the Origin and Formulation of the Convention, Vol. 1, 1970, p. 230.

② ICSID, *Convention on the Settlement of Investment Disputes between States and Nationals of Other States: Documents Concerning the Origin and Formulation of the Convention*, Vol. 2, 1968, p. 664, 854.

③ ICSID, *Convention on the Settlement of Investment Disputes between States and Nationals of Other States: Documents Concerning the Origin and Formulation of the Convention*, Vol. 2, 1968, p. 851.

确规定漏裁的法律后果的只有《华盛顿公约》第 49 条第 2 款:“仲裁庭经一方在作出裁决之日后 45 天内提出请求,可以在通知另一方后对裁决中遗漏的任何问题作出决定。”《华盛顿公约》的准备资料也表明,公约起草者们曾经专门就漏裁能否构成撤销理由进行过讨论,并以投票表决的方式否定了这种可能。此后,缔约者们又通过投票表决的方式,一致同意漏裁的问题应通过仲裁补充的方式解决。①

但是,在 ICSID 仲裁撤销实践中,当事人不断以各种撤销理由为根据,就仲裁庭漏裁问题要求撤销裁决。其中,当事人援用得最多,并且也为专门委员会最多次确认的撤销理由就是“裁决未陈述其所依据的理由”。

在克劳科纳案(一)中,专门委员会认为,《华盛顿公约》的起草者在草拟第 48 条第 3 款时,不可能只想规定一个没有惩戒措施的义务,所以,应该针对违反该条款的行为提供相应的救济手段,漏裁可以导致撤销。这一推理方法无疑意味着,第 52 条应当为仲裁庭违反《华盛顿公约》中每一个强制性规定的行为提供救济,从而极大地增加了裁决被撤销的可能性。②

Amco 案(一)的专门委员会虽也同意,漏裁可能导致撤销,但其所阐述的理由与克劳科纳案(一)的截然不同:“《华盛顿公约》第 49 条第 2 款仅对非故意的漏裁‘任何问题’提供了救济。我们可以合情合理地假定,仲裁员会在裁决中尽量明确地表达其所根据的原因,至少是主要原因。根据该条款,仲裁庭对相对次要事项的遗漏可以通过在原裁决中简单插入相关结论的方式加以弥补,而此种插入的结

---

① Aron Broches, Observations on the Finality of ICSID Awards, *ICSID Review—Foreign Investment Law Journal*, Vol. 6, No. 2, 1991, pp. 332, 366; ICSID, *Convention on the Settlement of Investment Disputes between States and Nationals of Other States: Documents Concerning the Origin and Formulation of the Convention*, Vol. 2, 1968, p. 849.

② Klöckner Industrie-Anlagen GmbH and others v. United Republic of Cameroon and Société Camerounaise des Engrais (Decision on Annulment Ⅰ), ICSID Case No. ARB/81/2, para. 58.

论对原裁决的主要推理并无影响……在本案中,印尼声称,倘若仲裁庭当初没有忽视印尼的仲裁撤销申请书中所列举的事实和证据,它恰恰会放弃其据以作出原裁决的根据。倘使仲裁庭认定,上述申请书中的任何主张应予支持,并在原裁决中插入有关此类主张的相应结论,这些插入内容就会与该裁决的主要推理相矛盾。因此,仲裁庭将不得不修改该裁决的推理。然而,对裁决的推理及结论的全部或部分内容予以否定,这恰恰是本公约分配给其第 52 条第 3 款所创设的专门委员会的权力。本公约上述条款并未将这种权力分配给作出原裁决的仲裁庭。"①

正是基于上述判词,该案专门委员会认定,针对相对次要事项的漏裁,也即可以通过在原裁决中插入相关结论,且并不影响原裁决主要推理即可解决的漏裁,当事人应该并且只能求诸《华盛顿公约》第 49 条第 2 款所规定的仲裁补充的救济方式;反之,针对极其重要事项的漏裁,当事人有权申请撤销。同时,它还认为,针对极其重要事项的漏裁,尽管在特定的情况下,也可能构成"严重违背基本程序规则"或者"仲裁庭明显越权",但是,原则上还是应该属于"裁决未陈述其所依据的理由"的范畴。②

Amco 案(一)专门委员会的这番论断受到了后案专门委员会的一致推崇。③ 因此,尽管在《华盛顿公约》的缔结过程中,公约起草者们有意将漏裁排除在明确规定的撤销理由之外,此举令众学者对漏裁是否可以导致撤销争论不休,但 ICSID 仲裁撤销实践的发展已经

---

① Amco Asia Corporation and others v. Republic of Indonesia (Decision on Annulment Ⅰ), ICSID Case No. ARB/81/1, paras. 34, 35.

② Amco Asia Corporation and others v. Republic of Indonesia (Decision on Annulment Ⅰ), ICSID Case No. ARB/81/1, para. 32.

③ See e. g., Maritime International Nominees Establishment v. Republic of Guinea (Decision on Annulment), ICSID Case No. ARB/84/4, paras. 5.11—5.13, 6.101; Amco Asia Corporation and others v. Republic of Indonesia (Decision on Annulment Ⅰ), ICSID Case No. ARB/81/1, paras. 32—36; Wena Hotels Limited v. Arab Republic of Egypt(Decision on Annulment), ICSID Case No. ARB/98/4, para. 101.

有效地改变了这一状况。迄今可以说,《华盛顿公约》第 52 条第 1 款第 5 项(裁决未陈述其所依据的理由)可以兼为违反同公约第 48 条第 3 款规定的两种情形(裁决未陈述理由、漏裁)提供救济,只是提供救济的"门槛"有所不同而已。

不过,在学界中,人们对专门委员会的将漏裁与撤销"捆绑"在一起的作法却议论纷纷:

一种观点是完全反对。他们认为,漏裁只能通过仲裁补充与纠正制度来救济,不应动用仲裁撤销制度,理由在于:此举违背了《华盛顿公约》的立法原意;此举在《华盛顿公约》第 52 条之外又擅自增加了撤销理由,其效果将是严重损害 ICSID 裁决的终局性;ICSID 仲裁补充与纠正制度已经为漏裁情形提供了充分的救济;[①]由于 ICSID 仲裁程序的特点使然,仲裁庭有时较难确定当事人提交的问题到底有哪些,允许专门委员会据该情形撤销裁决将使 ICSID 裁决被撤销的风险极大增加。[②]

另一种观点是完全赞同。他们认为,首先,尽管有关该条款的缔约准备资料的确表明,当时与会代表曾以 8∶6 的比例否决了将违反"裁决应处理提交仲裁庭的每一个问题"义务的情形明确规定为撤销理由的提议,但是,人们为什么会否决、为什么参与投票的人这么少,这始终是一个谜。无论如何,《华盛顿公约》未将其明确规定为撤销理由这一事实并不意味着,人们不可以将这种情形归类为"严重违背基本程序规则"或"裁决未陈述其所依据的理由"从而撤销它。[③] 其次,倘使不允许将漏裁有条件地作为可撤销情形,则无异于告诉仲裁员,其可以在当事人提交的诸多问题中挑挑拣拣,仅处理那些能够顺

---

① Georges R. Delaume, The Finality of Arbitrations Involving States: Recent Development, *Arbitration International*, Vol. 5, 1989, pp. 31～32.

② Alan Redfern, ICSID—Losing Its Appeal?, *Arbitration International*, Vol. 3, 1987, p. 109.

③ Aron Broches, Observations on the Finality of ICSID Awards, *ICSID Review—Foreign Investment Law Journal*, Vol. 6, No. 2, 1991, p. 368.

理成章地引导出其裁决结论的问题，而对其他问题不闻不问，好像当事人从来没有提出过似的。[①] 最后，在专门委员会决定是否应以此为由撤销裁决时，其可以行使正当的自由裁量权来驳回那些形式上符合要求、但实际上骚扰性的撤销请求，从而保证 ICSID 仲裁撤销制度不被滥用。[②]

三、有关"裁决未陈述其所依据的理由"的实证研究

根据 ICSID 仲裁撤销实践，"裁决未陈述其所依据的理由"主要有如下三种表现形式：

（一）未陈述理由

未陈述理由包括完全未陈述理由和部分未陈述理由。前者指裁决书就所有事项都没有陈述任何理由，后者指裁决书仅就部分事项没有陈述理由。由于《华盛顿公约》第 48 条第 3 款已经明文规定，裁决应陈述其所依据的理由，所以，仲裁庭就其全部裁决完全未陈述理由的现象其实不大可能发生，ICSID 仲裁撤销实践也证明了这一点。这样一来，具有现实可能的也就只有部分未陈述理由这一情形了。从实践中看，部分未陈述理由还包括两种情形——裁决书就特定事项给出了处理结果但没有陈述理由、裁决书就特定事项既没有给出处理结果也没有陈述理由，后者也就是所谓的"漏裁"。

1. 裁决书就特定事项给出了处理结果但没有陈述理由

在克劳科纳案（一）中，克劳科纳主张，自己仅承担"尽最大努力"(best efforts obligation)的义务，但是，仲裁庭却不解释任何理由就强加给其一项"结果义务"(obligation of results)，并因此错误地倒置了举证责任，这属于"裁决未陈述其所依据的理由"。专门委员会认为，平心而论，裁决书的这种结论其实是极其公平合理的，但是，人

① Aron Broches, Observations on the Finality of ICSID Awards, *ICSID Review—Foreign Investment Law Journal*, Vol. 6, No. 2, 1991, p. 367.

② Aron Broches, Observations on the Finality of ICSID Awards, *ICSID Review—Foreign Investment Law Journal*, Vol. 6, No. 2, 1991, p. 369.

们的确无法从裁决书中看出为什么克劳科纳负有“结果义务”，专门委员会也无法通过对仲裁庭业已表述出来的推理进行重新整合而证明该结论正确。因此，克劳科纳的主张应予支持。该案专门委员会的意思似乎是，推理出现断层的裁决，即便其相应的最终结果正确，专门委员会也无义务通过修修补补的方式，弥补上述缺憾，而是应该径行宣布裁决无效。这无疑是比较严厉的态度。[①]

在 Amco 案(一)中，印尼主张，裁决书认定印尼应当对军队和警察的行为负责，但却没有陈述印尼法中的任何法律依据。该案专门委员会承认，仲裁庭在得出该结论的时候，既没有引用任何具体的印尼法律、法规规定，也没有引用任何印尼判例。但它同时替仲裁庭“开脱”说，上述情况并不能说明，仲裁庭未适用印尼法律，并接着就仲裁庭上述结论如何合乎印尼法律自行展开了论证。专门委员会的最终结论是，既然仲裁庭的上述结论符合印尼的法律规定，则印尼的撤销主张就不能成立。[②] 将之与克劳科纳案(一)专门委员会的裁决相比较，显然可以看出，在裁决书结论正确的情况下，Amco 案(一)的专门委员会更愿意通过自己的代为解释来弥补裁决书推理断层的

---

① Klöckner Industrie-Anlagen GmbH and others v. United Republic of Cameroon and Société Camerounaise des Engrais (Decision on Annulment Ⅰ), ICSID Case No. ARB/81/2, paras. 133—144. 专门委员会的这种态度还鲜明地体现在它对如下问题的处理上。在该案中，Klöckner 认为，仲裁庭对它根据合同中的责任限制条款所提出的主张以及根据诉讼时效制度提出的主张没有处理，构成“未处理当事人所提交的每一个问题”，进而构成“裁决未陈述其所依据的理由”。Klöckner 的对手喀麦隆为仲裁庭的这种作法向专门委员会提供了足以自圆其说的补充性解释。专门委员会指出：仲裁庭本可以采纳喀麦隆的上述解释来自圆其说，但是，“要设想仲裁员的理由可能或者应该是什么绝非专门委员会的职责，同理，专门委员会也不可能用‘正确的’理由去替换那些可能‘不正确的’理由，或者去处理那些曾经提交给仲裁庭但后者却没有解决的问题。委员会在此要做的唯一事情是，确定是否存在《华盛顿公约》第 52 条所规定的可以撤销裁决的任何一项理由，并根据该条规定的内容得出结论。就此而言，委员会是在维持《华盛顿公约》在法律上的纯洁性。”Klöckner Industrie-Anlagen GmbH and others v. United Republic of Cameroon and Société Camerounaise des Engrais (Decision on Annulment Ⅰ), ICSID Case No. ARB/81/2, paras. 147—151.

② Amco Asia Corporation and others v. Republic of Indonesia (Decision on Annulment Ⅰ), ICSID Case No. ARB/81/1, paras. 57—59.

缺憾，而不是呆板地、机械地径予撤销。

在国际海运代理公司案中，几内亚主张，国际海运代理公司整整拖延了9年才向ICSID申请仲裁，根据美国判例法中的特定原则，自己在向其赔偿损失时，没有义务连带支付这段期间内所产生的利息，然而，仲裁庭没有采纳几内亚的这种主张，也没有提出任何理由。此外，仲裁庭在裁决应以美国银行利率确定损害赔偿金的利息时，也没有说明原因。几内亚因此认为，在这两点上，仲裁庭未陈述理由。对于前一个问题，专门委员会直截了当地替仲裁庭解释说，该案的准据法是几内亚法，几内亚根据美国法提出抗辩，显然是用错了准据法；对于后一个问题，专门委员会也直接回应说，合同就是以美元定价的，则根据美国银行利率确定利息当然顺理成章。从语气上看，该案专门委员会在维持结果正确但没有相应推理的裁决的时候更加理直气壮，它虽然也对仲裁庭没有就几内亚的主张作出明确答复的作法提出了批评，但却没有花费笔墨来替仲裁庭开脱，说诸如“仲裁庭没有明确答复不等于没有答复”一类的话，而是直接根据自己的理解为仲裁庭补充了理由。[①]

Wena案的专门委员会则直接指出，《华盛顿公约》第48条第3款和第52条第1款第5项都没有预先设定仲裁庭陈述理由的方式，故仲裁庭既可以明确地陈述理由，又可以在裁决的字里行间默示地陈述理由，只要人们能够合情合理地推知出来就行。[②] 这就再一次确认了没有明确陈述理由不等于一定没有陈述理由的观点，从而给专门委员会留下了代劳的空间。

2. 漏裁

可想而知，当事人会在仲裁程序中提出各种问题，进行各种争论，仲裁庭显然没有必要也不可能在裁决书中对每一个微小的争端

---

① Maritime International Nominees Establishment v. Republic of Guinea (Decision on Annulment), ICSID Case No. ARB/84/4, paras. 6.102—6.104.

② Wena Hotels Limited v. Arab Republic of Egypt(Decision on Annulment), ICSID Case No. ARB/98/4, para. 81.

都提供答案和理由。因此，未决“问题”应该达到一定的标准，才可以谈得上“漏裁”，并进而构成《华盛顿公约》第52条第1款第5项所言的“裁决未陈述其所依据的理由”。

在克劳科纳案(一)的撤销程序中，克劳科纳公司主张，仲裁庭漏裁了五处，其中每一处都构成了“裁决未陈述其所依据的理由”。专门委员会确认了四处漏裁，但其实真正的漏裁只有三处。[①] 在这一过程中，专门委员会对“问题”的表现形式和构成条件都作了论述。在“问题”的表现形式上，它指出：“问题”一词的含义是较为模棱两可的。这种“问题”既可能是当事人在申请书或答辩书等文书的结尾处单独提出的，也可能是被当事人包含在某主张之中，成为该主张的组成部分，所以，必须承认，当事人不见得一定需要借助“最终结论”(final conclusions)或者“主张”(submissions)之类的形式正式提出“问题”，他们完全可以在所提交的书面文件的正文中顺带提出“问题”。在“问题”的构成条件上，它指出：仲裁员显然没有必要处理当事人的所有争辩，能够足以促使裁决因“未陈述其所依据的理由”而被撤销的“问题”必须是对双方而言至关重要并能够对裁决结果产生影响的问题。[②]

在Amco案(一)的撤销程序中，专门委员会对“问题”的构成标准做了进一步的阐述：此种遗漏“问题”对裁决结果影响重大，无法通过在裁决中插入相应结论的方法进行弥补，倘使当时仲裁庭考虑到了这些问题，它就恰恰不会作出该裁决。[③]

在国际海运代理公司案中，专门委员会对“问题”的构成条件阐述为：“对其的回答有可能影响到仲裁庭的结论”。在该案中，几内亚

---

① 另外一处应当属于就特定事项给出了处理结果但没有陈述理由，即上文所述有关“结果义务”的问题。

② Klöckner Industrie-Anlagen GmbH and others v. United Republic of Cameroon and Société Camerounaise des Engrais (Decision on Annulment Ⅰ), ICSID Case No. ARB/81/2, paras. 131, 148, 153.

③ Amco Asia Corporation and others v. Republic of Indonesia (Decision on Annulment Ⅰ), ICSID Case No. ARB/81/1, paras. 34—35.

曾提出若干主张。倘若几内亚的这些主张能够成立，则国际海运代理公司所能获得的损害赔偿额以及相应的利息将会大打折扣。但是，裁决书对几内亚的这些主张未置一词。专门委员会总结道：仲裁庭或者是根本未处理这些问题，或者是经审查后认为几内亚的主张应予驳回。但无论如何，鉴于几内亚的这些主张与仲裁庭能作出何种裁断息息相关，故仲裁庭本应就拒绝采纳几内亚上述主张的作法陈述理由。[①]

在Wena案的撤销程序中，埃及主张，仲裁庭漏裁了三个问题，专门委员会均予驳回。专门委员会将“问题”的构成条件阐述为：“对其的处理将会影响到裁决的推理次序，并迫使人们不得不根据对该遗漏问题的应然处理决定重新考虑如何得出裁决结论。”在该案中，埃及主张，由于埃宾公司董事长与Wena公司之间存在咨询服务合同，而该董事长没有向埃宾公司董事会披露这种情形，故根据《埃及公司法》，埃宾公司与Wena公司之间签订的租赁合同应当无效。埃及主张仲裁庭漏裁了这个问题，构成“裁决未陈述其所依据的理由”。专门委员会指出：“当事人若欲基于仲裁庭漏裁而依第52条第1款第5项请求撤销裁决，则其必须先行证明，有关漏裁事项的决定对裁决结果具有影响。但是，埃及并没有向本委员会表明，仲裁庭对埃及所提交的该问题没有作出决定这一事实本会对裁决的结果有任何影响。”[②]所以，没有支持埃及的主张。

在CDC案中，专门委员会将“漏裁”一事放在“严重违反基本程序规则”这一撤销理由框架下探讨，前已述及，此不多赘。

从以上撤销决定的裁断中我们可以看出，可以构成“裁决未陈述其所依据的理由”的漏裁，其对象必须是具备如下条件的“问题”：对裁决的结果有决定性、实质性的影响，以至于如果该主张能够成立，

① Maritime International Nominees Establishment v. Republic of Guinea (Decision on Annulment), ICSID Case No. ARB/84/4, paras. 6.99—6.101.

② Wena Hotels Limited v. Arab Republic of Egypt (Decision on Annulment), ICSID Case No. ARB/98/4, paras. 101, 105.

必将会使裁决的应然结论不同于其实然状态。

（二）理由互相矛盾

矛盾的理由互相抵消，其效果实际上相当于没有给出理由。

在克劳科纳案（一）中，专门委员会指出：矛盾的理由互相抵消，但只有在这种理由互相矛盾的状况已经对裁决结果带来损害的时候，才有必要根据“裁决未陈述其所依据的理由”撤销裁决。在该案中，克劳科纳认为，裁决书一方面说，克劳科纳可能欺骗了喀麦隆政府，从而无权要求后者向其赔偿损失；另一方面又说，喀麦隆政府不可能被欺骗，从而又驳回了喀麦隆的赔偿反请求，这无疑是理由自相矛盾。专门委员会认为，克劳科纳的上述主张不正确。仲裁庭的用语虽然存在模棱两可之处，但其所欲表达的意思是，克劳科纳存在疏忽大意或者隐瞒真相的情况，即没有“表现出坦诚和忠实”，故无权要求赔偿；喀麦隆即便是被“误导”，作为政府它也负有相对应的责任，故无权以“被一家私有公司所误导”为由要求损害赔偿。[①]

在Amco案（一）中，印尼主张，仲裁庭一方面表态说，在计算Amco公司的投资额时，只有股权资本才算数，贷款则不算数，另一方面却又将一笔贷款算了进去，致使其所计算出来的Amco公司的投资额畸高，影响了裁决的最终结果。专门委员会最终支持了印尼的异议，指出，仲裁庭在对Amco公司投资额进行估算上理由自相矛盾，构成“裁决未陈述其所依据的理由”。[②]

在国际海运代理公司案中，几内亚主张，仲裁庭以国际海运代理公司提出的两套可得利益估算方案是“推测性的”为由不予采纳，但仲裁庭在提出自己的方案时未具任何理由，而该方案仍然是推测性的，这无疑互相矛盾。专门委员会支持了几内亚的主张，认定这种矛

---

① Klöckner Industrie-Anlagen GmbH and others v. United Republic of Cameroon and Société Camerounaise des Engrais (Decision on Annulment Ⅰ), ICSID Case No. ARB/81/2, paras. 116, 121—123.

② Amco Asia Corporation and others v. Republic of Indonesia (Decision on Annulment Ⅰ), ICSID Case No. ARB/81/1, paras. 89—98.

盾的确造成了“裁决未陈述其所依据的理由”。①

因为仲裁庭明显越权，并应据此部分撤销裁决，Vivendi 案的专门委员会认为，没有必要再审查 Vivendi 有关裁决未陈述理由的撤销请求。不过，它曾经在撤销决定的概述部分简要地提出了如下观点：矛盾的理由互相抵消。但是，由于仲裁庭经常不得不努力平衡各种利益矛盾，故有时不得不做一些口是心非的陈述。专门委员会应当小心谨慎，以防把这种情况断定为“矛盾的理由互相抵消”。② 至于什么是口是心非的陈述，该专门委员会倒是没有提出界定方法。考虑到国际投资仲裁裁决常见的推理断层、前后矛盾、妥协模糊的特点，Vivendi 案专门委员会的这一建议虽缺乏可操作性，但的确有很大的指导意义。

在 CDC 案中，撤销申请人塞舌尔也提出了裁决自相矛盾的问题，该案专门委员会经审查认为，裁决本身是没有什么问题的，裁决只是根据所有的证据进行适当的总结，问题出在塞舌尔方证人提供的证言自相矛盾。所以，没有支持塞舌尔的主张。③

从以上的撤销决定中我们可以看出，对任何一个专门委员会而言，判断裁决书的理由陈述是否互相矛盾都是非常棘手的：一方面，它不能以裁决的实体是非曲直作为审查切入点，另一方面，却又不得不在与裁决的实体是非曲直血肉相连的理由陈述中进行审查。尤其是，在发现裁决中的理由陈述果真互相矛盾的时候，其还要再根据自己是否认同裁决中有关案件实体是非曲直的最终结论，决定自己到底是应该代为陈词，还是径予撤销。

---

① Maritime International Nominees Establishment v. Republic of Guinea (Decision on Annulment), ICSID Case No. ARB/84/4, paras. 6.107, 6.108.

② Compañía de Aguas del Aconquija S. A. and Vivendi Universal (Formerly Compagnie Générale Des Eaux) v. Argentine Republic (Decision on Annulment), ICSID Case No. ARB/97/3, paras. 64, 65.

③ CDC Group plc v. Republic of the Seychelles, ICSID Case No. ARB/02/14, Decision of the ad hoc Committee on the Application for Annulment of the Republic of Seychelles on June 29, 2005, paras. 82—83.

(三)理由不充分

怎样陈述理由才算充分？陈述到什么程度才算充分？这是一个颇为主观、难以确切回答的问题。申请人往往因为对裁决结果不满意而主张理由不充分，致使专门委员会不得不就裁决理由是否充分的衡量标准一事颇费思量。

在 ICSID 第一个撤销案件克劳科纳案(一)中，专门委员会对何为理由不充分进行了详细的探讨。它指出：《华盛顿公约》第 52 条第 1 款第 5 项虽然要求，裁决应陈述其所依据的理由，但是，该要求并不是说，仲裁庭随随便便地给出一些形式上看似理由的理由就可以了，仲裁庭所给出的理由应该有实质内容，能够让当事人看懂仲裁庭在事实和法律方面的推理。它提出了衡量理由充分性的三个标准："相关"(relevant)标准、"充分相关"(sufficiently relevant)标准、"显然相关"(apparently relevant)标准。其中，"相关"标准指的是仲裁庭要陈述出所有相关的理由；"充分相关"标准指的是理由应"合情合理地禁得起推敲并能为所作决定提供依据"(reasonably sustainable and capable of providing a basis for the decision)；至于何为"显然相关"标准，专门委员会未给出确切含义，只是指出，在上述三个标准中，该标准使得裁决最难以被撤销。专门委员会最后选定了"充分相关"标准，并同时指出，如果仲裁庭已经陈述了充分相关理由，只是当事人对这种理由本身不服，那么，它不能借理由不充分的名义撤销裁决，因为撤销程序不是变相的上诉(disguised appeal)[①]。专门委员会应用这一标准审查了裁决中的七处理由陈述情况，并认定其中有五处都陈述得不充分。[②] 专门委员会在应用这一标准审查裁决理由

---

① Klöckner Industrie-Anlagen GmbH and others v. United Republic of Cameroon and Société Camerounaise des Engrais (Decision on Annulment Ⅰ), ICSID Case No. ARB/81/2, paras. 127—130.

② Klöckner Industrie-Anlagen GmbH and others v. United Republic of Cameroon and Société Camerounaise des Engrais (Decision on Annulment Ⅰ), ICSID Case No. ARB/81/2, paras. 123—176.

陈述得充分与否时,要求极为严格。且举一例。仲裁庭根据法国法上的"与有过失抗辩"(the exceptio non adimpleti contractus)认定,[1]克劳科纳未完全履行合同义务的行为使得喀麦隆有权中止履行其相应的合同义务,同时,克劳科纳瑕疵履行合同义务的行为使得喀麦隆有权不必履行其金钱给付义务。专门委员会在对仲裁庭具体适用该原则的时候何处正确、何处错误作了详细点评之后,虽然承认仲裁庭的确多次援引了法国法的规定和学者的相关论述,但仍然对仲裁庭的法律素养不满意,遂径直断言:在专门委员会看来,仲裁庭的这种论证和旁征博引都不够正确,而无论如何仲裁庭本应给出法律上的依据和理由,故"裁决未陈述其所依据的理由"。[2] 专门委员会的这种审查方法颇受抨击。批评者认为,这分明是在直接审查实体问题。[3] 从专门委员会在"与有过失抗辩"方面的审查中,我们可以清楚地看出,专门委员会悉心审查的不仅包括理由是否存在、是否相关,而且还包括理由是否够水准、是否正确。这可能也是该案专门委员会之所以发现如此多处的理由陈述不充分的原因所在。

在Amco案(一)中,Amco与印尼在理由陈述标准上发生了分歧:Amco认为,只要裁决中有理由就行,不用管这种理由陈述得好不好、充分不充分,因为就理由陈述的充分性进行审查是上诉制度而非ICSID仲裁撤销制度的职能;印尼则坚持,应该对裁决的理由陈述进行一定的质量控制,使得理由能够证实结论。专门委员会认为,

---

① 此处的"与有过失抗辩"又称"同时履行抗辩"或者"不履行抗辩",指双务合同的当事人一方在对方未为对待给付之前,有权拒绝自己之给付。

② Klöckner Industrie-Anlagen GmbH and others v. United Republic of Cameroon and Société Camerounaise des Engrais (Decision on Annulment Ⅰ), ICSID Case No. ARB/81/2, paras. 165－171.

③ Aron Broches, Observations on the Finality of ICSID Awards, *ICSID Review—Foreign Investment Law Journal*, Vol. 6, No. 2, 1991, pp. 352～353, 364～365; Björn Pirrwitz, Annulment of Arbitral Awards under Article 52 of the Washington Convention on the Settlement of Investment Disputes between States and Nationals of Other States, *Texas International Law Journal*, Vol. 23, 1988, p. 110; Christoph H. Schreuer, *The ICSID Convention: A Commentary*, Cambridge University Press, 2001, p. 992.

克劳科纳案(一)专门委员会所提出的“充分相关”标准是正确的，但它把这一标准的含义解释成：在仲裁庭所提出的根据和所推导出的结论之间，必须要有合理的联系。由于仲裁庭在计算 Amco 公司的投资额时，虽然给出了理由，但理由互相矛盾，故专门委员会认定，此举构成“裁决未陈述其所依据的理由”。①

在国际海运代理公司案中，专门委员会明确提出了“最低限度”标准的观点：“将《华盛顿公约》第 52 条第 1 款第 5 项所规定的审查标准解释为理由充分是不合适的，因为这必定会导致专门委员会深究裁决的实体部分，而忽视同公约第 53 条关于排除上诉救济的规定。委员会很可能会因在审查中发现仲裁庭适用法律明显错误而试图撤销裁决，但适用法律错误并非撤销事由。就本委员会看来，只要裁决书能让一般人明白，仲裁庭如何从 A 点推导出 B 点及最后得出结论，即使事实认定和法律适用有误，也达到了陈述理由的要求。但是，尤其在陈述的理由存在矛盾或者微不足道的时候，则属于没有达到理由陈述方面的最低要求。”②

根据第二手资料，在有关理由陈述的充分性方面，克劳科纳案(二)的专门委员会因循了国际海运代理公司的观点，但它又将后者所抛弃的“充分相关”提法捡了回来，旧瓶装新酒。③

Wena 案的专门委员会明确表示，国际海运代理公司案撤销决定所确立的陈述理由的“最低限度”标准说是正确的，专门委员会无权在这一撤销理由的名义下，审查裁决的理由陈述是否适当、是否令人信服。它还指出，该撤销理由的目的不是给当事人就实体裁决“翻

---

① Amco Asia Corporation and others v. Republic of Indonesia (Decision on Annulment Ⅰ), ICSID Case No. ARB/81/1, paras. 38, 43, 97, 98.

② Maritime International Nominees Establishment v. Republic of Guinea (Decision on Annulment), ICSID Case No. ARB/84/4, paras. 5.08—5.09.

③ F. Niggemann, Das Washingtoner Weltbankübereinkommen von 1965—Das Nichtigkeitsverfahren im Ad-Hoc-Komitee, Jahrbuch für die Praxis der Schiedsgerrichtsbarkeit, quoted in Christoph H. Schreuer, *The ICSID Convention: A Commentary*, Cambridge University Press, 2001, p. 994.

盘”的机会，而是让当事人有机会理解仲裁庭的裁决。因此，就算裁决对理由的陈述没有达到“最低限度”标准，也不见得必然需要撤销。专门委员会如认为必要，可以根据自己对该争端的了解，替仲裁庭补充解释。该委员会虽然也提及了克劳科纳案(一)专门委员会首倡的“充分相关”提法，但认为这一提法与国际海运代理公司案专门委员会的“最低限度”标准说意义“相似”。① 在该案中，埃及的一个主张是，仲裁庭在裁决自己应当向 Wena 支付利息时，并没有解释为什么采用了 9%的利率标准。专门委员会指出，仲裁庭明明陈述了理由，埃及实际上说的是裁决理由陈述得不够“充分”。接着，专门委员会分析了仲裁庭所陈述的上述理由是否充分。它指出，国际仲裁庭在确定利率上通常享有很大的自由裁量权，从裁决在字里行间中默示陈述的理由可以看出，仲裁庭的理由陈述是“充分”的；更何况，双方当事人又都没有明确地提出确定利率的标准，仲裁庭在陈述理由时没必要比当事人自己的陈述更明确，并据此驳回了埃及的主张。② 可见，Wena 案的专门委员会虽然声明，自己同意国际海运代理公司案的撤销决定的相关断定，但其并不反对对理由是否“充分”进行审查，只是审查的程度相对较浅而已。这似乎标志着，“充分相关”标准在经历了“否定之否定”式的发展历程之后，顽强地存续了下来。

Vivendi 案的专门委员会没有轮到对有关“裁决未陈述其所依据的理由”的请求进行审查，就决定裁决应予部分撤销了。但它曾总括性地指出，专门委员会不是上诉法院，所以，只要裁决书的理由能让人看懂，并与当事人提交到仲裁庭的事项有关就可以了。至于理由是否正确，这倒不是 ICSID 仲裁撤销制度所关心的。它还强调，“裁决未陈述其所依据的理由”的成立需要具备两个条件：就某一事项的决定实质上未陈述任何理由；对仲裁庭的裁决而言，未陈述理由

① Wena Hotels Limited v. Arab Republic of Egypt(Decision on Annulment), ICSID Case No. ARB/98/4, paras. 77, 79, 81, 83.

② Wena Hotels Limited v. Arab Republic of Egypt(Decision on Annulment), ICSID Case No. ARB/98/4, paras. 97, 98, 99.

的这部分结论必不可少。[①] 上述论断丝毫未提及理由的充分性要件，人们似乎可以揣测说，该专门委员会对裁决理由陈述标准似持更为自由放任的态度。

CDC 案专门委员会在对撤销申请人塞舌尔的具体请求进行剖析之前，曾专门用了两页多的篇幅对“裁决未陈述其所依据的理由”进行总括性的论述。它注意到了克劳科纳案(一)和阿姆科案(一)专门委员会提出的理由陈述标准过高从而备受挞伐的情况，也注意到了其后的国际海运代理公司案和 Vivendi 案、Wena 案专门委员会对理由陈述标准持越来越宽松放任的态度，并明确地总结出，ICSID 仲裁撤销制度的晚近实践是，专门委员会不插手仲裁庭的事实认定和法律推理。它认为，《华盛顿公约》第 52 条第 1 款第 5 项只要求仲裁庭陈述了理由，并且理由之间互相一致——不“互相矛盾”、不“微不足道”，该条并没有为专门委员会提供一个对仲裁庭的分析是否正确或者推理是否具有说服力发表意见的机会。[②] 在该案中，塞舌尔指责仲裁庭无的放矢地分析案情，以至于裁决所陈述的理由没有达到应有的标准，专门委员会则指出，该案仲裁庭已经就裁决给出了理由，而且这种理由能够让人看懂仲裁庭是怎样得出结论的，故即便专门委员会不同意仲裁庭的法律结论，《华盛顿公约》第 52 条第 1 款第 5 项也不允许其仅仅基于这一原因而撤销裁决。[③]

由以上案例我们可以看出，ICSID 专门委员会不仅要求裁决书陈述了理由，而且要求这些理由大体上让人看得过去；鉴于对理由陈

---

① Compañía de Aguas del Aconquija S. A. and Vivendi Universal (Formerly Compagnie Générale Des Eaux) v. Argentine Republic (Decision on Annulment), ICSID Case No. ARB/97/3, para. 64.

② CDC Group plc v. Republic of the Seychelles, ICSID Case No. ARB/02/14, Decision of the ad hoc Committee on the Application for Annulment of the Republic of Seychelles on June 29, 2005, paras. 66—70.

③ CDC Group plc v. Republic of the Seychelles, ICSID Case No. ARB/02/14, Decision of the ad hoc Committee on the Application for Annulment of the Republic of Seychelles on June 29, 2005, paras. 73—76.

述的充分性的判断容易演变为实体审查，故 ICSID 专门委员会越来越倾向于放松充分性要求；国际海运代理公司案专门委员会的“最低限度”标准说看来已经成为各专门委员会公认的判断理由陈述之充分性的学说。

四、有关“裁决未陈述其所依据的理由”的比较研究

比之于一般国际商事仲裁撤销制度，ICSID 仲裁撤销制度中的“裁决未陈述其所依据的理由”这一撤销理由具有如下不同之处：

第一，将漏裁列为“裁决未陈述其所依据的理由”的一种体现。如前文所述，有些国家的法律在规定“仲裁庭越权”的同时，并列规定了漏裁也可以导致撤销，如 1987 年《瑞士联邦国际私法》第 190 条第 2 款第 3 项即是如此。这表明，它们是把漏裁作为一种管辖权缺陷来对待的。但是，一般国际商事仲裁撤销制度通常并不愿意将漏裁规定为撤销理由。被当代许多国家用作仲裁立法蓝本的联合国国际贸易法委员会 1985 年《国际商事仲裁示范法》只为漏裁规定了一种救济方式——请求仲裁庭作出补充裁决，而且目前大多数国家通常的作法也仅是如此。[①] 与之相比，ICSID 仲裁撤销制度却要开放得多。虽然理论界的确存在非议，但 ICSID 专门委员会对严重的漏裁可导致撤销这一点似已无不同意见。它们不但认为严重漏裁可以构成“仲裁庭越权”和“严重违背基本程序规则”，而且更倾向于将严重的漏裁归类为“裁决未陈述其所依据的理由”。

第二，将裁决理由陈述得不够充分也归为“裁决未陈述其所依据的理由”。为避免直接审查裁决的实体问题，一般国际商事仲裁撤销制度通常不审查裁决理由陈述得是否充分。对此，ICSID 各专门委员会的态度虽也不尽一致，个别专门委员会甚至旗帜鲜明地反对审查裁决理由陈述的充分性，但从整体来看，ICSID 还是倾向于审查这

---

① 杜焕芳：《论国际商事仲裁裁决的撤销制度》，载梁慧星主编：《民商法论丛》第 28 卷，法律出版社 2003 年版，第 380 页。

一点的。只是在早期的ICSID仲裁撤销实践中，专门委员会对理由陈述的充分性问题的审查力度较大，其后力度越来越小、态度越来越宽容而已。

第三，在互相矛盾的理由可以导致撤销上，采取坚决的立场。如前所述，在一般国际商事仲裁撤销制度中，各国对于裁决理由互相矛盾是否会导致撤销持不同态度。否定者担心的是，法院的触角可能会因此直接延伸到裁决的实体问题之中。ICSID专门委员会虽然也力戒直接审查实体问题，但在迄今为止的所有已公布的撤销决定中，专门委员会都确认，理由互相矛盾可以导致撤销裁决，而且，在两个案例中，就是以此为由撤销裁决的。

第四，在决定是否撤销上，以不当陈述理由是否会影响裁决结论为最终标准。ICSID仲裁撤销制度强调审查切入点的程序性，但在通过程序审查发现裁决中果真存在严重程序错误的时候，为了避免裁决被轻率撤销，ICSID专门委员会不介意转而判断该严重程序错误是否会影响裁决的实体结果。因此，几乎所有的ICSID仲裁撤销决定都毫不含糊地同时宣布，在裁决未陈述理由的情势没有影响到裁决的结论的情况下，可以由专门委员会在方便的时候代为补充、解释欠缺或者矛盾着的理由；只有在不当陈述理由的情势的确影响到裁决的最终处理结论时，方需要撤销。也就是说，只要裁决结果正确，就可以断言，相关没有陈述的理由、矛盾的理由、微不足道的理由等都是恰当地暗含于裁决中了，专门委员会此时的任务就是替仲裁庭明说出来，以释疑窦。[①] 这显然与一般国际商事仲裁撤销制度因为怕直接触摸到裁决实体问题甚至有时连理由矛盾的情形都不敢审查的态度迥乎不同。

第五，“裁决未陈述其所依据的理由”的援用率和成功率都很高。

---

① David D. Caron, Reputation and Reality in the ICSID Annulment Process: Understanding the Distinction between Annulment and Appeal, *ICSID Review—Foreign Investment Law Journal*, Vol. 7, No. 1, 1992, p. 45.

在迄今已经知道其撤销理由的七个ICSID撤销程序中,[①]所有撤销申请人的撤销理由中都包括"裁决未陈述其所依据的理由"这一条,而且,其中有三个撤销决定最终确认,的确存在"裁决未陈述其所依据的理由"的情况。这种100%的援用率和接近50%的成功率当然令人对该撤销理由刮目相看。相形之下,该理由在一般国际商事仲裁撤销制度中的地位和作用要逊色得多。

① Klöckner案(一)、Amco案(一)、Klöckner案(二)、国际海运代理公司案、南太平洋房地产公司案、Wena案、Vivendi案。

第三章

ICSID仲裁撤销制度所面临的挑战

第一节　ICSID仲裁撤销制度对实体公正的摒弃

一、争议的缘起

(一)表面原因

自 ICSID 1972 年开始仲裁第一起投资争端，[①]至 1984 年 2 月克劳科纳案(一)的当事人首次申请仲裁撤销，在十数年的期间里，ICSID 仲裁撤销制度一直处于无人问津的状态。不但学者们鲜有论及此方面问题，因重大投资争端而在 ICSID 仲裁机制中决一雌雄的当事人也从未利用过该制度以实现其"四两拨千斤"之妙用。克劳科纳案(一)的当事人对 ICSID 仲裁撤销制度的启用似乎一举惊醒了梦中人。在接下去的八年中，ICSID 仲裁撤销制度被先后援用了六次。[②] 尤其是，克劳科纳案(一)和 Amco 案(一)的当事人在专门委

① Holiday Inns S. A. and others v. Morocco, ICSID Case No. ARB/72/1.

② 依据 ICSID 秘书长登记当事人撤销申请的时间先后顺序，这六个撤销程序依次是：(1)Klöckner 案(一)；(2)Amco 案(一)；(3)国际海运代理公司案；(4)Klöckner 案(二)；(5)Amco 案(二)；(6)南太平洋房地产公司案。

员会撤销了仲裁庭的裁决后，再次将原争端提交给新的ICSID仲裁庭，当新的仲裁庭终于作出新裁决后，有关当事人又向ICSID申请撤销该新裁决并被受理。上述情况似乎预示着，与一般国际商事仲裁相比，ICSID仲裁裁决的撤销的概率可能要大得多，这便在ICSID仲裁员及学者之间引发了一场激烈的争议。ICSID仲裁员们通过裁决书或撤销决定书来阐发他们的各自见解，学者们则通过学术著述来发出他们的各自声音。[①] 细读当年的这些论战文章，不难发现，这场发生在20世纪80年代中期至90年代初期的大讨论是建立在“ICSID仲裁撤销制度不是上诉”这一公认前提基础上的，其所关注的焦点则是，同样承认“ICSID仲裁撤销制度不是上诉”的早期几个专门委员会的作法是否在事实上混淆了ICSID仲裁撤销制度与上诉的区别、是否事实上正在维护裁决的实体公正性以及如何恰当地掌握ICSID仲裁撤销的尺度以挽救危在旦夕的ICSID仲裁机制。

(二)深层原因

笔者认为，这场争议的深层原因体现为以下三点：《华盛顿公约》第52条的不严谨、一般国际商事仲裁撤销制度在维护投资仲裁公正性上的不胜任、《华盛顿公约》彻底修改的不可能。

第一，《华盛顿公约》第52条的不严谨。根据《华盛顿公约》第52条第1款，ICSID仲裁撤销制度允许并且只允许当事人依据如下五个撤销理由申请撤销：仲裁庭组成不当、仲裁庭的成员有受贿行为、仲裁庭明显越权、严重违背基本程序规则、裁决未陈述其所依据的理由。但是，如前所述，其实只有后三个撤销理由真正可堪利用。虽然这三个撤销理由在一般国际商事仲裁撤销制度中都主要涉及程序审查，但调整ICSID仲裁这一特殊的投资仲裁的《华盛顿公约》并没有在其第52条中对这三个撤销理由的性质抑或具体含义进行过明确界定，从这一条的上下文及《华盛顿公约》的目的、宗旨上也看不

① 本书并未忘记大多数ICSID仲裁员也都是学者的事实，仅为论述方便起见，在有些地方，本书用“学者”一词指代未担任ICSID仲裁员的其他学者。

出什么明显的启示。

或许有人会问:为什么不求助于缔约准备资料呢?尽管人们的确可能从有关上述条文的缔约准备资料中隐约看出《华盛顿公约》不欲令专门委员会维护ICSID裁决实体公正的立法原意,但是,首先,缔约准备资料的内容是有限的,并不是每个相关问题都曾为公约起草者考虑过。其次,就算起草者的确曾经考虑过某个问题,由于来自世界各地的起草者的法律理念的不同,缔约准备资料所包含的信息之间也常常是相互冲突的。再次,就算这些信息之间全无矛盾,后人也可以根据自己的需要对之作出不同解释。有鉴于此,一位学者已经指出:尽管国际裁判庭的法官、仲裁员、律师、当事人以及从事国际法研究的学者们每提到条约约文的含义时,都会引述《维也纳条约法公约》第31条和第32条,并千方百计地证明自己的解释就是该公约起草者的原意,从而具有"天生"的正当性。然而,实际情况是,缔约准备资料在条约解释上的意义一直在渐渐降低,这也正是《维也纳条约法公约》第31条和第32条将缔约准备资料定位为条约解释的补充资料的原因所在。[①]

第二,一般国际商事仲裁制度在解决涉及公共利益的投资争端上的不胜任。ICSID仲裁制度脱胎于一般国际商事仲裁制度,其设计理念、制度框架等,尽管也考虑了自身的需要,但都是以一般国际商事仲裁为蓝本或者依托的。[②] 然而,ICSID仲裁庭和专门委员会所处理的却不是普普通通的私人之间的国际商事争端,而是东道国与外国投资者之间的重大国际直接投资争端。这类争端涉案标的额大、影响深、触及面广,不仅决定着陷入争端的当事人之间的利益重

① See e. g., Philippe Pinsolle, Jurisdictional Review of ICSID Awards, *The Journal of World Investment and Trade*, 2004, Vol. 5, No. 4, p. 618; Jan Klabbers, International Legal Histories: The Declining Importance of Travaux Preparatoires in Treaty Interpretation?, *Netherlands International Law Review*, Vol. 50, 2003, pp. 267~288.

② David D. Caron, Reputation and Reality in the ICSID Annulment Process: Understanding the Distinction between Annulment and Appeal, *ICSID Review—Foreign Investment Law Journal*, Vol. 7, No. 1, 1992, p. 27.

置，而且深刻地影响着东道国的主权完整，进而影响着东道国的芸芸百姓。这样的争端有很多特殊要求，其中最为重要的一点是，仲裁庭不仅要实现效率，更要在适当顾及东道国的公共利益的前提下实现公正，而这往往与在脑海中深深烙下了一般国际商事仲裁框架的众多国际商事仲裁员、学者们所持的“常识”格格不入。根据这种“常识”，私有财产神圣不可侵犯，故仲裁庭在解决外国投资者与东道国之间的投资争端时，对东道国的特殊身份以及案件的公共利益属性不应加以考虑。因此，秉持上述“常识”的 ICSID 仲裁庭不够公正合理地解决所受理的投资争端，便成为一种不可避免的常见现象。是以，投资争端的公共利益属性与以一般国际商事仲裁为蓝本的 ICSID 仲裁机制之间，存在着目的与手段不符的问题。在这种情况下，不服的东道国自然而然地会想到求助于 ICSID 仲裁撤销制度。但是，鉴于主流观点认为，一般国际商事仲裁以及 ICSID 仲裁的效率价值都大于其公正价值，ICSID 专门委员应该不但不直接审查裁决中的严重实体错误，而且在发现裁决中存在严重程序错误的时候，还要再进一步审查该程序错误是否已经导致实体不公，并在该程序错误没有导致裁决的实体不公的情况下拒绝撤销裁决。同时，由于 ICSID 所解决的争端甚为重大、甚为牵涉公共利益，尤其是在 ICSID 仲裁撤销制度开始运作的前期，并不是每个专门委员会都可以做到对投资争端的特殊性视而不见，时有 ICSID 专门委员会忍不住在某个方面“逾规越距”地直接审查裁决中的重大实体问题，纠正裁决中的严重实体错误，维护裁决的实体公正，而这当然为主流观点所不容，故引起轩然大波也就不足为奇了。

第三，《华盛顿公约》彻底修改的不可能。倘若《华盛顿公约》可以根据需要随时作出彻底修改，则问题就可能在很大程度上得以解决。但是，根据《华盛顿公约》第 66 条第 1 款，对该公约的彻底修改以所有缔约国都批准、接受、认可为条件。考虑到缔约时之所以如此模棱两可，就是因为各国利益冲突严重，难以达成进一步妥协，在条约缔结后缔约国不断增加的情况下，再通过彻底修改该条约，详细规定当年都细化不下去的撤销制度条文,这显然是几乎不可能的。[①] 既然修改无望,一些人遂只好打弹性较大的ICSID仲裁撤销理由的主意,期望从这里打开局面,开花结果,以至于引发争议。

二、争议的核心问题:ICSID仲裁撤销制度应该如何摒弃实体公正性

(一)"ICSID仲裁撤销不是上诉"的具体含义

仲裁撤销和上诉都是对裁判进行监督的一种形式,其目的都是为了保证所监督的裁判的公正性。但是,两者之间还是存在区别的。从当年的论争实况来看,该问题已经成了对ICSID仲裁撤销制度进行价值定位、臧否褒贬的前提。极少数的学者认为,既然ICSID仲裁机制是个自成体系的机制,不受国内法院的仲裁监督,那么,作为一种平衡力量,ICSID仲裁撤销制度就应当加强对裁决中的重大实体错误的直接审查,维护裁决的实体公正。[②] 但是,所有的专门委员会撤销决定书和几乎所有的学者都毫不犹豫地宣称:ICSID仲裁撤销不是上诉。[③] 整体看来,"ICSID仲裁撤销不是上诉"说的主张者

---

① ICSID秘书处则委婉地称,彻底修改《华盛顿公约》的过程将是旷日持久的。See ICSID Secretariat, *Possible Improvements of the Framework for ICSID Arbitration*, at http://www.worldbank.org/icsid/improve-arb.pdf, Oct. 22, 2004.

② Sacerdoti教授和Lattanzi教授持的就是这种观点,quoted in Aron Broches, Observations on the Finality of ICSID Awards, *ICSID Review—Foreign Investment Law Journal*, Vol. 6, No. 2, 1991, p. 365.

③ Klöckner Industrie-Anlagen GmbH and others v. United Republic of Cameroon and Société Camerounaise des Engrais (Decision on Annulment Ⅰ), ICSID Case No. ARB/81/2, paras. 3, 61, 83, 120; Amco Asia Corporation and others v. Republic of Indonesia (Decision on Annulment Ⅰ), ICSID Case No. ARB/81/1, paras. 23, 43; Maritime International Nominees Establishment v. Republic of Guinea (Decision on Annulment), ICSID Case No. ARB/84/4, para. 5.08; Wena Hotels Limited v. Arab Republic of Egypt(Decision on Annulment), ICSID Case No. ARB/98/4, para. 18; Compañía de Aguas del Aconquija S. A. and Vivendi Universal (Formerly Compagnie Générale Des Eaux) v. Argentine Republic (Decision on Annulment), ICSID Case No. ARB/97/3, para. 62; CDC Group plc v. Republic of the Seychelles, ICSID Case No. ARB/02/14, Decision of the ad hoc Committee on the Application for Annulment of the Republic of Seychelles on June 29, 2005, para. 34.

所持依据主要为:《华盛顿公约》用了"撤销"(annulment)一词来表述其仲裁监督制度的名称,而《华盛顿公约》第53条第1款也规定,"除本公约另有规定外,不得进行任何上诉或采取任何其他的补救办法",这表明ICSID仲裁撤销的实然状态就不是"上诉"(appeal);①一般国际商事仲裁撤销制度的现状及发展趋势都是主要不直接审查实体问题,故ICSID仲裁撤销也不应直接审查实体问题,更不应被混同为上诉,而ICSID仲裁的独特性更加表明,ICSID仲裁撤销制度不应直接审查实体问题,不应被混同为上诉。② 显而易见,后一主张的着眼点是该制度的应然价值状态。

为了防止ICSID专门委员会在实践中将ICSID仲裁撤销混淆为上诉,"ICSID仲裁撤销不是上诉"说的支持者们一再强调两者的截然不同。从参与论战的学者文章以及仲裁员的撤销决定上看,这种区别表现为:

首先,审查结果不同。上诉既可以导致原裁决被确认、修改、推翻,又可以导致原裁决被撤销,而ICSID仲裁撤销只能导致原裁决

---

① Aron Broches, Observations on the Finality of ICSID Awards, *ICSID Review—Foreign Investment Law Journal*, Vol. 6, No. 2, 1991, pp. 323～324; Christoph Schreuer, Commentary on the ICSID Convention, *ICSID Review—Foreign Investment Law Journal*, Vol. 13, No. 1, 1998, p. 518; W. Michael Reisman, The Breakdown of the Control Mechanism in ICSID Arbitration, *Duke Law Journal*, No. 4, 1989, p. 803; Marc Sturzenegger, ICSID Arbitration and Annulment for Failure to State Reasons, *Journal of International Arbitration*, Vol. 9, 1992, p. 188; Maritime International Nominees Establishment v. Republic of Guinea (Decision on Annulment), ICSID Case No. ARB/84/4, paras. 4.02－4.06, 5.08; CDC Group plc v. Republic of the Seychelles, ICSID Case No. ARB/02/14, Decision of the ad hoc Committee on the Application for Annulment of the Republic of Seychelles on June 29, 2005, para. 34.

② See, e.g., M.B. Feldman, The Annulment Proceedings and the Finality of ICSID Arbitral Awards, *ICSID Review—Foreign Investment Law Journal*, Vol. 2, No. 1, 1987, pp. 85～100; Stephanie E. Keer, Richard W. Naimark, International Private Commercial Arbitration: Expectations and Perceptions of Attorneys and Business People at the Beginning of the Case, International Business Lawyer, Vol. 30, No. 5, 2002, p. 203.

被撤销或不撤销。[①] 就笔者所知,几乎所有的学者都对此完全同意,并因其显而易见而不愿多费笔墨论证。

其次,审查领域不同。上诉制度既直接审查裁决的程序问题,也即裁决的作出过程是否具有正当性,又直接审查裁决的实体问题,也即裁决对案件是非曲直的断定是否正确,而 ICSID 仲裁撤销制度只直接审查裁决的程序问题。[②] 具体而言,《华盛顿公约》第 52 条第 1 款所列的 5 项撤销理由都只涉及对程序问题的直接审查,而各国国内民事诉讼法上的上诉制度虽在审查事实问题和法律问题上有所不同,但在同时直接审查程序问题和实体问题这一点上却并无例外。

他们认为,由以上两点区别,尤其是审查领域方面的区别所决定,在对公正的维护程度上,ICSID 仲裁撤销和上诉是不同的:ICSID 仲裁撤销制度所能维护的只是程序公正,也就是说,只直接否定由严重程序错误所导致的不公正,而《华盛顿公约》第 52 条第 1 款所列的 5 种情形就是这种可予直接否定的严重程序错误的全部范畴。当

---

① David D. Caron, Reputation and Reality in the ICSID Annulment Process: Understanding the Distinction between Annulment and Appeal, *ICSID Review—Foreign Investment Law Journal*, Vol. 7, No. 1, 1992, p. 24. 但是,也有少数学者持略微不同的看法。如有学者认为,在 ICSID 专门委员会决定不撤销某一裁决或者裁决的特定部分的时候以及裁决的特定部分未被当事人申请撤销的时候,专门委员会的这一决定也在默示地行使着"确认"功能,也即专门委员会确认仲裁庭裁决或者裁决的特定部分有效、有约束力。W. Michael Reisman, The Breakdown of the Control Mechanism in ICSID Arbitration, *Duke Law Journal*, No. 4, 1989, p. 793.

② See, e.g., Marc Sturzenegger, ICSID Arbitration and Annulment for Failure to State Reasons, *Journal of International Arbitration*, Vol. 9, 1992, p. 178; W. Michael Reisman, The Breakdown of the Control Mechanism in ICSID Arbitration, *Duke Law Journal*, No. 4, 1989, p. 765; Jan Paulsson, ICSID's Achievements and Prospects, *ICSID Review—Foreign Investment Law Journal*, Vol. 6, No. 2, 1991, p. 388; Aron Broches, Observations on the Finality of ICSID Awards, *ICSID Review—Foreign Investment Law Journal*, Vol. 6, No. 2, 1991, p. 324; Björn Pirrwitz, Annulment of Arbitral Awards under Article 52 of the Washington Convention on the Settlement of Investment Disputes between States and Nationals of Other States, *Texas International Law Journal*, Vol. 23, 1988, p. 76; David D. Caron, Reputation and Reality in the ICSID Annulment Process: Understanding the Distinction between Annulment and Appeal, *ICSID Review—Foreign Investment Law Journal*, Vol. 7, No. 1, 1992, pp. 24～25.

然,这种严重程序错误也很可能会连带导致严重实体错误。上诉制度则不但直接否定由严重程序错误所导致的不公正,还直接否定由严重实体错误所导致的不公正,从而不但维护程序公正,还维护实体公正。

(二)早期的几个ICSID仲裁撤销决定是否处理好了ICSID仲裁撤销与上诉、实体公正的关系

尽管学者们几乎异口同声地赞同"ICSID仲裁撤销不是上诉",赞同ICSID仲裁撤销与上诉的上述区分标准,但是,在应用上述理念和标准来衡量和判断具体的ICSID仲裁撤销决定是否处理好了ICSID仲裁撤销与上诉、实体公正的关系的时候,人们却观点不一,常常截然对立。一个耐人寻味的现象是,在抨击自己所反对的撤销决定或其中的某些裁断时,几乎每位学者都会给该决定或该裁断戴上一个"上诉"的帽子以示其离谱,甚至有时在甲学者看来功炳青史的判断竟被乙学者预测为贻害无穷。[①] 因此,可以毫不夸张地说,已经披露出来的三个最早的ICSID撤销决定,也即克劳科纳案(一)、Amco案(一)、国际海运代理公司案的撤销决定都曾被斥之为"上诉",也因此都蕴含着没有把握好对公正的维护程度的责难。不过,尽管人们对具体问题的主张纷纭复杂,但多数学者的观点是:克劳科纳案(一)撤销决定与紧随其后的Amco案(一)撤销决定不同程度地混淆了ICSID仲裁撤销与上诉的区别,国际海运代理公司案撤销决

① 比如,Klöckner案(一)专门委员会的撤销决定中受到某学者高度赞扬的部分被另一学者痛加挞伐,谓之此类决定将会使ICSID仲裁监督机制濒于崩溃。Björn Pirrwitz, Annulment of Arbitral Awards under Article 52 of the Washington Convention on the Settlement of Investment Disputes between States and Nationals of Other States, *Texas International Law Journal*, Vol. 23, 1988, pp. 73～116; W. Michael Reisman, The Breakdown of the Control Mechanism in ICSID Arbitration, *Duke Law Journal*, No. 4, 1989, pp. 739～807.

定则表明，ICSID 仲裁撤销制度已开始步入正轨。[①]

以下本书将根据上述论争者的意见，将被指责为没有处理好 ICSID 仲裁撤销与上诉、公正的关系的撤销决定的“大谬特谬”之处举出两例。

1. 认定仲裁庭错误适用准据法的行为可导致撤销，从而直接审查了实体问题，没处理好 ICSID 仲裁撤销与上诉、公正的关系

如上所述，在《华盛顿公约》缔结过程中，起草者即曾探讨过仲裁庭错误适用准据法能否导致裁决被撤销的问题，并曾以投票表决的方式正式否定了这一可能。[②] 上述三个早期的 ICSID 撤销决定书也都一再明确声明，仲裁庭错误适用准据法的行为不应导致撤销，以免使得 ICSID 仲裁撤销演变为上诉。但是，很多人认为，尽管在援引具体法律条文的时候，克劳科纳案(一)仲裁庭的表述不够严谨，但其已经在裁决中明明白白地说，自己应适用和要适用喀麦隆法，故该仲裁庭显然已经适用了准据法，只是适用准据法时犯了引证不够严谨的技术性错误。该案专门委员会基于仲裁庭在条文援引上的这一瑕疵遽尔认定，仲裁庭未适用准据法并构成“明显越权”，从而据此撤销裁决，其作法实属擅自直接审查裁决的实体问题，混淆 ICSID 仲裁撤销与上诉、公正的界线。[③] 很多人也认为，在 Amco 案(一)中，仲裁庭适用的无疑是作为争端一方缔约国的印尼的法律，只是没有适

① See, e.g., Aron Broches, Observations on the Finality of ICSID Awards, *ICSID Review—Foreign Investment Law Journal*, Vol. 6, No. 2, 1991, pp. 321～378; David D. Caron, Reputation and Reality in the ICSID Annulment Process: Understanding the Distinction between Annulment and Appeal, *ICSID Review—Foreign Investment Law Journal*, Vol. 7, No. 1, 1992, pp. 21～56.

② ICSID, *Convention on the Settlement of Investment Disputes between States and Nationals of Other States: Documents Concerning the Origin and Formulation of the Convention*, Vol. 2, 1968, p. 853, 854.

③ See e.g., W. Michael Reisman, The Breakdown of the Control Mechanism in ICSID Arbitration, *Duke Law Journal*, No. 4, 1989, p. 767; Jan Paulsson, ICSID's Achievements and Prospects, *ICSID Review—Foreign Investment Law Journal*, Vol. 6, No. 2, 1991, p. 388.

用印尼法律中的投资法的相关规定而已。尽管该案专门委员会以“仲裁庭明显越权”为由部分撤销裁决时用的是“未适用印尼法律的基本规定”(failing to apply fundamental provisions of Indonesian law)这一说法,但该说法的实质就是仲裁庭错误适用准据法,故该专门委员会亦是直接审查了本不该直接审查的案件是非曲直问题或曰实体问题,没处理好ICSID仲裁撤销与上诉、公正的关系。①

持相反观点的学者虽然也同意ICSID仲裁撤销不是上诉、不直接审查实体问题的观点,但同时却又指出:克劳科纳案(一)仲裁庭在断定克劳科纳违背了其对合作伙伴所应承担的披露义务的时候,只因一时疏忽,没有确切指出自己所依据的法国民法的具体条款,而是顺便用了“我们认为”这样的模糊表述,就被专门委员会定性为没有法律根据的“友谊仲裁”,并因上述小小的“技术性违法”(technological violation)而撤销了裁决,该专门委员会可谓吹毛求疵。令人欣喜的是,Amco案(一)的专门委员会在这方面作出了良好的表率。它是在发现真的存在“实质违法”(material violation),也即仲裁庭在适用准据法上的确犯有严重错误的时候,才决定撤销裁决的,该专门委员会的这种重“实质违法”轻“技术违法”的作法非常合理。②

2. 认定理由陈述不当导致撤销,从而直接审查了实体问题,没处理好ICSID仲裁撤销与上诉、公正的关系

有些人认为,在“裁决未陈述其所依据的理由”这一撤销理由中,既不要求情形“明显”,也不要求情形“严重”,“门槛”很低,并且,对裁决理由陈述状况的审查很容易演变为对裁决实体问题的直接审查,以上这些原因导致该理由最容易致使ICSID仲裁撤销演变为“上

① Alan Redfern, ICSID-Losing Its Appeal?, *Arbitration International*, Vol. 3, 1987, pp. 116～117; Björn Pirrwitz, Annulment of Arbitral Awards under Article 52 of the Washington Convention on the Settlement of Investment Disputes between States and Nationals of Other States, *Texas International Law Journal*, Vol. 23, 1988, p. 109.

② W. Michael Reisman, The Breakdown of the Control Mechanism in ICSID Arbitration, *Duke Law Journal*, No. 4, 1989, pp. 798～780.

诉”。他们认为,根据克劳科纳案(一)专门委员会提出的“充分相关”标准,也即“该理由应一般站得住脚并能为所作决定提供依据”,专门委员会实际上享有了对仲裁庭的推理质量进行监督的庞大权力。该案专门委员会在发现仲裁庭所理解的法国法上的“与有过失抗辩”原则不正确时,便断定仲裁庭在这一点上所陈述的理由不够充分,这是明目张胆地直接审查实体问题,混淆 ICSID 仲裁撤销与上诉的界线。该案专门委员会主张的“理由互相矛盾”可以导致撤销的观点同样可以致使 ICSID 仲裁撤销演变为上诉。Amco 案(一)的专门委员会就是借着“充分相关”标准和“理由互相矛盾”的名义,直接深入审查裁决的实体问题的。其在发现仲裁庭适用错了印尼法律后,主张不但“仲裁庭明显越权”,而且裁决“理由互相矛盾”,并继而撤销了裁决。这些人赞同国际海运代理公司案专门委员会的“最低限度”标准说,也即“只要裁决书能让一般人明白仲裁庭如何从 A 点推导出 B 点及最后得出结论,即使事实认定和法律适用有误,也达到了陈述理由的要求”,但同时又不得不承认:即使根据这种标准,也很难把事实认定和法律适用上的充分性与理由陈述的充分性区分开,从而难以划清 ICSID 仲裁撤销与上诉的界线。①

但是,更多的人则不这么悲观。他们认为,克劳科纳案(一)的“充分相关”标准说的确没有把握好 ICSID 仲裁撤销与上诉、公正的关系,但是,至少就国际海运代理公司案撤销决定而言,其所采取的“最低限度”标准说已经为裁决书的理由陈述确定了合理的衡量标准。依据这一标准,ICSID 专门委员会将只能直接审查程序问题,不

---

① See, e. g., David D. Caron, Reputation and Reality in the ICSID Annulment Process: Understanding the Distinction between Annulment and Appeal, *ICSID Review—Foreign Investment Law Journal*, Vol. 7, No. 1, 1992, pp. 38～44. 甚至有人干脆认为,《华盛顿公约》既然不允许上诉,就不应该将“裁决未陈述其所依据的理由”规定为撤销理由,因为对这一情形的审查就是查找仲裁庭的推理错误,而这无疑等于直接审查实体问题,等于上诉;另外,专门委员会可以将裁决中的每一处推理错误都表述成“理由互相矛盾”。Marc Sturzenegger, ICSID Arbitration and Annulment for Failure to State Reasons, *Journal of International Arbitration*, Vol. 9, 1992, pp. 188～196.

能直接审查实体问题，从而不会将ICSID仲裁撤销混同为上诉，不会直接维护ICSID仲裁的实体公正，循着这一路径走下去是没错的。[①]

三、争议的结果：ICSID仲裁撤销制度彻底抛弃了实体公正

如上所述，不管对各个ICSID仲裁撤销决定的具体裁断之定性持何种观点，人们几乎都同意如下一个命题：ICSID仲裁撤销不同于上诉，其只维护ICSID仲裁的程序公正。他们认为，如果专门委员会处理不好ICSID仲裁撤销与上诉、公正的关系，则ICSID仲裁制度就会丧失其特有的优势——速度快、费用低廉、有效果，以至于原本生机勃勃的ICSID仲裁机制越来越无法满足当事人的意愿，并最终被其他商事仲裁制度所取代。[②] 基于ICSID仲裁撤销不是上诉、只维护程序公正这一共识，也基于对ICSID即将陷入的所谓危境的担心，经过这场论战，人们逐渐得出了如下提高ICSID仲裁效率、增进其终局性的主流结论：要以ICSID仲裁的效率、ICSID裁决的终局性为重，对裁决的公正诉求只要达到程序公正就好，这也是ICSID仲裁撤销制度的正确价值定位。为此，ICSID专门委员回应：

首先，树立克制地对待仲裁或者裁决中的错误的观念。《华盛顿公约》已经明文规定了ICSID仲裁撤销不是上诉，不直接审查实体问题是该公约的本意，也是根据该公约申请仲裁的当事人的本意，专门委员会应该在严格区分程序错误和实体错误的前提下，对实体错

---

① See, e.g., Aron Broches, Observations on the Finality of ICSID Awards, *ICSID Review—Foreign Investment Law Journal*, Vol. 6, No. 2, 1991, pp. 363～365; M. B. Feldman, The Annulment Proceedings and the Finality of ICSID Arbitral Awards, *ICSID Review—Foreign Investment Law Journal*, Vol. 2, No. 1, 1987, p. 109.

② See e.g., W. Michael Reisman, The Breakdown of the Control Mechanism in ICSID Arbitration, *Duke Law Journal*, No. 4, 1989, p. 804; Emmanuel Gaillard, Introductory Note, *International Legal Materials*, Vol. 25, 1986, pp. 1439～1440; Jan Paulsson, ICSID's Achievements and Prospects, *ICSID Review—Foreign Investment Law Journal*, Vol. 6, No. 2, 1991, p. 392.

误和并不严重的程序错误持宽容态度。专门委员会应仅仅对《华盛顿公约》第 52 条第 1 款所列的 5 项严重程序错误情形酌情行使撤销、干预权。

其次,克制地对待这 5 项撤销理由的含义。专门委员会只能将已经获得公认的特定严重程序错误纳入到上述法定撤销理由的项下,不能把其他程序错误也纳入到上述法定撤销理由的项下,尤其是不能把裁决中的实体错误识别为程序错误。

再次,克制地依据上述撤销理由审查具体裁决。专门委员会只能对仲裁过程或者裁决进行程序审查,不能在发现裁决中存在严重实体错误的时候,为了否定该实体错误而千方百计地对裁决进行程序上的挑剔,并根据并不严重的程序错误撤销裁决,更不能通过曲解程序性的撤销理由的方法撤销裁决,因为专门委员会不拥有实体审查的权力,不能这样"声东击西"。

最后,尤其注意把握好以下两点:其一,严格区分未适用准据法(或曰适用错误的法律)与错误适用准据法(或曰适用法律错误),前者才是专门委员会直接审查的对象,而后者涉及实体问题,不是专门委员会直接审查的对象。只要仲裁庭所适用的法律从总体上落入《华盛顿公约》第 42 条所框定的范畴,如某某国法,就算适用了准据法了。哪怕它在适用该国法时,本应适用行政法,却偏偏适用了民法;或者,本应适用某法第 10 条,却偏偏适用了该法第 2 条;或者,误解了法律规定的具体含义,都不能算它未适用准据法,更不应当因此撤销裁决。其二,降低对裁决理由陈述质量的期望。只要裁决所陈述的理由满足了"最低限度"标准,就不应予以撤销。就算达不到"最低限度"标准,倘若在裁决的原推理框架下尚有代为补充解释的空间,则专门委员会也应该代为解释,不予撤销。

另外,论争者们还认为,鉴于专门委员会对是否行使撤销权有斟酌的余地,即便撤销申请人所主张的撤销理由确有其事,专门委员会也有权在该严重程序错误对裁决实体结果没有产生影响的情况下不予撤销。[①]

在南太平洋房地产公司案撤销程序因和解而落下帷幕后，ICSID仲裁撤销制度应戒绝对实体公正的追求而以维护仲裁的程序公正为己任的观点渐渐成了公认的主流观点。由这种主流观点所致，ICSID专门委员会的撤销标准越来越严格，撤销条件越来越难符合，这使得当事人利用该制度的“热情”骤然降温。自1992年起的7年间，尽管ICSID仲裁机制的受案量年年递增，却没有一个当事人再敢申请撤销，直到2000年12月Gruslin案当事人申请撤销后，[②]这种僵局才被打破。对于这样的结果，学者们与ICSID秘书处欢欣鼓舞，认为其是ICSID仲裁撤销制度步入正轨的体现，是ICSID仲裁具有吸引力的体现。[③] 2002年，Wena案专门委员会断然驳回埃及的撤销请求的作法甚至还引起了一位国际著名的学者以及资深仲裁员的撰文喝彩，认为它弘扬了ICSID仲裁制度的效率价值，是ICSID仲裁撤销制度价值定位之争的胜利成果。[④]

---

① 可能是出于避免“刺激”撤销程序申请人起见，直至今日都没有哪一个专门委员会明确宣布自己行使了这一自由裁量权。

② Philippe Gruslin v. Malaysia, ICSID Case No. ARB/99/3.

③ 面临两个裁决［Klöckner案(一)的裁决、Amco案(一)的裁决］被撤销的局面，在《1986年ICSID年度报告》中，ICSID秘书长Ibrahim Shihata还颇为自信地指出：ICSID仲裁撤销制度提供的是有限的救济，这种救济只是一种例外性的救济，现在情况就是这样，希望将来仍然能够如此。但是，时隔两年后，在国际海运代理公司案的当事人也申请了仲裁撤销之后，Ibrahim Shihata就感到不安了，他在《1988年ICSID年度报告》中开始强调：如果将来出现一种动辄申请撤销、滥用撤销制度的趋势，则ICSID仲裁机制显然会受重创。情况如果果真发展到这一步，行政理事会可能会采取措施，澄清ICSID仲裁撤销的例外性质。1999年，仍任ICSID秘书长的Ibrahim Shihata在一篇文章中得出如下结论：大多数人都已经同意对ICSID仲裁撤销制度的运用采取克制的态度，国际海运代理公司案专门委员会的作法就是典范，这表明ICSID仲裁撤销制度开始步入正轨。无论如何，对ICSID仲裁撤销制度未来发展的最糟糕预测没有出现，该制度仍然对ICSID仲裁的公正和刚直起着重要的保障作用。See ICSID, *ICSID Annual Report*, 1986, p. 4; ICSID, *ICSID Annual Report*, 1988, p. 4; Ibrahim F. I. Shihata & Antonio R. Parra, The Experience of ICSID, *ICSID Review—Foreign Investment Law Journal*, Vol. 14, No. 2, 1999, p. 341.

④ Emmanuel Gaillard, Landmark in ICSID Arbitration Committee Decision in 'Wena Hotels', *New York Law Journal*, April 4, 2002, pp. 3, 4.

第二节　ICSID 仲裁机制对公正的现实需求

就包括 ICSID 仲裁在内的国际商事仲裁而言，效率无疑是其基本价值目标。然而，对效率的无止境追求势必会损害到仲裁的公正，因此，效率与公正遂成为国际商事仲裁中一对永恒的矛盾。本书承认，从《华盛顿公约》第 52 条第 1 款用以表述撤销理由的措辞中即可以看出，令 ICSID 仲裁撤销制度仅限于对裁决进行以程序问题作为切入点的审查、仅限于维护裁决的"程序公正"，这大体符合《华盛顿公约》的本意，无须多加解释。"ICSID 仲裁撤销不是上诉"说基本上是对 ICSID 仲裁撤销制度的目前实然状况的描述。但是，从应然的角度来看，笔者认为，作为 ICSID 体制内唯一的仲裁监督制度，只审查重大程序错误、只维护裁决的程序公正的 ICSID 仲裁撤销制度是不能满足 ICSID 仲裁机制的现实需求的。以下笔者将从当事人意思自治原则、公共利益因素以及 ICSID 仲裁机制的可持续发展三个角度分析这一问题。

一、当事人意思自治原则要求 ICSID 裁决具备实体公正性

(一)一般国际商事仲裁当事人的价值诉求

在效率和公正这两个一般国际商事仲裁制度中永恒冲突的价值因素之间，究竟哪一个是当事人所更为追求的呢？对于这一问题，不同的学者给出了不同的回答。

有人认为，当事人之所以舍国内诉讼而选择国际商事仲裁，就是因为在效率与公正之间，他们更看重公正。比如，施米托夫指出，"纠正司法错误的程序缓慢且耗资巨大，在商业界看来，仲裁的最大好处就是取消了这一纠正司法错误的上诉程序，与诉讼相比，仲裁的其他方面的好处……都是值得怀疑的。但是，喜欢仲裁而不愿意涉诉的当事人至少期待着尽快了结他们之间的争议"。"在仲裁法中，当事人意思自治原则要求仲裁裁决必须是终局的，不应对裁决的正确与

否进行司法监督，这至少通常是当事人的意思”，因此，“只要仲裁程序符合自然正义的要求，当事人一般就准备接受仲裁员在法律或者事实方面的错误裁决。”[①]根据这种效率高于公正的观点，国际商事仲裁撤销制度的任务仅限于维护裁决的程序公正。

有人则认为，当事人之所以选择国际商事仲裁就是因为其中立，而中立意味着不偏袒、公正。[②] 有学者更进一步指出，只有在下列两个假设之一得到满足的时候，仲裁终局性才具有普遍的积极作用：(1)与会犯错误的可敬的法官不同，仲裁员从来不犯错误；(2)涉案标的小得无足重轻。[③] 显然，这是一种坚持公正优于效率的观点，其对国际商事仲裁撤销制度的定位相应地为维护裁决的实体公正。

由于以上两种对立观点只是学者们“坐而论道”的结果，缺乏实证资料的支持，所以，长久以来，人们一直真假莫辨，莫衷一是。为此，一些人开始展开实证调查，力图通过量化的数字说明问题。

争端解决研究全球中心(Global Center for Dispute Resolution Research)的两位工作人员自 2000 年 1 月至 11 月对诉诸美国仲裁协会的仲裁当事人及其代理律师进行了一次调查。针对被调查者正在美国仲裁协会仲裁的各当前纠纷，调查者列举了如下诸多因素让

---

① 施米托夫：《仲裁裁决的终局性与司法复审》，载施米托夫著：《国际贸易法文选》，赵秀文选译，中国大百科全书出版社 1993 年版，第 674～675 页。

② 有关国际商事仲裁当事人在公正方面的价值诉求的具体研究，请参阅陈安主编：《国际经济法专论》(上编 总论)，高等教育出版社 2002 年版，第 399～447 页。主张国际商事仲裁当事人的公正诉求高于其效率诉求的文献包括但不限于：William W. Park, The Specificity of International Arbitration: The Case for FAA Reform, *Vanderbilt Journal of Transnational Law*, Vol. 36, 2003, p. 1256; Charles N. Brower, 'Introduction' to Richard B. Lillich and Charles N. Brower (eds), International Arbitration in the 21st Century: Towards "Judicialization" and Uniformity?, p. Ⅸ, quoted in Charles N. Brower, Charles H. Brower II & Jeremy K. Sharpe, The Coming Crisis in the Global Adjudication System, *Arbitration International*, Vol. 19, 2003, p. 435; David Duncan Wallace, Control by the Courts: A Plea for More, Not Less, *Arbitration International*, Vol. 6, No. 3, 1990, p. 261.

③ William H. Knull, III, & Noah D. Rubins, Betting the Farm on International Arbitration: Is It Time to Offer an Appeal Option?, *The American Review of International Arbitration*, Vol. 11, 2000, p. 531.

被调查者按重要程度依次进行排序：迅捷、保密、得到金钱裁决、审理结果的公正、低成本且高收益、裁决的终局性、仲裁员的专业知识、与对方当事人的持续合作关系等。根据最后统计，重要性程度名列第一的因素就是"审理结果的公正"，该因素的得票率是得票率与之最为接近的因素的两倍。[①] 根据另一位学者几年前的调查，国际商事仲裁的"最重要优点"也在于它提供了一个公正的仲裁庭，此外还有《纽约公约》有利于其裁决的执行。[②] 还有学者对606名为美国最大公司服务的公司法律顾问进行了一次调查。针对调查者列出的12项妨碍他们选择仲裁的潜在障碍，被调查者认为，不能上诉是第二大障碍，仅次于对方当事人不愿接受包括仲裁在内的替代性争端解决方式（ADR）这一障碍。[③] 这些数字从实证角度有力地说明，至少在上述调查对象的心目中，公正优先于效率。

本书承认，说一般国际商事仲裁当事人的价值诉求统统都是公正优先于效率，或许不见得适当，上述调查结果也不见得具有百分之百的覆盖面和代表性。但是，本书坚持，至少就符合如下两个条件的一般国际商事仲裁而言，其当事人的价值诉求毫无疑问是公正优先于效率：当事人归属于不同的国家，案件标的重大。理由是：

第一，人们在探讨一般国际商事仲裁当事人的价值诉求时，总是预设这样一个前提：当事人有在国内诉讼和国际仲裁之间进行选择

---

① Richard W. Naimark & Stephanie E. Keer, International Private Commercial Arbitration: Expectations and Perceptions of Attorney and Business People, International Business Law, Vol. 30, 2002, pp. 203, 209, quoted in Christopher R. Drahozal, Of Rabbits and Rhinoceri: A Survey of Empirical Research on International Commercial Arbitration, *Journal of International Arbitration*, Vol. 20, No. 1, 2003, p. 28.

② Christian Bühring-Uhle, Arbitration and Mediation in International Business, 1996, pp. 129～134, quoted in Christopher R. Drahozal, Of Rabbits and Rhinoceri: A Survey of Empirical Research on International Commercial Arbitration, *Journal of International Arbitration*, Vol. 20, No. 1, 2003, p. 27.

③ David B. Lipsky & Ronald L. Seeber, The Appropriate Resolution Of Corporate Disputes, quoted in William H. Knull, III, & Noah D. Rubins, Betting the Farm on International Arbitration: Is It Time to Offer an Appeal Option?, *The American Review of International Arbitration*, Vol. 11, 2000, p. 532.

的可能，也就是说，两者基本都是可以接受的，并且，在当事人看来，就可以对之提起上诉的法院判决与可以对之申请监督的仲裁裁决而言，两者的公正性是持平的，而诉讼程序较为拖拉冗长，尤其是上诉程序更是如此。因此，当事人自主自愿地选择了只有有限司法监督的仲裁，舍弃了伴有广泛司法监督的诉讼。正如施米托夫自己所言："只要仲裁程序符合自然正义的要求，当事人一般就准备接受仲裁员在法律或者事实方面的错误裁决。法官毕竟也可能犯错误。法院的上诉制度就是建立在法官可能犯错误的假定之上，其目的就在于由上级法院的法官纠正下级法院法官的错误。然而，纠正司法错误的程序缓慢且耗资巨大。在商业界看来，仲裁的最大好处之一就是取消了这一纠正司法错误的上诉程序。"①

第二，在"国际商事仲裁"概念所涵盖的所有仲裁种类中，并非所有的当事人都拥有上述有效选择。根据各国仲裁立法，各国认定商事仲裁是否具有"国际"性的标准大致可分为两种："实质性连结因素标准"、"争议的国际性质标准"。"实质性连结因素标准"系依据当事人的国籍、住所或者居所、法人注册地、公司管理地来判断某一仲裁是否具有"国际性质"。采用这种认定标准的国家有英国、丹麦、瑞典、瑞士和一些阿拉伯国家等。"争议的国际性质标准"则涉及对争议的性质加以分析，如果争议"涉及国际商事利益"，那么，为解决该争议所进行的仲裁便是国际仲裁。联合国国际贸易法委员会 1985 年《国际商事仲裁示范法》便采纳了这种标准，②美国和加拿大的一些州、法国、俄罗斯也采纳了这种标准。③ 在根据"争议的国际性质

① 施米托夫：《仲裁裁决的终局性与司法复审》，载施米托夫著：《国际贸易法文选》，赵秀文选译，中国大百科全书出版社 1993 年版，第 674 页。

② 其第 1 条第 3 款将国际商事仲裁的"国际"性界定为："仲裁如有下列情况即为国际仲裁：1. 仲裁协议的当事各方在缔结协议时，他们的营业地点位于不同的国家：或 2. 下列地点之一位于当事各方营业地点所在国以外：(1)仲裁协议中确定的或根据仲裁协议而确定的仲裁地点；(2)履行商事关系的大部分义务的任何地点或与争议标的关系最密切的地点；或(3)当事各方明确地同意，仲裁协议的标的与一个以上的国家有关。"

③ 韩德培主编：《国际私法新论》，武汉大学出版社 1997 年版，第 700 页。

标准"划分国际商事仲裁与国内商事仲裁的时候,就会出现当事人归属于相同的国家,但争议含有涉外因素的仲裁。在这种情况下,当事人双方都属于同一个母国,原则上无须担心该母国国内法院会基于国别的因素而对任何一方歧视,因此,我们可以合情合理地假定,在明知道仲裁裁决只受到有限司法监督的情况下,当事人舍国内诉讼而求诸国际仲裁的动机可能就是图快捷,尤其在涉案标的又不是很大的时候,这种可能性更大。但是,根据"争议的国际性质标准"所认定的国际商事仲裁当事人也可能分属于不同的国家,而根据"实质性连结因素标准"所认定的国际商事仲裁的当事人均分属于不同的国家,就这种当事人的任何一方而言,去第三国法院诉讼通常是不可能的,因为他们不了解哪个国家的程序和实体法律规定比较令人满意,而光查明这一点,就要先行付出巨大的努力,故第三国诉讼通常根本不是一个备选项。[①] 去对方的母国诉讼必然会滋生"该对方国家国内法院将会歧视自己"的合理忧虑,歧视的结果就是判决不公,是非颠倒,而仲裁则是中立的,故在此种情况下,我们只能合情合理地假定,他们选择仲裁主要因为仲裁更为公正。正如一位著名的学者所言:"从总体上看,国际商事交易的当事人选择仲裁作为解决它们之间的最终争端的方式,不是因为仲裁比诉讼更迅捷,不是因为仲裁比诉讼更廉价,也不是因为仲裁是'终局的、有约束力的',并且从而其实体内容不受监督,更不是因为仲裁员比国内法院的法官具有更多的相关专业知识。虽然这些因素中的任何一点都可能给国际商事交易当事人带来好处,但是,这些当事人之所以选择仲裁,只是因为,通过这样的方式解决争端,任何一方都不会遭受由另一方所属国家的

---

① David D. Caron, Reputation and Reality in the ICSID Annulment Process: Understanding the Distinction between Annulment and Appeal, *ICSID Review—Foreign Investment Law Journal*, Vol. 7, No. 1, 1992, p. 49; David D. Caron, The Nature of the Iran—United States Claim Tribunal and the Evolving Structure of International Disputes Resolution, *American Journal of International Law*, Vol. 84, 1990, p. 116.

国内法院确定其权利义务的损失。”[①]尤其是在这样的当事人之间，如果涉案标的额又非常大，如果我们仍然承认商人的逐利本性，那么，我们就不得不承认，对于他们来说，案件的迅速解决固然重要，但案件的公正解决更为重要。申言之，就他们诉诸仲裁的本意而言，公正高于效率。

或许有人会引用霍姆斯在《普通法》一书中的名言来问难：“法律的生命一直并非逻辑，法律的生命一直是经验”。[②] 既然在当事人归属于不同国家的重大国际商事仲裁中，公正高于效率，为什么迄今的国际通例仍然主要是对这种仲裁裁决进行程序审查呢？对于这个问难，我们可以借用罗尔斯的一个著名论断来回应：我们之所以容忍某种不正义，仅仅是因为我们必须避免一种甚至更大的不正义。[③] 但是，不能因为我们不得不容忍了这种不正义，就断言这种不正义是我们的最爱。

这是因为，在根本不可能建立出一个执行统一的仲裁监督标准的国际性仲裁监督机构的目前，[④]各国只能将对一般国际商事仲裁

---

① Charles N. Brower, 'Introduction ' to Richard B. Lillich and Charles N. Brower (eds), International Arbitration in the 21st Century: Towards "Judicialization" and Uniformity?, p. Ⅸ, quoted in Charles N. Brower, Charles H. Brower II & Jeremy K. Sharpe, The Coming Crisis in the Global Adjudication System, *Arbitration International*, Vol. 19, 2003, p. 435.

② [美]本杰明·卡多佐著：《司法过程的性质》，苏力译，商务印书馆1998年版，第17页。

③ 沈宗灵著：《现代西方法理学》，北京大学出版社1992年版，第112页。

④ 有关这种国际性仲裁监督机构的设想介绍及其可行性分析，请参阅如下文章：施米托夫：《国际商事仲裁的普遍性与区域性》，载施米托夫著：《国际贸易法文选》，赵秀文选译，中国大百科全书出版社1993年版，第634页；Charles N. Brower & Charles H. Brower, Ii, & Jeremy K. Sharpe, The Coming Crisis in the Global Adjudication System, *Arbitration International*, Vol. 19, 2003, pp. 436～438; William H. Knull, III, & Noah D. Rubins, Betting the Farm on International Arbitration: Is It Time to Offer an Appeal Option?, *The American Review of International Arbitration*, Vol. 11, 2000, pp. 559～564; Hong-Lin Yu, Total Separation of International Commercial Arbitration and National Court Regime, *Journal of International Arbitration*, Vol. 15, No. 2, 1998, pp. 145～166.

裁决的监督权交由各国国内法院。即便是在外国裁决承认与执行领域取得空前成功的 1958 年《纽约公约》,它所能做到的也只是统一规定不予承认与执行的理由(其中不乏极为弹性的理由)而已。至于是否承认与执行的决定权,则还得交给各缔约国国内法院。既然至少符合上述两个条件的国际商事仲裁的当事人是为了中立及由中立而带来的公正这一首要利益而舍国内诉讼,当该仲裁裁决的公正性还需要由当事人本来即不信任的国内法院来审查和维护时,人们显然不希望这种国内法院的司法监督程度过高。因此,一般国际商事仲裁裁决的司法审查范围之狭窄、审查力度之有限,不在于人们心甘情愿地偏好这种结果,而在于目前情况下不可能实现更好结果。正是基于这一原因,总部设在美国的公共资源中心争端解决协会(Center for Public Resources Institute for Dispute Resolution)及詹姆士争端解决中心(JAMS)才分别推出了《CPR 仲裁上诉规则》(*CPR Arbitration Appeal Procedure*)和《詹姆士任择性仲裁上诉规则》(*JAMS Optional Appeal Procedures*),以将仲裁上诉程序内置于仲裁体制之中,使仲裁员有权裁断仲裁上诉事宜。[①] 也正是基于这一原因,才有学者提出,是应当对一般国际商事仲裁裁决进行较高程度的监督以实现较高程度的公正,但进行仲裁上诉审查的应为仲裁

① CPR, Cpr Arbitration Appeal Procedure(1999), at http://www.cpradr.org/arb_appeal_procedure.htm, March 5, 2003; JAMS, JAMS Optional Appeal Procedures (2003), at http://www.jamsadr.com/home.asp, March 5, 2003. See also John M. Mccabe, Uniformity in ADR: Thoughts on the Uniform Arbitration Act and Uniform Mediation Act, *Pepperdine Dispute Resolution Law Journal*, Vol. 3, 2003, p. 407; Cecilia M. Di Cio, Dealing with Mistakes Contained in Arbitral Awards, *The American Review of International Arbitration*, Vol. 12, 2001, pp. 129～130; William H. Knull, III, & Noah D. Rubins, Betting the Farm on International Arbitration: Is It Time to Offer an Appeal Option?, *The American Review of International Arbitration*, Vol. 11, 2000, p. 554.

员而非法官。[①]

(二)ICSID仲裁当事人的最大价值诉求

根据《华盛顿公约》第25条,ICSID仲裁当事人必须是东道国以及另一国国民。[②] 同时,ICSID的组建用意也仅在于受理重大而非微小的国际投资争端。[③] 以上两点决定了ICSID仲裁当事人的价值诉求亦应是公正高于效率。

首先,ICSID仲裁的当事人不仅归属于不同的国家,而且其中一方当事人就是国家。国家的主权、尊严与豁免使得其通常不可能成为他国国内诉讼的当事人,而东道国对其国内事务的控制能力也使得外国投资者对东道国国内诉讼避之不及。[④] 为了非政治化地妥善解决这一问题,ICSID应运而生。[⑤] 缔约国之所以设计由ICSID仲裁东道国与外国投资者之间的投资争端,就在于较之东道国国内法院甚或外国投资者的母国国内法院,这一国际性仲裁机构是中立、不偏袒的,[⑥]这也是东道国、外国投资者母国(它当然代表了外国投资者的利益)理性博弈的结果。这场博弈过程中,各方对公正因素的考虑始终占据了绝对的重要地位。相形之下,对效率因素的考虑倒是

---

① Cecilia M. Di Cio, Dealing with Mistakes Contained in Arbitral Awards, *The American Review of International Arbitration*, Vol. 12, 2001, p. 15; Stephen Hayford, Ralph Peeples, Commercial Arbitration in Evolution: An Assessment and Call for Dialogue, *Ohio State Journal on Dispute Resolution*, Vol. 10, 1995, p. 405, 406.

② 但是,经东道国同意,受到外来控制的东道国企业也可以被视为“另一缔约国国民”。

③ Jan Paulsson, ICSID's Achievements and Prospects, *ICSID Review—Foreign Investment Law Journal*, Vol. 6, No. 2, 1991, p. 383.

④ See e. g., Peter Cornell & Arwen Handley, Himpurna and Hub: International Arbitration in Developing Countries, in Mealey's International Arbitration Report, September 2000, 39, quoted in Noah D. Rubin, Investment Arbitration in Brazil, The Journal of World Investment, Vol. 4, No. 6, 2003, note 8.

⑤ 关于ICSID的成立原因,请参阅陈安主编:《国际投资争端仲裁——“解决投资争端国际中心”机制研究》,复旦大学出版社2001年版,第8~12页。

⑥ Guillermo Aguilar Alvarez & William W. Park, The New Face of Investment Arbitration: NAFTA Chapter 11, *Yale Journal of International Law*, Vol. 28, 2003, p. 368.

次要得多。

其次,ICSID 仲裁案件的标的额更为巨大。ICSID 的组建用意仅在于受理重大而非微小的国际投资争端,而这一意图在 ICSID 仲裁实践中得到了完美的体现。试举一例。根据国际商会网站所提供的资料,在 2001 年度依据《国际商会商事仲裁规则》而仲裁的所有案件中,标的额超过 1 百万美元的占 54%,[①]而根据 ICSID 已经披露出来的裁决,ICSID 仲裁机制在 1997 年度所受理的案件的平均标的额就约达 3.6 亿美元。[②] ICSID 仲裁案件的标的额之巨大,由此可见一斑。如果说,在国际投资仲裁案件中,外国投资者系以整个公司的生死存亡做"赌注",那么,对于东道国而言,它就是在拿整个国家来做"赌注"。面对如此重大的涉案利益,无论是东道国还是外国投资者,谁都不敢说自己只求速决,而不求公正。

因此,我们可以清楚地看出,构成 ICSID 仲裁机制的基石的当事人意思自治原则要求这种仲裁的裁决具有无可非议的实体公正性。在当事人有证据质疑 ICSID 裁决存在严重实体不公的时候,的确应该允许其诉诸一种可以进行实体审查的仲裁监督制度。

二、公共利益因素要求 ICSID 裁决具备实体公正性

尽管被定性为"投资仲裁"这一特殊的国际商事仲裁,ICSID 仲裁在性质上仍然属于国际商事仲裁大家族。[③] 一般国际商事仲裁的驱动力量是当事人自治和双方同意,它在本质上是一种解决私人之

---

① ICC, Facts and figures on ICC arbitration in 2001, at http://www.iccwbo.org/court/english/right topics/stat 2001.asp, May 25, 2005.

② Compañía de Aguas del Aconquija S.A. and Vivendi Universal v. Argentine Republic (ICSID Case No. ARB/97/3),标的额为 3 亿美元;Ceskoslovenska obchodni banka, a.s. v. Slovak Republic (ICSID Case No. ARB/97/4),标的额为 7.9 亿美元;Emilio Agustín Maffezini v. Kingdom of Spain (ICSID Case No. ARB/97/7),标的额为 0.0034 亿美元。

③ David D. Caron, The Nature of the Iran—United States Claim Tribunal and the Evolving Structure of International Disputes Resolution, American Journal of International Law, Vol. 84, 1990, p. 154.

间争端的机制，政府对这种争端解决过程的介入仅仅是辅助性的，它的这种根深蒂固的私法性对于不同国家的当事人之间的争端如何解决具有极为重要的影响：[①]崇尚公、私权利分野，以维护私权利为己任。因此，一般国际商事仲裁的仲裁员不是公共利益的维护者，在解决争端的时候，其只简单地解决当事人之间的具体争执，并不考虑讼争问题所产生的更为广泛的政治以及经济影响。[②]也正是基于这个原因，反对利用仲裁方式解决涉及公共利益的争端的人才会说，将涉及公共利益的事项交给仲裁员仲裁，又没有用以监督仲裁员的上诉程序，是不太适当的："仲裁员就像看守鸡笼的狐狸，具有支持商业的倾向，不充分执行旨在保护公共利益的法律……公共利益不仅属于争端当事人，更属于社会公众。社会从来没有与谁签订仲裁协议，不是仲裁协议的一方当事人。"[③]就脱胎于一般国际商事仲裁的ICSID仲裁而言，其仲裁员同样存在上述思维定势。

然而，一般国际商事仲裁通常所处理的争端与ICSID仲裁通常所处理的争端之间却存在本质上的区别：前者是仅涉及私人利益的争端，故其仲裁员的上述思维定势与其所处理的争端性质之间存在

① Dora Marta Gruner, Accounting for the Public Interest in International Arbitration: The Need for Procedural and Structural Reform, *Columbia Journal of Transnational Law*, Vol. 41, 2003, p. 924.

② Nigel Blackaby, *Public Interest and Investment Treaty Arbitration*, at http://www.gasandoil.com/ogel/samples/freearticles/article_56.htm, Jan. 3, 2004.

③ William W. Park, Private Adjudication and the Public Interest: The Expanding Scope of International Arbitration, *Brooklyn Journal of International Law*, Vol. 12, 1986, pp. 629～940.

适当的因果关系；[①]后者所涉及的却是东道国与外国投资者之间的投资争端，换言之，国家与他国国民间的投资争端，这种争端具有不可质疑的公共利益属性，故其仲裁员的上述思维定势与其所处理的争端性质之间存在深刻的矛盾。的确，在外国投资者与东道国之间的投资争端仲裁中，双方每每对仲裁庭所应追求的目标意见不一。提出仲裁申请的外国投资者强调商事交易安全这一目标，与之相反，东道国则强调公共管理目标的重要性，尤其是适逢东道国实施普遍性的政府管理行为导致外国投资者利益受到影响，致使后者提出索赔时，东道国更常常这样主张。[②] 但是，ICSID仲裁中的公共利益因素并不会因为外国投资者的着眼点不同而自行消弭。如今，不但传统上作为投资仲裁被申请人的发展中国家坚持投资仲裁中包括了不容忽视的公共利益因素，而且连传统上代表海外投资者利益的发达

---

① 需要注意的是，晚近一些国家对争端事项的"可仲裁性"要求越来越趋于宽松。比如，在传统国际商事仲裁法上，有关证券法、竞争法的争端等因涉及公法、具有强烈的公共利益属性，也都属于不可仲裁的争端，但现在渐渐有一些国家开始允许当事人约定将这些争端提交国际商事仲裁。这方面的案例可以参见 Mitsubishi Motors Corp. v. Soler-Chrysler Plymouth, 473 U. S. 614 (No. 83－1733) 1985 (LEXIS, Briefs File)（该美国判例指出，当事人可以约定将涉及反托拉斯法的争端提交国际商事仲裁解决）；Shearson/American Express, Inc. v. McMahon, 482 U. S. 220（该美国判例指出，当事人可以约定将涉及证券法的争端提交国际商事仲裁）；Judgment of 28 April 1992, 18 Y. B. Com. Arb. 143 (Swiss Federal Tribunal) (1993)（该判例指出，可以将涉及欧共体竞争法的争端提交国际商事仲裁），quoted in Dora Marta Gruner, Accounting for the Public Interest in International Arbitration: The Need for Procedural and Structural Reform, *Columbia Journal of Transnational Law*, Vol. 41, 2003, p. 937. 但是，就现状而言，国际商事仲裁所处理的这类涉及公共利益的证券法争端、竞争法争端等少之又少。See e. g., Dora Marta Gruner, Accounting for the Public Interest in International Arbitration: The Need for Procedural and Structural Reform, *Columbia Journal of Transnational Law*, Vol. 41, 2003, p. 945.

② Charles H. Brower II, RESPONSE: Beware the Jabberwock: A Reply to Mr. Thomas, *Columbia Journal of Transnational Law*, Vol. 40, 2002, p. 473.

国家俱乐部——经济合作与发展组织也都持同样观点。① 一位学者已经切中要害地指出:"任何解决投资者与东道国之间的争端的制度都必须要在如下两个目标之间找到平衡点:第一,它必须为投资者提供自由出诉的机会;第二,其所选择的争端解决机制不得炮制出与大多数管理有序的国家的通行实践相矛盾的理想主义标准。"②作为一种新兴的国际商事仲裁,包括ICSID仲裁在内的投资仲裁理应针对自己所处理的争端的公共利益属性对自己的立场作出必要的调整,然而,遗憾的是,从整体上看,现有的投资仲裁没有做到这一点:当发展中国家为了实现自己的经济发展政策或者环境保护政策而采取积极的干预措施、以致不得不影响到外国投资者的利益的时候,尽管从国家对自然资源享有永久主权的角度看,东道国此种行为可能无可厚非,但是,诸如ICSID仲裁庭之类的投资仲裁庭不解决主权问题,只解决私人财产权问题,出于这种思维定势,它往往置东道国的经济主权于不顾,片面地强调"有约必守",裁决东道国应承担国家责任。③ 这显然恰恰是在"炮制与大多数管理有序的国家的通行实践相矛盾的理想主义标准"! 也正是出于对这种现象的深刻体察,智利的一位国会议员曾颇为伤心地预言:智利接受投资仲裁的效果就是,"那些在智利进行了投资或者正在考虑在智利投资的人,可以针对我们所进行的任何变动、我们所批准的任何新法,去国际裁判庭控

---

① 经济合作与发展组织投资委员会在其2005年发布的一份声明就明确承认这一点。Catherine Yannaca-Small, *Transparency and Third Party Participation in Investor—State Dispute Settlement Procedures—Statement by the OECD Investment Committee*, June 11, 2005, at http://www.oecd.org/dataoecd/25/3/34786913.pdf, May 20, 2006.

② Charles H. Brower, II, Investor—State Disputes under NAFTA: A Tale of Fear and Equilibrium, *Pepperdine Law Review*, Vol. 29, 2001, p. 52.

③ Amr A. Shalakany, Arbitration and the Third World: A Plea for Reassessing Bias under the Specter of Neoliberalism, *Harvard International Law Journal*, Vol. 41, 2000, pp. 419～424.

告我们……令我们遭受巨大的经济损失”。[①] 需要注意的是，在投资仲裁中，东道国一方所涉及的不仅仅是国家这个抽象的实体，还包括这个国家千千万万的纳税人，最终裁定由这个国家承担的损害赔偿最终都是由这些纳税人承担的，被最终裁定的这个国家的某些正当的政府管理措施违反国际法的成本也都是由这些纳税人承担的。有学者甚至进一步发现：有鉴于ICSID所受理的争端的标的额的巨大性和争端的政治敏感性，ICSID仲裁裁决的是非曲直不但对当事人重要，而且对社会乃至国际社会也同样重要。[②] 故东道国的纳税人有权要求其国家所得到的ICSID裁定是实体公正的，而包括ICSID仲裁在内的国际投资仲裁则无权将外国投资者的私益片面地凌驾于东道国人民的集体福利之上。如果包括ICSID仲裁在内的投资仲裁不能妥善解决这一问题，它就无法彻底解决业已出现的有关投资仲裁的“合法性危机”(legitimacy crisis)。[③]

为了使得ICSID裁决尽可能地趋于实体公正，不仅ICSID仲裁员需要调整心态，在保护外国投资者私权的同时兼顾东道国的主权，以一种全新的平衡观来解决这种甚为牵涉公共利益的争端，而且还需要有一种能够对重大实体错误进行审查的ICSID仲裁监督制度。在这里并不是说，有权进行实体审查的这类ICSID仲裁监督机构的监督者一定就比作出原裁决的ICSID仲裁庭成员更为公正和高明、

① James Langman, Chilean Lawmaker Says Free Trade Accord with U. S. Unconstitutional, Plans Challenge, *International Environmental Report*, Vol. 26, 2003, p. 1100.

② David D. Caron, Reputation and Reality in the ICSID Annulment Process: Understanding the Distinction between Annulment and Appeal, *ICSID Review—Foreign Investment Law Journal*, Vol. 7, No. 1, 1992, p. 51.

③ 所谓投资仲裁的“合法性”危机，指的是人们由于投资仲裁在解决投资争端方面不胜任而对其产生的信任危机。这种不胜任的表现很多，包括但不限于：仲裁过程不具有透明性、不允许第三方参与、个案裁决之间缺乏连续性、不允许对裁决进行实体审查等。近年来有关投资仲裁“合法性危机”的文章很多，但如下一篇文章较为全面地总结了“合法性危机”的表现：Jeffery Atik, Repenser NAFTA Chapter 11: A Catalogue of Legitimacy Critiques, *Asper Review of International Business and Trade Law*, Vol. 3, 2003, p. 3.

这类 ICSID 仲裁监督机构的最终裁断一定就是确凿无疑的实体公正，但是，根据现代法治的一般运作原理，对于迫切要求实体公正的案件来说，经过这样一种制度内的适当的终局实体复审，人们就认为它是实体公正的了。

三、ICSID 仲裁机制的可持续发展要求 ICSID 裁决具备实体公正性

一般国际商事仲裁虽也存在一定程度上的裁决实体不公且无法对这种实体不公裁决提起仲裁监督的情况，但尚不足以影响到一般国际商事仲裁机制的存续与发展。这其中的原因很多，包括但不限于：第一，一般国际商事仲裁的准据法通常是各国国内法，与国际法相比较，国内法规范往往要具体、清晰、可操作得多，故通常以各国国内法为准据法的一般国际商事仲裁裁决自然比通常以国际法为准据法的国际投资仲裁裁决更容易具有实体公正性。第二，一般国际商事仲裁奉行机密性原则，其裁决通常并不公之于众，故即便一般国际商事仲裁裁决的个案裁决之间实体裁断迥异，有的裁决明显实体不公，该问题也往往不至于为其他当事人所广为知悉；其他当事人在决定如何防范法律纠纷以及是否提起仲裁时，通常以国内法规范和法院判例为依据便足够了，不大依赖于先前的仲裁裁决，故由裁决不一致导致的裁决不公问题对一般国际商事仲裁当事人的影响不大。①

可是，对于 ICSID 仲裁的存续与发展而言，裁决的实体公正问题却至关重要。这主要是因为：

第一，绝大多数 ICSID 仲裁都是依据条约（国家之间的投资协定或贸易协定）而提起的，其所涉及的争端也主要是东道国是否违反了条约义务的争端，尤其是东道国是否给予了外国投资者公平、公正待遇或符合国际法最低标准的待遇，东道国是否非法征收了外国投

---

① Susan D. Franck, The Nature and Enforcement of Investor Rights under Investment Treaties: Do Investment Treaties Have a Bright Future, *U.C. Davis Journal of International Law & Policy*, Vol. 12, 2005, pp. 73～79.

资者的投资等。判断一国是否违反国际义务的标准应是国际法而非国内法,故与一般国际商事仲裁不同,ICSID 仲裁的准据法通常都是国际法。众所周知,在国际投资法领域中,有关征收、对外国投资者的待遇的具体法律规范极为匮乏、粗疏,争端的当事方以及可能涉入争端的潜在当事方也无法仅根据法律规范便能对自己的状况进行预测和调整,而国际投资争端不但具有巨大的个案标的额,还具有非常突出的公共利益属性。考虑到 ICSID 仲裁裁决虽不具有先例效力,但与国际投资法规范的产生机理不同,其能顺应实际需要及时由各个仲裁庭作出,并对国际投资争端中的新问题作出处理,故具体个案的当事方迫切需要 ICSID 裁决能够公平地定分止争,并能动地澄清和发展国际投资法,其他 ICSID 当事人也需要从业已存在的裁决处得到启迪。但是,正因为在国际投资法领域中有关征收、对外国投资者的待遇的法律规范极为稀少、模棱两可,所以,不同仲裁庭对类似事实的法律认定常常大不相同,由此又加剧了 ICSID 裁决实体不公问题。和一般国际商事仲裁一样,ICSID 仲裁也允许且只允许就裁决的程序错误进行仲裁监督,但这种程序监督显然无法消除上述实体上的严重不连续性。

第二,ICSID 仲裁虽也奉行机密性原则,非经当事方许可不公开裁决,但是,由于国际投资争端的标的额巨大并带有公共利益属性,ICSID 仲裁的当事方常常迫于压力或出于其他考虑同意将国际投资仲裁裁决公之于众,让所有人都有机会知悉相关裁决的具体内容、实体不公程度,这就使得本来仅可能令个案中的"败诉方"当事方心怀不满的 ICSID 裁决广为人知,其非但不能起到公平地定分止争的作用,而且也无法能动地发展国际法,并令迫切需要从前案仲裁裁决中得到启迪的其他当事方以及其他利害关系人对 ICSID 仲裁深深失望。倘若这种失望情绪是普遍性的,则 ICSID 仲裁的可持续性发展就将面临问题。在 ICSID 之外的其他国际投资仲裁中就曾经发生过一次非常典型的类似事件:在 Lauder/CEM 案中,美国投资者 Lauder 与东道国捷克之间发生了国际投资争端,Lauder 首先以美国公民身份根据美国一捷克双边投资协定提起国际投资仲裁,[①]然后再以其所投资的公司CEM的身份根据荷兰—捷克双边投资协定提起国际投资仲裁。[②] 两个仲裁请求所依据的条约内容几乎一模一样,所针对的案件事实则完全相同,两仲裁庭也均是依据《联合国国际贸易法委员会仲裁规则》来进行仲裁,然而,被公之于众的两案裁决结果却完全不同:在前一案中,捷克胜诉;在后一案中,投资者胜诉!国际投资仲裁的个案裁决之间令人莫名其妙的实体裁断迥然不同,严重损害了国际投资仲裁的严肃性、客观性、可信性。在这样混乱的局面下,一俟Lauder/CEM案两裁决作出,被激怒的捷克人便提出,捷克应退出其所签订的美国—捷克双边投资协定,而捷克正是在这个双边投资协定中接受了投资仲裁管辖权。[③] 在投资仲裁领域,ICSID是唯一的专门从事投资仲裁的仲裁机构,也是受理投资仲裁案件最多的投资仲裁机构,我们没有理由臆断说类似事件一定不

---

① Lauder v. Czech Republic, (UNCITRAL) (Final Award) (Sept. 3, 2001), at http://ita.law.uvic.ca/documents/LauderAward.pdf, Nov. 1, 2006.

② Czech Republic B.V. v. Czech Republic, (UNCITRAL) (Partial Award) (Sept. 13 2000), at http://ita.law.uvic.ca/documents/CME-2001PartialAward.pdf, Nov. 1, 2006.

③ Petra Pasternak, EU, U.S. Treaty Issues Unresolved, *Prague Post*, May 29, 2003, at http://www.praguepost.com/P03/2003/Art/0529/busi4.php, Nov. 22, 2006; Peter S. Green, Czech Senate: A Safe Haven For Principal in Media War, *New York Times*, Nov. 11, 2002, A8.

会发生在 ICSID 仲裁机制内。[①] 相同或者类似争端的实体处理结果的截然相反将不但让正处于仲裁之中的投资者和东道国政府不知所措，而且还让潜在的争端双方无法据此有针对性地调整自己的行为以趋利避害。为了减少这类事件的发生概率，ICSID 不仅需要其仲裁庭尽可能实体公正地解决争端，而且还需要一个有权维护裁决实体公正的有效的 ICSID 仲裁监督机制来起到最后防线的作用。

如上所述，在投资仲裁领域中，仲裁员仍然普遍保有"只维护外国投资者的私权、不考虑东道国的主权"的思维定势，其后果便是作为争端一方的东道国利益不当受损。同时，在迄今为止的 ICSID 仲裁中，东道国几乎固定地充当着被申请人的角色，申言之，都是被外国投资者推上 ICSID 仲裁庭的，这就意味着已经察觉到 ICSID 仲裁员的上述"思维定势"的东道国无法在个案中有意识地规避这一带有偏见的仲裁机制。另外，ICSID 个案裁决之间的实体处理结果的迥异又令本已处于不利地位的东道国无所适从，从而进一步恶化了它的不利处境。需要注意的是，ICSID 仲裁管辖权之成立是以东道国的接受为前提的，正是出于吸引外国直接投资的考虑和对 ICSID 仲裁的信任东道国才接受了 ICSID 仲裁管辖权。东道国有充分的主

---

① 实际上，在 ICSID 仲裁体制中，已经发生过非常典型的类似问题，只不过其中裁定得截然相反以至于让人一眼即可断定其中至少一个裁定存在严重错误的两裁决涉及的是管辖权问题。申言之，ICSID 仲裁庭曾两次面对同一个问题：在双边投资协定中明确规定缔约方承诺将遵守其与对方投资者之间订立的合同的情况下（这种条款通称"保护伞条款"），如果缔约一方果真违反了其与对方投资者之间订立的某项合同，则该投资者是否有权以缔约一方违反了相关双边投资协定为由提起国际投资仲裁？在一个案件中，ICSID 仲裁庭给出了否定性答案［SGS Société Générale de Surveillance S. A. v. Republic of the Philippines (ICSID Case No. ARB/02/6), Decision of the Tribunal on Objections to Jurisdiction (January 29, 2004), paras. 96－135］；在另一个与之同时进行的案件中，ICSID 仲裁庭则给出了肯定性答案［Lauder v. Czech Republic, (UNCITRAL) (Final Award) (Sept. 3, 2001), at http://ita.law.uvic.ca/documents/LauderAward.pdf］。诚然，相似的事实并不必然意味着相似的处理，不同案件的某些具体事实之间可能存在看似细微的不同，而这种看似细微的不同实际上具有转折性意义，从而导致必须对类似案件进行不同的处理。但是，就上述两个 ICSID 案件而言，尽管两个双边投资协定的措辞之间并不完全一致，实际上却并不存在上述看似细微的重要不同之处。

权通过双边投资条约接受 ICSID 仲裁管辖权(这是目前各国接受 ICSID 仲裁管辖权的最常见方式),同时它也有充分的主权撤回它对 ICSID 仲裁管辖权的接受。[①] 倘若没有一种适当的 ICSID 仲裁监督机制对 ICSID 裁决进行较为统一的实体审查,否定严重实体错误,以维护裁决的实体公正,则 ICSID 仲裁还能否继续赢得东道国的信任、还是否能够让东道国放心地接受其仲裁管辖权,就需要打上一个大大的问号。因此,作为国际仲裁家族的新成员,包括 ICSID 仲裁在内的投资仲裁需要根据其所解决的争端的性质来确定自己的发展路线,在尽力作出实体处理结果公正的裁决的同时,还应采取措施允许对裁决的严重实体错误进行审查,以既有效地保护外国投资、推动国际经济交流,同时又兼顾与之相竞争的公共利益需求,而不应一味地固守一般国际商事仲裁的残缺。

四、小结

总而言之,无论是从当事人意思自治的角度看,还是从公共利益的角度、从 ICSID 仲裁机制的可持续发展的角度看,ICSID 裁决都应当具备基本的实体公正性。

但现实状况却是,由于 ICSID 仲裁体制的史无前例,由于《华盛顿公约》起草者的认识的必然局限,也由于发展中国家经验的不足,在维护裁决的公正性上,与作为其蓝本的一般国际商事仲裁撤销制度相比,作为 ICSID 体制内唯一的仲裁监督制度的 ICSID 仲裁撤销制度并没有表现出任何本质不同。《华盛顿公约》第 52 条规定的本意就是,ICSID 仲裁撤销制度只直接审查严重程序错误,只维护裁决

---

① 此种情形正如一位学者所言:"现代国际商事仲裁之所以有得到发展的可能,就是因为,越来越多的国家心甘情愿地允许用私人争端解决方法解决传统上只可由国内法院解决的争端。如果国际仲裁真的能存在,那也只是由于国家愿意它存在,并且也只有在它仍能赢得仲裁进行地以及裁决执行地所在国法院和立法者对它的信心的情况下,才能继续兴旺发展下去。"毫无疑问,该观点同样适用于 ICSID 仲裁。E. A. Schwartz, A Comment on Chromalloy: Hilmarton, *à l'américaine*, *Journal of International Arbitration*, Vol. 14, 1997, p. 128.

的程序公正。

迄今为止，由于接受ICSID仲裁机制的双边投资条约几乎都是在南北国家之间签订的，在资本输出国与资本输入国之间签订的，[①]在脱胎于一般国际商事仲裁制度的ICSID仲裁制度习惯性地偏向于片面保护外国投资者的私有财产权的时候，外国投资者不但能够得到它应得到的一份，还可以进一步从东道国那里得到其不应得到的一份，故《华盛顿公约》的发达国家缔约国成为这种不公裁决的纯受益者。这种立场和观察角度的偏差使得发达国家的学者和仲裁员几乎异口同声地赞扬ICSID仲裁撤销制度的价值定位现状，并在个别的ICSID专门委员会对这种价值定位偏差进行能动性矫正的时候，自始至终地持反对态度，反对将ICSID仲裁撤销制度的价值定位升格到维护裁决的实体公正的高度。

就切实承担这种不公正成本的发展中国家而言，出于与其他发展中国家争相吸引外资、争相表明自己的外商投资法律环境良好等考虑，[②]它们在急急忙忙地签署一个又一个接受只伴之以有限仲裁监督制度的ICSID仲裁的双边投资条约之时，往往根本想象不出将来会出现何种严重的局面。因此，联合国贸易与发展会议在《2003年世界投资报告》中特别警告说："一方面，发展中国家所签订的国际投资协定有可能增加外国直接投资的流入量，另一方面，为了能够从这些流入的外国直接投资中获取更多益处，发展中国家也需要保留奉行以发展为导向的外国直接投资政策的能力，也即为了公共利益对经济进行管制的能力。在今后签订国际投资协定的时候，发展中国家所面临的最大挑战就是，在上述两者之间保持平衡。这意味着

---

① Charles N. Brower, NAFTA CHAPTER 11: Who Then Should Judge? —Developing the International Rule of Law under NAFTRA Chapter 11, *Chicago Journal of International Law*, Vol. 2, 2001, pp. 194～195.

② A. T. Guzman, Why LDCs Sign Treaties that Hurt Them: Explaining the Popularity of Bilateral Investment Treaties, *Vanderbilt Journal of International Law*, Vol. 38, 1998, p. 639.

发展中国家必须为自己保留足够的政策空间，以使其政府能够在不违反其所参加的国际投资协定义务的前提下，灵活地运用上述政策。”①

所以，推动 ICSID 仲裁监督制度改革，使之能够直接审查重大程序问题和重大实体问题，直接否定严重程序错误和严重实体错误，维护裁决的实体公正及程序公正，从而最终合理捍卫东道国出于公共利益需要依法管制经济的“政策空间”，这是接受了 ICSID 仲裁管辖权的发展中国家的当务之急。

第三节 美国所推动的投资仲裁监督制度改革及其对 ICSID 仲裁撤销制度的不利影响

专为解决“南北”投资争端而建立的 ICSID 主要是发展中国家东道国作被申请人的争端解决场所。全球经济霸主美国虽然一再被作为 NAFTA 缔约国的加拿大的投资者诉诸 ICSID 附加便利仲裁庭或者其他临时仲裁庭，但迄今还没有被《华盛顿公约》缔约国的海外投资者推上“正宗”的 ICSID 仲裁庭的亲身经历。不过，虽然美国

---

① 这段话的英文原文是：“For developing countries, the most important challenge in future IIAs is to strike a balance between the potential contribution of such agreements to increasing FDI flows and the preservation of the ability to pursue development-oriented FDI policies that allow them to benefit more from them-that is, the right to regulate in the public interest. This requires maintaining sufficient policy space to give governments the flexibility to use such policies within the framework of the obligations established by the IIAs to which they are parties. ”See UNCTAD, *World Investment Report* 2003—*FDI Policies for Development*: *National and International Perspectives* (*Overview*), UNCTAD/WIR/2003 (Overview), pp. 24～25. 这段话的中文官方译本是：“在今后的国际投资协议中，发展中国家面临的最重大的挑战是，在这些协议推动外国直接投资流量的潜力与国家维持继续实行使其能从外国直接投资流动中获得更多益处的、有利于发展的外国直接投资政策的能力之间保持平衡，即国家有权出于公共利益考虑实行管制。这意味着必须保留足够的政策空间，使政府能在其签署的国际投资协议所确定的权利、义务框架内灵活运用这些政策。”参见联合国贸易与发展会议：《2003 年世界投资报告——外国直接投资政策促进发展：国家和国际透视（概述）》，UNCTAD/WIR/2003 (Overview)，2003 年，第 18 页。

在“正宗”的 ICSID 仲裁庭当被申请人的记录是零，但在《华盛顿公约》的所有发达国家缔约国中，它在作为被申请人参加投资仲裁方面“经验”最为丰富，个中的苦辣酸甜体会得也最为深刻。这都要“归功”于 NAFTA。

他山之石，可以攻玉。考察当发达国家被频繁推上 ICSID 附加便利仲裁庭等时，当发达国家的政府管理行为也同样受到 ICSID 附加便利仲裁庭等的无理指摘时，它们有关投资仲裁监督制度的因应之策，无疑是颇能给人启迪的。

一、ICSID 附加便利仲裁制度概述

ICSID 附加便利仲裁制度的法律依据是 ICSID 行政理事会通过的《ICSID 附加便利规则》，该规则共 6 条，分别规定了基本定义（第 1 条）、管辖范围（第 2 条）、《华盛顿公约》的不适用（第 3 条）、提请仲裁和调解需经 ICSID 秘书长批准（第 4 条）、秘书处职责与财务问题的法律规制（第 5 条）、未尽事宜由特定低层次规则调整（第 6 条）。①

根据《ICSID 附加便利规则》第 2 条的规定，ICSID 附加便利仲裁庭行使管辖权的条件是——在双方当事人同意的条件下，管辖如下两类不符合 ICSID 对人管辖要件或对物管辖要件的国家（或其下属单位或机构）与他国国民间争端：

其一，有一方不是 ICSID 缔约国或其国民的当事人之间的因投资而直接产生的法律争端；

其二，至少有一方是 ICSID 缔约国或其国民的当事人之间的非因投资而直接引起的法律争端，条件是产生该争端的基础交易不是普通的商事交易。②

---

① 这些低层次规则指的是：《ICSID 调解程序（附加便利）规则》[*Conciliation (Additional Facility) Rules*]、《*ICSID* 仲裁程序（附加便利）规则》[*Arbitration (Additional Facility) Rules*]、《*ICSID* 事实查明程序（附加便利）规则》[*Fact-Finding (Additional Facility) Rules*]。

② 《ICSID 附加便利规则》第 2 条。

根据《ICSID附加便利规则》第3条，《华盛顿公约》的各项规定均不适用于这类案件，所以，ICSID附加便利仲裁不仅在管辖权方面与通常的ICSID仲裁不同，而且在仲裁程序规则适用、解决实体争端的准据法适用、裁决的撤销、裁决的承认和执行等方面，都别具一格。

在仲裁程序方面，《ICSID仲裁程序(附加便利)规则》规定，仲裁程序由该规则支配，但是，如果该规则的任何规定与当事人必须遵守的适用于仲裁的法律规定相抵触，那么，后者优先适用。

在准据法方面，《ICSID仲裁程序(附加便利)规则》第55条规定，仲裁庭应适用当事人所约定的法律，在当事人没有作出这种约定的时候，"仲裁庭应当适用:(1)仲裁庭认为可以适用的冲突法规则所指引的法律以及(2)仲裁庭认为可以适用的国际法规则"。与《华盛顿公约》第42条一样，它也强调当事人约定优先，但是，在没有这种约定的情况下，《华盛顿公约》第42条规定，应适用作为争端一方缔约国的国内法(包括其冲突规则)以及可适用的国际法规则，而《ICSID仲裁程序(附加便利)规则》第55条只字未提东道国法律。

在仲裁撤销方面，《ICSID附加便利规则》也没做任何规定。因此，如果当事人有意申请撤销，只能向有管辖权的国内法院去申请，通常这种法院也就是裁决作出地法院。为了充分利用1958年《纽约公约》所提供的承认与执行方面的便利，《ICSID仲裁程序(附加便利)规则》第20条和第21条规定，仲裁程序可以仅在1958年《纽约公约》缔约国境内进行。如果仲裁庭真的这样做的话，那么，裁决就必须也在该地点作出。由于1958年《纽约公约》第5条第1款第5项不但承认仲裁地所在国的撤销权，还承认裁决所依据的法律的所属国法院的撤销权，所以，如果仲裁庭真的是在1958年《纽约公约》缔约国境内进行仲裁并作出裁决，那么，在仲裁地所在国与裁决所依据的法律的所属国不同的情况下，撤销申请人通常还可以多一个撤销选择，即向裁决所依据的法律的所属国法院申请撤销。

二、NAFTA 第 11 章对 ICSID 附加便利仲裁制度的引入

1994 年生效、成员国为美国、加拿大、墨西哥三国的 NAFTA 将该协定下的争端分为 4 类：外国投资者与东道国之间的争端（第 11 章）、金融服务争端（第 14 章）、反倾销与反补贴争端（第 19 章）、其他争端（第 20 章）。专门调整投资争端的第 11 章中有 3 节：第 1 节（第 1101 条第 1114 条）具体规定了东道国对外国投资者所应承担的投资保护义务；第 2 节（第 1115 条第 1138 条）具体规定了处理外国投资者与东道国之间的投资争端的具体程序；第 3 节（第 1139 条）具体规定了"投资"、"作为争端一方的投资者"等定义事项。

NAFTA 第 1116 条、第 1117 条规定，在缔约一方投资者与缔约另一方东道国发生投资争端时，投资者有权申请投资仲裁。

在可以仲裁的投资争端的范围上，NAFTA 第 1116 条、第 1117 条规定，投资者所能申请仲裁的争端只能与缔约另一方东道国违反 NAFTA 第 11 章第 1 部分所规定的义务或 NAFTA 第 1503 条第 2 款、第 3 款所规定的义务有关。也就是说，首先，投资者只能就缔约另一方违反 NAFTA 项下的国际义务的行为申请投资仲裁。对后者的违反合同行为，投资者无权申请投资仲裁。其次，投资者只能对缔约另一方东道国违反 NAFTA 第 11 章第 1 部分及第 1503 条第 2 款、第 3 款规定的行为申请投资仲裁。对后者违反 NAFTA 其他部分或者其他条款义务的行为，投资者无权申请投资仲裁。考察 NAFTA 第 11 章第 1 部分及第 1503 条第 2 款、第 3 款可以发现，投资者得以提起仲裁的投资争端只能与东道国下列义务有关：国民待遇（第 1102 条）、最惠国待遇（第 1103 条）、更为优惠待遇（第 1104 条）、[①]最低待遇标准（第 1105 条）、履行要求（第 1106 条）、高级管理人员及董事会成员的选任（第 1107 条）、投资及收益的转移（第 1109

---

① 指在最惠国待遇和国民待遇之间待遇水平不同的情况下，缔约国应给予对方投资者更为优惠的那种待遇。

条)、征收与补偿(第 1110 条)、国营企业(第 1503 条第 2 款)、垄断与国营企业(第 1503 条第 3 款)。

在争端解决机构的范围上,NAFTA 第 1120 条为投资者规定了三个选项:

(1)ICSID 仲裁庭;

(2)ICSID 附加便利仲裁庭;

(3)按照《联合国国际贸易法委员会仲裁规则》组建的专门仲裁庭。

由于《华盛顿公约》第 25 条第 1 款规定,ICSID 仲裁机制只管辖缔约国(或缔约国指定到 ICSID 的该国任何下属单位或机构)和另一缔约国国民之间因投资而直接产生的任何法律争端,而在 NAFTA 三缔约国之中,只有美国是《华盛顿公约》缔约国,加拿大和墨西哥都不是,所以,NAFTA 项下的投资争端实际上无法诉诸 ICSID 仲裁庭。

由于《ICSID 附加便利规则》第 2 条已经对其所管辖的仲裁案件的当事人做了国籍方面的要求,所以,NAFTA 第 1120 条同时规定,投资者诉诸 ICSID 附加便利仲裁庭的条件是有一方、且只有一方当事人或其母国是《华盛顿公约》缔约国。由是,ICSID 附加便利仲裁庭所能管辖的 NAFTA 争端必须与美国或美国投资者有关,发生于加拿大与墨西哥之间的投资争端只能求诸按照《联合国国际贸易法委员会仲裁规则》组建的特设仲裁庭。

在投资仲裁的监督方面,NAFTA 第 1136 条还规定,在由后两种仲裁机构(也即 ICSID 附加便利仲裁庭、按照《联合国国际贸易法委员会仲裁规则》成立的仲裁庭)仲裁的情况下,一方当事人可以在裁决作出后三个月内申请法院修改或撤销该裁决。由于 NAFTA 的投资者所能依据的仲裁规则都无法终局性地解决裁决的承认与执行问题,NAFTA 第 1130 条遂规定,除非当事人另有约定,否则,仲裁庭应位于 1958 年《纽约公约》的成员国境内,以使裁决能利用上《纽约公约》的承认与执行机制。为此,NAFTA 第 1136 条还明确规定,为承认和执行裁决起见,缔约国承认,此种投资者与东道国间的投资争端系源自于商事关系或商事交易。

此外,NAFTA 第 1127 条、第 1128 条、第 1129 条还规定了争端当事国以外的其他缔约国的参与问题。根据这些条款,后者虽不是涉案争端当事人,但有权就 NAFTA 的解释问题向仲裁庭提交自己的书面意见。

三、NAFTA 三缔约国在 Metalclad 案仲裁撤销程序中的立场及利益分析

Metalclad Corporation v. United Mexican States 案(以下简称"铠甲公司案")是 ICSID 根据 NAFTA 第 11 章规定所受理的第一个附加便利仲裁案件,[①]也是 NAFTA 框架下国家与他国国民间投资争端当事人针对仲裁裁决第一次提出撤销申请的案件。

(一)案情简介

由美籍 Metalclad Corporation(以下简称"铠甲公司")拥有并控制的一家公司欲在墨西哥某城市建筑一个危险废物掩埋场。为此,它需要得到危险废物掩埋场地方建设许可证。铠甲公司在没有得到有权机关即当地市政府的肯定性答复的情况下,根据无权机关即墨西哥联邦某机构的同意及若干联邦、地方官员的个人表态便开始建设该危险废物掩埋场,并于 1995 年 3 月竣工。由于有研究报告证明,该项目会破坏当地环境、严重危及当地居民健康,环保主义者强烈反对这一项目,致使该公司无法开业。1995 年 11 月,该公司又设法与无权机关联邦某机构签订了有关该危险废物掩埋场开业条件的协议。同年 12 月,当地市政府驳回了该公司的要求颁发危险废物掩埋场地方建设许可证的申请,并对该公司与联邦政府某机构签订的

---

① Metalclad Corporation v. United Mexican States, ICSID Case No. ARB(AF)/97/1; Reasons for Judgment of The Honourable Mr. Justice Tysoe—May 2, 2001, United Mexican States v. Metalclad Corp. (B. C. Sup. Ct. 2001), at http://www.dfait-maeci.gc.ca/tna-nac/documents/trans-2may.pdf, April 23, 2004.

“开工协议”的效力提出质疑，最终使法院发出了不准该公司营业的禁令。铠甲公司遂依据NAFTA第11章第2节争端解决条款的规定启动了ICSID附加便利仲裁，理由是，墨西哥违反了NAFTA第1105条和第1110条规定的国际义务，没有给予其“公平、公正待遇”，未加合法补偿即“征收”了它的财产。在仲裁程序进行了近一年后，墨西哥当地市政府发布了一项生态法令，将包括铠甲公司欲建危险废物掩埋场的地区在内的一片土地划为自然保护区，并规定永远不得再在其中建此种垃圾掩埋场。铠甲公司立刻要求仲裁庭再审查这一法令。仲裁庭2000年8月作出的裁决认为，墨西哥违反了NAFTA第1802条的“透明度”规定，使铠甲公司在做投资决策时陷入法律迷宫，以致遭受损失，这就构成了没有给铠甲公司“公平、公正待遇”；墨西哥许可或容忍铠甲公司建设却在竣工后不准开业，这构成了征收而拒不补偿；此外，生态法令的颁布本身又“相当于征收”。2000年10月，墨西哥以仲裁庭越权和裁决的执行将违反公正政策为由，向该裁决作出地（加拿大温哥华）的英属哥伦比亚省最高法院提出了上诉及撤销申请。2001年5月2日，英属哥伦比亚省最高法院以仲裁庭越权为由部分撤销了该裁决。

该撤销案颇有代表性，颇有借鉴意义。原因在于，仲裁庭在适用准据法的过程中，擅自加重了东道国在投资仲裁中所应承担的责任。根据NAFTA第1116条和第1117条，投资者只能到国际仲裁庭指责东道国违背NAFTA如下条款所规定的国际义务：第11章第1部分的条款及第1503条第2款、第3款，而第11章第1部分所涵盖的条文只有第1101条至第1114条。铠甲公司指责墨西哥违背了第1105条（公平、公正待遇）和第1110条（征收）所规定的国际义务，这两条都位于NAFTA第11章第1部分，倒是没有超出上述范畴。可ICSID附加便利仲裁庭在断定墨西哥违背了第1105条义务的时候，竟以墨西哥违背了NAFTA第1802条（透明度）义务为依据。NAFTA仅责成东道国就违背特定国际义务的行为对投资者直接承担法律责任，也授权投资者和仲裁庭仅就东道国违反上述国际义务的行为展开投资仲裁，第1802条所规定的国际义务并不在上述特定国际义务之列。如果仲裁庭的这种法律适用逻辑能够成立，那就意味着，缔约国违反NAFTA中任何一个国际义务的行为都可以被解释为没有给予投资者“公平、公正待遇”，从而都违反了第1105条，从而投资者都可以申请仲裁！

（二）NAFTA三缔约国在该案中的立场

NAFTA第1127条、第1128条、第1129条规定了缔约国参与的问题：任何一个缔约国在被投资者诉诸国际仲裁庭的时候，都应该及时通知其他缔约国，告知缘由；其他缔约国有权就NAFTA的解释问题，向仲裁庭发表自己的意见；其他缔约国有权得到作为争端当事方的缔约国提交给仲裁庭的证据副本和所有书面主张副本。

在加拿大英属哥伦比亚省最高法院对该案进行审理时，墨西哥、加拿大和美国的立场都很耐人寻味。

在仲裁司法监督上，加拿大英属哥伦比亚省实行“分轨制”：调整国际商事仲裁的《英属哥伦比亚省国际商事仲裁法》实际上就是联合国国际贸易法委员会1985年《国际商事仲裁示范法》的翻版，其仲裁撤销制度所规定的撤销理由与1958年《纽约公约》第5条相同，如仲裁庭组成不当、仲裁庭越权、违背正当程序等；不属于国际商事仲裁性质的所有其他仲裁都由《英属哥伦比亚省商事仲裁法》调整，而该法所建立的仲裁撤销制度不但直接审查裁决中的程序错误，而且还直接审查包括错误适用准据法在内的实体错误。无论是从学界的主流观点看，还是从英属哥伦比亚省自己的判例看，该案都应适用《英属哥伦比亚省国际商事仲裁法》，也就是说，其原则上只能就程序问题进行直接审查，除了审查是否违背公共政策时可能涉及实体问题外，基本上无权直接审查实体问题，尤其不能因为ICSID附加便利仲裁庭的错误适用准据法而撤销该裁决，因为ICSID附加便利仲裁庭的确适用了准据法——NAFTA，只是用错了。

1. 墨西哥的立场

NAFTA第1136条明确规定，为了承认和执行的目的，此种投资者与东道国间的投资仲裁应该被认为系产生于商事关系或商事交易。墨西哥认为，NAFTA只要求，在承认和执行阶段，将该裁决认定为商事裁决，但现在是撤销阶段，故第1136条的规定并不相关。墨西哥认为，该仲裁裁决并非商事性质的裁决，因为：NAFTA是影响主权国家的公法，不是仅仅影响私人利益的商法；铠甲公司等投资者只能代位行使其母国的条约权利，它们所行使的不是私人的商事权利；墨西哥与铠甲公司之间的关系不是平等的商事法律关系主体之间的关系，而是管理者与被管理者之间的关系，等等。① 墨西哥还援引铠甲公司的母国——美国在其时正在进行的 Methanex Corp. v. United State 案中的如下说辞，以证明自己的观点："涉及运用国际法质疑公共管理法的仲裁请求难以被识别为具有商事性质"。② 墨西哥的结论是，该裁决虽然是国际裁决，但不具有商事性质，不属于《英属哥伦比亚省国际商事仲裁法》的调整范畴，故英属哥伦比亚省最高法院只能依据《英属哥伦比亚省商事仲裁法》加以审查，也就是说，应该同时直接审查该裁决中的程序错误和实体错误。③

在英属哥伦比亚省最高法院对这种辩解不予采信后，墨西哥进一步请求英属哥伦比亚省最高法院考虑到该案裁决的公共政策影

① Petitioner's Outline of Argument (Feb. 5, 2001), In re Arbitration Pursuant to Chapter Eleven of NAFTA between Metalclad Corp. & United Mexican States (B. C. Sup. Ct. 2001), quoted in Charles H. Brower II, Investor—State Disputes under NAFTA: The Empire Strikes Back, *Columbia Journal of Transnational Law*, Vol. 40, 2001, p. 63.

② Petitioner's Outline of Argument (Feb. 5, 2001), In re Arbitration Pursuant to Chapter Eleven of NAFTA between Metalclad Corp. & United Mexican States (B. C. Sup. Ct. 2001), para. 145, quoted in Charles H. Brower II, Investor—State Disputes under NAFTA: The Empire Strikes Back, *Columbia Journal of Transnational Law*, Vol. 40, 2001, p. 63.

③ Petitioner's Outline of Argument (Feb. 5, 2001), In re Arbitration Pursuant to Chapter Eleven of NAFTA between Metalclad Corp. & United Mexican States (B. C. Sup. Ct. 2001), paras. 126—128, quoted in Charles H. Brower II, Investor—State Disputes under NAFTA: The Empire Strikes Back, *Columbia Journal of Transnational Law*, Vol. 40, 2001, p. 63.

响:这不是普普通通的私人商事仲裁,而是主权国家与投资者之间的混合仲裁,涉及的是一国是否违反多边国际贸易协定的大是大非。裁决如果犯了实体错误,或者不合情理,就会产生巨大的、普遍性的公共政策后果,包括影响到公共健康和环境保护。因此,请求该院提高审查标准,严格审查该裁决。①

2. 加拿大的立场

加拿大依据 NAFTA 第 1128 条规定,要求干预,获准,遂积极支持墨西哥的主张。

加拿大也坚持,缔约国在 NAFTA 第 1136 条中只同意在承认和执行阶段中将投资裁决认定为商事裁决,在撤销阶段,投资裁决的性质不必然具有商事性质。加拿大敦促英属哥伦比亚省最高法院抛弃一般商事仲裁领域中的既有先例,果断地采纳具有“实用性、功能性”的方法,形成适当的新审查标准,因为既有的审查标准是以传统的一般商事仲裁裁决为审查对象的,现在情况不同了,NAFTA 第 11 章项下的投资仲裁是公法性质的,需要就其形成一种新的审查标准。加拿大甚至主张,NAFTA 第 11 章项下的投资仲裁裁决不值得法院尊重,因为:第一,其仲裁员的断案水平和案件管理水平都不专业;第二,其仲裁庭是为了单个的案件临时组建的;第三,不像世界贸易组织(World Trade Organization,以下简称 WTO)争端解决机制中的专家小组,NAFTA 第 11 章项下的投资仲裁庭没有常设性秘书处的行政支持;第四,其仲裁庭必须执行自由贸易委员会(Free Trade Commission)对第 11 章的解释;第五,其仲裁庭作出的裁决不具有先例的效力,除了所涉的案件外,再无约束力;第六,其仲裁庭最多只能裁决缔约国赔偿损失、返还原物,却无权推翻受指责的错误行

① Petitioner's Outline of Argument (Feb. 5, 2001), In re Arbitration Pursuant to Chapter Eleven of NAFTA between Metalclad Corp. & United Mexican States (B.C. Sup. Ct. 2001), paras. 184—185, quoted in Charles H. Brower II, Investor—State Disputes under NAFTA: The Empire Strikes Back, *Columbia Journal of Transnational Law*, Vol. 40, 2001, p. 63.

为，或者给予投资者其他救济。以上这六个特点表明，NAFTA仲裁庭的裁决根本不值得法院去尊重。[①]

3. 美国的立场

当墨西哥、加拿大两国在加拿大法院联手对付美籍公司的局势下，素以热衷"护侨"著称的美国政府却一反常态、袖手旁观，始终不肯依据NAFTA第1128条规定，行使缔约国的参与权，出手援助铠甲公司，这着实不同寻常，本书将在以下的内容中对此进行分析。

（三）案件处理结果

在本国政府和墨西哥政府的强大压力下，英属哥伦比亚省最高法院最终作出了如下判决：该裁决是国际商事仲裁裁决，应适用《英属哥伦比亚省国际商事仲裁法》来审查；尽管仲裁庭关于"征收"的含义界定的确过于宽泛，但鉴于这是实体问题，本院无权臧否；根据NAFTA第11章第2部分，国际仲裁庭只能审理NAFTA缔约国违反特定国际义务的申诉，但本案仲裁庭却以墨西哥违反第1802条的"透明度"义务为由，裁决墨西哥违反了第1105条所规定的"公平、公正待遇"义务，这实际上是擅自扩大自己的管辖权限，妄加审查自己本无权审查的条约之诉，故这部分裁决显属越权，应予撤销。[②]

受到该判决的不利影响，原"胜诉人"铠甲公司只好与墨西哥和解了事。

根据《英属哥伦比亚省国际商事仲裁法》的规定及相关判例，在该案中，仲裁庭的法律适用瑕疵只有在符合如下条件时才可被定性为越权：本该适用准据法，但却没有适用。至于在适用准据法的时候犯了错误，则不属于仲裁庭越权，法院无权追究。NAFTA第1131

---

① Outline of Argument of Intervenor Attorney General of Canada (Feb. 16, 2001), In re Arbitration Pursuant to Chapter Eleven of NAFTA between Metalclad Corp. & United Mexican States (B. C. Sup. Ct. 2001), paras. 2—30, at http://www.dfait-maeci.gc.ca/tna-nac/documents/canada_submission-e.pdf, March 23, 2004.

② Reasons for Judgment of The Honourable Mr. Justice Tysoe—May 2, 2001, United Mexican States v. Metalclad Corp. (B. C. Sup. Ct. 2001), paras. 133—136, at http://www.dfait-maeci.gc.ca/tna-nac/documents/trans-2may.pdf, March 23, 2004.

条规定,NAFTA 第 11 章第 2 节项下的投资仲裁的准据法是“本协定以及可适用的国际法规则”。这就意味着,只要铠甲公司案仲裁庭适用了 NAFTA,就算适用了准据法,就在法律适用方面没有越权。可见,在原裁决未正确适用准据法,严重错误解释缔约国所承担的国际义务——“公平、公正”待遇的时候,英属哥伦比亚省最高法院实在是无计可施才出此下策:曲解本不适当的程序性的撤销理由,进而直接审查本不该直接审查的实体问题,最终达到适当保护公共利益的目的。

(四)对 NAFTA 三缔约国在该案中所持立场的利益分析

本案与 ICSID 仲裁庭通常受理的案件很类似:同是东道国与外国投资者间因投资而直接产生的争端,同是依据“国际法”判断是否存在违反“公平、公正待遇”义务及未加补偿而“征收”的情势,[①]同是断定东道国业已违反条约,同是裁令东道国对外国投资者承担巨额赔偿。但是,本案的不同之处在于:在仲裁庭已经适用了准据法,但适用过程出现严重错误的时候,ICSID 专门委员会通常根本不做分析、澄清,就径直驳回撤销请求了,而在 NAFTA 三缔约国以作为及不作为的方式的共同努力下,依法本不应直接审查严重实体错误的法院还是最终直接审查了这一实体错误,并进而根据这一实体审查撤销了依法本不应撤销的无理裁决。除了投资者和部分学者们争论不休、大呼“狼来了!”以外,[②]NAFTA 三缔约国皆大欢喜,[③]连这种

---

① 虽然《华盛顿公约》第 42 条明确规定了适用东道国法,然而,ICSID 仲裁员却越来越经常地借口种种理由,如涉案争端是违反国际法之诉、东道国法反致等,绕过东道国法律,直接适用所谓的“国际法”。

② 学界对该撤销判决的批评甚多,诸如:Charles H. Brower II, Investor—State Disputes under NAFTA: The Empire Strikes Back, *Columbia Journal of Transnational Law*, Vol. 40, 2001, pp. 68～69; *Mexican Forecast*, Questions Remain After B. C. Supreme Court Upholds Metalclad Victory in Mexico Case: Q&A with NAFTA Legal Expert Todd Weiler, *Mexican Forecast*, Vol. 10, No. 9, 2001, at http://www.naftaclaims.com/Papers/ Mexican%20Forecast%20Interview.pdf, March 21, 2004.

③ J. C. Thomas, RESPONSE: A Reply to Professor Brower, *Columbia Journal of Transnational Law*, Vol. 40, 2002, p. 434.

“不当”审查的“受害者”——铠甲公司的母国(美国)也如获至宝地在其他同类仲裁案中引用该法院在该案中的判词。[①] 作为发展中国家东道国,墨西哥在 NAFTA 第 11 章项下的投资仲裁中向来只有充当被申请人的份,其投资者迄今都没有对美、加提起过一次仲裁。坚持对容易忽视公共利益、国家主权的投资仲裁裁决加强司法监督,不但符合墨西哥在该案中的利益,也符合它的长远利益,其立场可以理解。但是,向来着意保护海外投资者利益的美、加两国缘何也采取与墨西哥同样的立场呢?这不是“自毁长城”吗?

如下的一系列数字最能说明问题。

截至 2006 年 6 月 9 日,在此前所有的 27 个 NAFTA 第 11 章投资仲裁案件中,“兴风作浪”的都是美、加两发达国家的公司和个人。[②] 在所有的 NAFTA 第 11 章投资仲裁案件中,以墨西哥为被申请人的案件有 10 个。其中,美国投资者作申请人的案件有 9 个,加拿大投资者作申请人的案件有 1 个。在已决的 6 个案件中,墨西哥“胜诉”4 个、“败诉”2 个。以美国为被申请人的案件有 12 个,申请人都是加拿大投资者。在已决的 4 个案件中,美国都已“胜诉”。以加拿大为被申请人的案件有 5 个,申请人都是美国投资者。在已决的 3 个案件中,加拿大“胜诉”1 个、“败诉”1 个、和解 1 个。在 NAFTA 第 11 章投资仲裁实践中,一旦“败诉”,NAFTA 成员国决不容忍,一定要提起仲裁监督,请求撤销该裁决:墨西哥已经就其“败诉”的两个案件向加拿大法院申请仲裁撤销,其中,一案裁决终被撤销,[③]另一

---

① Methanex Corp. v. United States of America, Response of Respondent United States of America to Methanex's Submission Concerning the NAFTA Free Trade Commission's July 31, 2001 Interpretation, at http://www.state.gov/documents/organization/7379.doc, March 24, 2004.

② 本段所统计的数字皆来自以下几个网页:http://www.dfait-maeci.gc.ca/tna-nac/usa-en.asp, 2006-10-09; http://www.dfait-maeci.gc.ca/tna-nac/mexico-en.asp, 2006-10-09; http://www.dfait-maeci.gc.ca/tna-nac/nafta_review-en.asp, 2005-07-01; http://www.dfait-maeci.gc.ca/tna-nac/gov-en.asp, 2006-10-09.

③ Metalclad Corporation v. United Mexican States (ICSID Case No. ARB(AF)/97/1).

案的撤销请求则被驳回。[①] 加拿大在 S. D. Myers Inc. v. Government of Canada 案中"败诉"后,也向加拿大联邦法院申请撤销,现加拿大联邦法院已经驳回了该撤销请求。[②] 由于美国现在仍然保持不败的记录,所以,尚无须要申请撤销的案件,但外国投资者的仲裁声势也令美国忧虑。

这些提起投资仲裁的外国投资者们质疑各种各样的政府管理措施,如保护公众健康的措施,[③]保护金融安全的措施,[④]保护环境的措施,[⑤]进出口管制措施,[⑥]贯彻执行条约的措施,[⑦]等等,已使美国和加拿大感觉到主权严重丧失。[⑧] 甚至直到 2001 年初,加拿大国际贸易部部长 Pierre Pettigrew 都"一再重申,加拿大对 NAFTA 第 11 章非常不满,因此,加拿大永远不可能再在覆盖半个地球的美洲自由贸易

---

① Marvin Roy Feldman Karpa v. United Mexican States (ICSID Case No. ARB (AF)/99/1).

② The Department of Foreign Affairs and International Trade of Canada, Reviews of NAFTA Chapter 11 Awards: Attorney General of Canada v. S. D. Myers—Statutory Review in the Federal Court of Canada, at http://www.dfait-maeci.gc.ca/tna-nac/sdmyers_review-en.asp, July 1, 2005.

③ Methanex Corp. v. United States of America.

④ Fireman's Fund Insurance Company v. United Mexican States (ICSID Case No. ARB(AF)/02/1).

⑤ Metalclad Corporation v. United Mexican States (ICSID Case No. ARB(AF)/97/1).

⑥ S. D. Myers Inc. v. Government of Canada.

⑦ Pope & Talbot Inc. v. Government of Canada, Award on the Merits of Phase 2 (Apr. 10, 2001) (NAFTA/UNCITRAL), http://www.naftaclaims.com, Oct. 30, 2004.

⑧ Ari Afilalo, Constitutionalization Through the Back Door: A European Perspective on NAFTA's Investment Chapter, *New York University Journal of International Law & Politics*, Vol. 34, 2001, p. 52; Marcia J. Staff & Christine W. Lewis, Arbitration under NAFTA Chapter 11: Past, Present, and Future, Houston Journal of International Law, Vol. 25, 2003, p. 319; Chris Tollefson, Games Without Frontiers: Investor Claims and Citizen Submissions under the NAFTA Regime, *Yale Journal of International Law*, Vol. 27, 2002, pp. 143~144; Justin Byrne, NAFTA Dispute Resolution: Implementing True Rule-Based Diplomacy Through Direct Access, *Texas International Law Journal*, Vol. 35, 2000, p. 432.

区中接受类似条款”。[①] 在国际仲裁庭随时可能裁决美国与加拿大一向引以为骄傲的“先进”、“民主”的立法、行政、司法行为违反 NAFTA 有关规定、应向对方投资者承担巨额赔偿责任的压力下,这两国在 NAFTA 第 11 章第 2 节所规定的争端解决框架下的处境,实际已经类似于那些贸然接受 ICSID 仲裁管辖权的发展中国家东道国。

正如两位学者所言:“直到最近,国际投资仲裁界都非常清楚东道国与投资者母国两者之间的界线所在。像利比亚、墨西哥这样的国家就是被申请人东道国,而美国、加拿大就是申请人投资者的母国。然而,在 NAFTA 第 11 章第 2 节所规定的争端解决机制的框架下,美国和加拿大如今也已尝到了作为被申请人东道国的苦涩滋味,伴随这种初尝苦涩而来的,还有这种仲裁所产生的有害于其自主管理本国经济的诸多副作用。”[②]这种“副作用”的最常见体现就是,一旦一个外国投资者对东道国的某项正当的政府管理行为提起投资仲裁并最终获胜,就会有更多的投资者竞相“跟进”,引发连锁反应,致使涉案东道国在对经济进行管制的时候左右掣肘,瞻前顾后。例如,1997 年 4 月正式开始的 Ethyl Corporation v. Government of Canada 案(以下简称“乙基案”)是 NAFTA 缔约国投资者依据 NAFTA 第 11 章规定提起的第一起投资仲裁案件。[③] 该案的申请人美国投资者 Ethyl Corporation(以下简称“乙基公司”)是世界上唯一的一家生产一种名为 MMT (methylcyclopentadienyl manganese tricarbon-

---

① Jim Brown & Chretien, Pettigrew Insist They're Not at Odds over Free Trade Rules, Canadian Press, April 23, 2001, quoted in Charles H. Brower II, RESPONSE: Beware the Jabberwock: A Reply to Mr. Thomas, *Columbia Journal of Transnational Law*, Vol. 40, 2002, p. 486.

② Guillermo Aguilar Alvarez & William W. Park, The New Face of Investment Arbitration: NAFTA Chapter 11, *Yale Journal of International Law*, Vol. 28, 2003, p. 398.

③ 下述网页提供了有关该案所有法律文书的链接:http://www.dfait-maeci.gc.ca/tna-nac/disp/ethyl_archive-en.asp, 2005-07-01.

yl）的化学物质的公司，它在加拿大建立了一个子公司“加拿大乙基”。加拿大乙基从乙基公司手中进口 MMT，然后，将 MMT 与其他化学制剂混合在一起，制造一种汽油添加剂，并将这种汽油添加剂销往加拿大全境。加拿大乙基是加拿大境内唯一的一家通过混合 MMT 制造汽油添加剂的公司。由于 MMT 中的一种成分的毒性尚未经过充分的科学评估，并且，MMT 可能致使加拿大法定使用的汽车尾气排放设备失灵，从而产生更多的空气污染，1997 年，加拿大议会通过了一项立法，禁止进口 MMT，同时也禁止在加拿大各省之间买卖 MMT。事实上，出于保护环境方面的考虑，美国的许多州也禁止使用 MMT。乙基公司遂依据 NAFTA 第 11 章提起投资仲裁，声称加拿大违反了 NAFTA 第 1102 条（国民待遇）、第 1106 条（履行要求）、第 1110 条（征收）所规定的条约义务，要求加拿大向其赔偿 2.5 亿美元的损失。加拿大虽然提出了管辖权异议，但并未获得仲裁庭的支持。[①] 在此情况下，1998 年 7 月 20 日，加拿大只好与乙基公司达成和解协议，不但同意向乙基公司赔偿 1300 万美元的损失，而且同意废除该进出口管制立法，并向乙基公司出具一份书面声明，说尚无科学证据表明 MMT 对健康有害，而且 MMT 也不会令汽车尾气排放系统失灵，以供乙基公司在必要的时候拿出这份政府书面声明来“辟谣”。该案不但否定了东道国的采取预防环境损害措施的权力，而且第一次表明，环保立法竟然可能构成违反 NAFTA 所规定的“履行要求”义务、“征收”义务的“措施”，也因此引发了一系列类似的与环保立法有关的投资仲裁。比如，就在乙基案和解后的第二天，又一个美国投资者通知加拿大，它即将针对加拿大的另一环境立法提起 NAFTA 投资仲裁，这就是 S. D. Myers Inc. v. Government

---

① Ethyl Corporation v. the Government of Canada, Preliminary Tribunal Award on jurisdiction—June 24, 1998, http://www.dfait-maeci.gc.ca/tna-nac/documents/ethyl6.pdf, July 1, 2005.

of Canada 案。[①] 在该案中，加拿大依据《加拿大—美国越境转移危险废物协定》的规定，出于环保考虑，禁止其境内企业向美国出口一种废物，而这损害到加拿大境内的美资公司 S. D. Myers Inc. 的利益。在这起案件中，加拿大坚持“战斗”，没有中途和解，但该案的仲裁庭却将投资者的“权利”凌驾于东道国的国际环境条约义务之上，于 2000 年最终裁定加拿大应向 S. D. Myers Inc. 赔偿经济损失 480 万美元。[②] 2001 年，加拿大向加拿大联邦法院申请复审，2004 年 1 月，加拿大彻底“败诉”。[③] 上述两例充分体现了投资仲裁的连锁反应效应以及其对东道国的政府管理行为的过分限制。

在传统的投资仲裁中，美、加向来都固定地充当着外国投资者的母国的角色，在解决东道国与外国投资者之间的投资争端的问题上，也向来坚持和推动通过国际商事仲裁解决的方式。“它们引经据典地说，仲裁是整平游戏场地、取代东道国国内诉讼的途径，能够保障外国投资者的资产不会未获补偿而被征收。它们也认为，无论是对于投资者还是对于东道国，外国投资都是有利无弊的，外资能够有助于通过国际经济合作的方式减少贫困落后现象。同时，它们也把仲裁看作是一种促进人们形成尊重法治意识的方式，而法治则是确保

---

① 下述网页提供了有关该案所有法律文书的链接：http://www.dfait-maeci.gc.ca/tna-nac/disp/SDM_archive-en.asp, July 1, 2005.

② S. D. Myers Inc. v. Government of Canada, Partial Award—November 13, 2000, at http://www.dfait-maeci.gc.ca/tna-nac/documents/myersvcanadapartialaward_final_13-11-00.pdf, July 1, 2005. See also S. D. Myers Inc. v. Government of Canada, Final Award (concerning the apportionment of costs)—December 30, 2002, at http://www.dfait-maeci.gc.ca/tna-nac/documents/MyersFinalAward-Final-30-12-02.pdf, July 1, 2005.

③ The Department of Foreign Affairs and International Trade of Canada, Reviews of NAFTA Chapter 11 Awards: Attorney General of Canada v. S. D. Myers—Statutory Review in the Federal Court of Canada, at http://www.dfait-maeci.gc.ca/tna-nac/sdmyers_review-en.asp, July 1, 2005.

投资稳定性的基石。"[①]至于这种以维护私人利益为导向的争端解决机制对东道国公共利益的漠视、对东道国国家主权所带来的冲击和损害,它们不曾体会到,也不想去理解,更不会去思考通过增强仲裁监督力度、直接审查重大实体问题的方式来努力维护裁决的公正性这一问题。在往NAFTA中写入投资仲裁条款的时候,它们只想迫使墨西哥接受这种墨西哥本来并不愿意接受的争端解决方式,以利自己的海外投资者将墨西哥"诉上公堂"。[②] 美国政府的一份行政行为声明(Statement of Administrative Action)中的表述更为清楚地确认了这一点:"在投资者与东道国之间的投资争端方面,NAFTA提供了一个具有历史意义的争端解决机制。据此,单枪匹马的美国公司在与墨西哥政府发生投资争端的时候,就不会处于力量对比悬殊的境地之中,而是可以寻求由一个独立的机构在墨西哥境外进行仲裁。"[③]然而,"好笑的是,美、加在投资仲裁中角色发生转变[按:由传统上的仲裁申请人母国转变为仲裁被申请人]并非由于墨西哥(传统的东道国)的投资者开始针对其北方邻邦提起仲裁。确切地说,是加拿大和美国开始互相攻击对方:加拿大投资者针对美国政府提起仲裁,而美国投资者也针对加拿大政府提起投资仲裁。"[④]晚近一些年来,NAFTA第11章投资仲裁的汹涌澎湃,已经远远超出了

---

① Guillermo Aguilar Alvarez & William W. Park, The New Face of Investment Arbitration: NAFTA Chapter 11, *Yale Journal of International Law*, Vol. 28, 2003, p. 369.

② Matthew Nolan, Darin Lippoldt, Obscure NAFTA Clause Empowers Private Parties: Investor-Protection Clause Lets Companies Haul Signatories into Arbitration for Violation of Pact, *National Law Journal*, April 6, 1998, B8; David A. Gantz, The Evolution of FTA Investment Provisions: From NAFTA to the United States-Chile Free Trade Agreement, *American Journal of International Law*, Vol. 19, 2004, p. 695.

③ North American Free Trade Agreement, Text of Agreement, Implementation Bill, Statement of Administrative Action and Required Supporting Statements, H. R. Doc. No. 103-159, at 685 (1993).

④ Guillermo Aguilar Alvarez & William W. Park, The New Face of Investment Arbitration: NAFTA Chapter 11, *Yale Journal of International Law*, Vol. 28, 2003, p. 370.

其缔约国所能接受的范畴，这就迫使作为发达国家“领头羊”的美、加等国承认：尽管一般国际商事仲裁撤销制度的通例都是主要进行以程序问题作为切入点的审查，但是，在自己国家随时可能面临极其不公的投资仲裁裁决、国家主权和公共利益危在旦夕的情况下，坚持对投资仲裁裁决进行程序审查和实体审查，直接否定严重程序错误和严重实体错误，这才是符合它们的国家利益的立场。“鱼与熊掌不可得兼，舍鱼而取熊掌可也”。为此，就算牺牲了本国海外投资者的一些利益，也只好“舍卒保车”了。

四、晚近美国对投资仲裁撤销制度的态度转变

尽管在迄今的记录中，被加拿大投资者 12 次申诉至国际仲裁庭的美国甚至还没有输过一场“官司”（不过，这些案件中的绝大部分现在都没有审结，因此，说美国所向披靡可能为时过早），但这并不能保证美国以后永远不会输。期待 NAFTA 缔约国国内法院在每一个撤销案件中都像加拿大英属哥伦比亚省最高法院这样“善解人意”，是颇为不现实、靠不住的，也不符合美国人的口味。所以，虽然美国现在还没有落到真正需要到 NAFTA 缔约国国内法院申请仲裁撤销的地步，美国的大众媒体、环保主义者、专家学者、国会议员等等就已经牢骚满腹了。他们认为，当外国投资者肆无忌惮地损害国家主权、公共利益的时候，NAFTA 第 11 章投资仲裁庭一味地迁就外国投资者的私利。比如，《纽约时报》的一篇文章指出：“这些仲裁庭的会议是秘密召开的，其成员通常毫不知名，它们所作的裁断也无须完全披露。然而，一小撮国际仲裁庭处理投资者与外国政府之间争端的方式已经导致国内立法被废止、司法体制被质疑、环境管理被挑战。”①鉴于投资仲裁无法平衡好公共利益和私人利益之间的关系，该文质问：“美国国会到底要站在哪一边——是站在外国公司那一

① Anthony De Palma, NAFTA's Powerful Little Secret: Obscure Tribunals Settle Disputes, But Go Too Far, Critics Say, *New York Times*, March 11, 2001, BU1.

边,还是站在美国人民这一边?"[①]美国的环保组织 Public Citizen 则用"正在破产的民主"(bankrupting democracy)来形容 NAFTA 第 11 章投资仲裁的影响。它认为,在外国投资者动辄依据 NAFTA 第 11 章的规定提起投资仲裁、向东道国勒索巨额赔偿,而 NAFTA 仲裁庭又肆意扩大缔约国义务、偏袒外国投资者的状况下,不但美国纳税人要为美国"莫须有"的违反条约义务行为"掏腰包",而且美国政府也因动辄得咎而无法维护公共利益,保护授权其管理这个国家的美国人民,民主无以为继。[②] 美国学者也写文章惊呼,NAFTA 第 11 章仲裁剥夺了"东道国政府为了它的公民的经济、健康、环境利益而颁布法律的主权权利"。[③] 美国的一位国会议员更哀叹说,再这样下去的话,看来美国司法部要起诉地方政府,要求后者执行 NAFTA 裁决了。[④] 不但学者们频频呼吁要建立投资仲裁上诉机制,[⑤]美国参议院财经委员会主席也代表诸多议员亲自写信给美国总统乔治·布什,公开表示,他支持对 NAFTA 投资仲裁裁决进行上诉审查,并支持建立这种上诉审查机制。[⑥]

---

① Anthony De Palma, NAFTA's Powerful Little Secret: Obscure Tribunals Settle Disputes, But Go Too Far, Critics Say, *New York Times*, March 11, 2001, BU1.

② Mary Bottari, Lori Wallach & David Waskow, NAFTA Chapter 11 Investor-to-State Cases: Bankrupting Democracy, *Public Citizen's Global Trade Watch*, September 2001, at http://www.citizen.org/documents/ ACF186.PDF, June 1, 2005.

③ Zachary M. Eastman, NAFTA's Chapter 11: For Whose Benefit?, *Journal of International Arbitration*, Vol. 16, 1999, pp. 105～106.

④ 145 Cong. Rec. H7368 (Aug. 5, 1999) (Statement of Rep. Shows).

⑤ See e. g., William S. Dodge, International Decision: Metalclad Corporation v. Mexico, *American Journal of International Law*, Vol. 95, 2001, pp. 918～919; Robert K. Paterson, A New Pandora's Box? Private Remedies for Foreign Investors under the North American Free Trade Agreement, Willamette Journal of International Law & Dispute Resolution, Vol. 8, 2000, p. 123; Jack J. Coe, Jr, Domestic Court Control of Investment Awards: Necessary Evil or Achilles Heel within NAFTA and the Proposed FTAA?, *Journal of International Arbitration*, Vol. 19, 2002, p. 185.

⑥ Letter from Max Baucus, Senate Finance Committee Chairman, to Robert Zoellick, U. S. Trade Representative (Mar. 26, 2002), quoted in Guillermo Aguilar Alvarez & William W. Park, The New Face of Investment Arbitration: NAFTA Chapter 11, *Yale Journal of International Law*, Vol. 28, 2003, p. 385.

在一浪高过一浪的呼声和越来越大的压力下，在千方百计维护海外投资者利益方面一向充当着发达国家的"急先锋"的美国，为了维护其更为重要的美国主权、美国国家利益，又开始了迈向相反方向的尝试。

根据美国的宪法规定和相应实践，如果美国国会不给予美国行政当局授权，那么，美国行政当局在与外国政府达成贸易协定以后，提交国会审议批准时，国会有权对该协定进行修改，直到自己满意为止。而由美国国会单方面修改的这种贸易协定通常不会为外国政府所接受，结果就是美国行政当局辛辛苦苦谈判签订的贸易协定胎死腹中。美国国会的相应授权也即所谓的"快车道"立法。有了这种立法，在美国行政当局与外国签订完协定、提交国会审批的时候，国会只有两种选择：批准或者不批准，而不能做任何修改。迄今可以说，没有"快车道"立法的授权，外国政府往往不愿意与美国行政当局进行贸易谈判。由于美国国会与美国行政当局之间的意见分歧，在旧的"快车道"立法失效后，自 1994 年中期至 2002 年，美国的新"快车道"立法一直尚付阙如。2002 年，美国国会与美国行政当局终于达成妥协，新的"快车道"立法——《两党贸易促进授权法案》(*Bipartisan Trade Promotion Authority Act*)出台了。[①] 该法案适用于美国在 2002 年 8 月以后开始协商谈判的贸易协定，包括当时正在进行的美国—智利自由贸易区谈判、美国—新加坡自由贸易区谈判、美洲自由贸易区谈判以及 WTO 谈判等。并且，除非国会两院在 2005 年作出否定表示，否则，该法案将一直生效至 2007 年。[②] 该法案的目的在于，在保护美国海外投资者的利益和保护美国作为投资仲裁的潜

① 19 USCS § 3802(b)(3)(2004). 有关该法案出台历史的深入分析，请参见 Bart Kerremans, Coping with a Nettlesome Dilemma: The Long Road to the U.S. Trade Act of 2002, *The Journal of World Investment*, Vol. 4, No. 3, 2003, pp. 517～551.

② 19 USCS § 3802 (b)(3)(2002).

在被申请人的利益之间,保持适当的平衡。[①] 它明确规定:“美国在外国投资方面的首要谈判目标在于……寻求通过如下方法和机制,保证投资者能够得到与其根据美国法律原则和实践所能得到的权利相当的重要权利……通过建立上诉机构或者类似机制(appellate body or similar mechanism)的方式,使得针对贸易协定中的投资条款的解释具有连贯性,从而改善(improve)投资者与政府之间的争端解决机制。”[②]在《两党贸易促进授权法案》的上述规定的指引下,2003 年 6 月 6 日签订的《美国一智利自由贸易协定》附件 10-H 作出了如下规定:自该条约生效起 3 年内,双方应考虑是否建立一个双边

① Bipartisan Trade Promotion Authority Act of 2002, S. Rep. No. 107—139, at 13 (2d Sess. 2002).

② 这一规定的原文是:

“[T]he principal negotiating objectives of the United States regarding foreign investment are…to secure for investors important rights comparable to those that would be available under United States legal principles and practice, by—

“…

“(G) seeking to improve mechanisms used to resolve disputes between an investor and a government through—

“…

“(iv) providing for an appellate body or similar mechanism to provide coherence to the interpretations of investment provisions in trade agreements; and

“…”

See 19 USCS § 3802 (b)(3)(G) (iv).

需要指出的是,在投资协定中创设投资仲裁上诉机制并非美国首创。实际上,早在经济合作与发展组织成员国 1998 年协商《多边投资协定》的时候,就有代表提议为投资者与东道国之间的国际投资仲裁机制设立上诉机制,以确保国际投资仲裁裁决的连续性和实体公正性,但是,由于担心这样将会使国际投资仲裁失去传统的一般国际商事仲裁的特征——快捷、低廉、具有终局性,《多边投资协定》的起草者最终决定:先将该协定下的国际投资仲裁裁决规定为终局的、具有约束力的,待该协定开始运行后,在五年之内,签署国可以根据实际经验对上述规定的适当性进行审议,倘若其时缔约国认为有必要引入国际投资仲裁上诉机制,则可以通过修改该协定的方式作出此类规定。“Selected Issues on Dispute Settlement” (Note by the Chairman), DAFFE/MAI(98)12, 13 March 1998, quoted in Katia Yannaca-Small, Improving the System of Investor—State Dispute Settlement: An Overview, OECD Working Papers on International Investment, Number 2006/1, note. 18. 虽然《多边投资协定》最终流产,上述有关设立国际投资仲裁上诉机制的设想不了了之,但是,它为各国以后处理类似问题提供了解决方案范本。

上诉机构或者类似机制(bilateral appellate body or similar mechanism),以审查在该上诉机构或者类似机制建立后开始的东道国与投资者之间的仲裁中所作出的裁决。对于这一规定,美国国会非常满意,认为这就是对 NAFTA 第 11 章投资仲裁机制的“改善”。[①] 在 2003 年 5 月 6 日签订《美国—新加坡自由贸易协定》的时候,应美国的要求,新加坡贸易与工业部部长与美国贸易代表之间换文确认,双方考虑在将来建立用以审查投资仲裁裁决的上诉机构(appellate body)的事宜是《美国—新加坡自由贸易协定》的不可分割的一部分。[②] 此外,《2004 年美国—摩洛哥自由贸易协定》的附件 10-D、美国与哥伦比亚、秘鲁 2006 年起草的贸易促进协定草案附件 10-D 也都规定了相同的内容。

2004 年 2 月,美国国务院通过了 2004 年《美国双边投资条约范本》(草案)[2004 *Model BIT*(Draft)],旨在取代 1994 年《美国双边投资条约范本》,并“使得美国所签订的自由贸易协定的投资章节的规定能够与美国将来所签订的双边投资条约之间保持步调一致”。[③] 2004 年 11 月,该范本获得了最终通过。[④] 2004 年《美国双边投资条约范本》的附件 D(建立双边上诉机构或机制的可能性)规定:“自本条约生效起 3 年内,缔约国应该考虑是否建立一个双边上诉机构或者类似机制“(bilateral appellate body or similar mechanism),以审查在该上诉机构或者类似机制建立后开始的仲裁中所作出的第 34

---

① United States—Chile Free Trade Agreement Implementation Act, H. R. Rep. No. 108—224, pt. I, at 3(2003).

② George Yeo, *Letter from George Yeo on the Possibility of a Bilateral Appellate Mechanism*, *Minister for Trade and Industry of Singapore*, *to Robert Zoellick*, *U. S. Trade Representative* (May 6, 2003), at http://www. ustr. gov/new/fta/Singapore/final/15app. pdf, Oct. 30, 2004.

③ U. S. Department of State, Update of U. S. Bilateral Investment Treaty, at http://www. state. gov/e/eb/rls/prsrl/28923. htm, July 1, 2005.

④ 可从如下网址下载到 2004 年《美国双边投资条约范本》:http://www. ustr. gov/assets/Trade_ Sectors/Investment/Model_BIT/asset_upload_file847_6897. pdf, July 1, 2005.

条项下的裁决［按：针对东道国与投资者之间的投资争端所作出的裁决］。”[①]这显然与《美国一智利自由贸易协定》附件 10-H 的规定相同。其影响所至，便是《2005 年美国一乌拉圭促进和相互保护投资协定》附件 E 用同样的措辞规定了建立双边上诉机构或机制的可能性的问题。

那么，美国想要建立的这种“上诉机构或者类似机制(appellate body or similar mechanism)，它将要直接审查的对象到底是程序问题还是实体问题呢？它对裁决公正的维护程度将有多高呢？

查阅英文词典可知，“上诉机构”(appellate body)中的“上诉”一词，其词根是“appeal”。《朗文当代高级英语词典》认为，“appeal”指的是“正式要求较为高级的法院改变较为低级的法院的裁断”。[②]《牛津现代高级英汉双解词典》认为，“appeal”指的是“向(较为高级的法院等)提出质疑，要求对方重新听审，作出新的裁决”。[③] 这两部通用英文辞典的解释与下述专业法律词典的解释相吻合：根据《牛津法律词典》，“appeal”指的是“向一个已作出决定的人、机构、法院、裁判庭的上级申请对该裁判重新审查，并且，在后者认为适当的时候，改变该裁判”；[④]根据《朗文法律词典》，“appeal”指的是“将案件从下级裁判庭移交至上级裁判庭，以期后者能推翻或者修改前者的裁判”；[⑤]《元照英美法词典》也指出，在美国，“appeal”一词指的是“请求

---

① 这一规定的原文是：
“Within three years after the date of entry into force of the Treaty, the Parties shall consider whether to establish a bilateral appellate body or similar mechanism to review awards rendered under Article 34 in arbitrations commenced after they establish the appellate body or similar mechanism.”

② 艾迪生·维斯理·朗文出版公司辞典部：《朗文当代高级英语词典》(最新版)，商务印书馆 1998 年版，第 55 页。

③ 张芳杰主编：《牛津现代高级英汉双解词典》，牛津大学出版社 1984 年版，第 49 页。

④ David M. Walker, *The Oxford Companion to Law*, Clarendon Press, 1980, p. 68.

⑤ L. B. 科尔森：《朗文法律词典》(第 6 版)，法律出版社 2003 年版，第 23 页。

上级法院对下级法院的裁决或请求法院对行政机关的裁决进行审查，以纠正其错误或者推翻其不公正之裁决的行为”。[①] 综上所述，“appeal”就是对各种形式的裁判请求监督的行为。

根据若干法律英语辞典的解释，“appeal”的审查范围有事实审和法律审之分。其中，事实审涉及：弄清已经发生哪些事实、证明这些事实的证据怎样得出的结论、证明这些事实的证据可以得出什么结论以及可从这些事实中得出什么结论。法律审涉及：在接受事实审法院的事实认定的基础上，仅仅审查这些事实是否能够证明初审法院的法律结论。在大陆法系国家，上诉法院通常既重新审查事实问题，又重新审查法律问题；在英美法系国家，上诉法院通常在重新审查法律问题的时候，有限度地重新审查事实问题。[②]

显然，无论是对事实的审查，还是对法律的审查，都是既直接审查程序问题，又直接审查实体问题。因此，美国所欲建立的“上诉机构或者类似机制”，实际上就是能够直接审查投资仲裁裁决中的程序问题和实体问题的仲裁监督机构或机制；为了防止当事人滥用上诉权，这样的“上诉机构或者类似机制”显然也不应对裁决中的每一个微小的程序错误和实体错误都斤斤计较，[③]其所关注的应是严重程序错误和严重实体错误，则其对裁决公正的维护程度，显然就是本书所主张的程序公正及实体公正！

五、美国的上述改革对 ICSID 仲裁机制的不利影响

根据在 NAFTA 第 11 章项下的投资仲裁中所得到的惨痛经

---

① 薛波主编：《元照英美法词典》，法律出版社 2003 年版，第 82 页。

② David M. Walker, *The Oxford Companion to Law*, Clarendon Press, 1980, p. 68; Steven H. Giffs, Law Dictionary, Barron's Educational Series Inc., 1975, p. 183；薛波：《元照英美法词典》，法律出版社 2003 年版，第 82 页。

③ 《两党贸易促进授权法案》的如下规定证实了本书这一判断的正确性：“美国在外国投资方面的首要谈判目标在于……寻求通过如下方法和机制，保证投资者能够得到与其根据美国法律原则和实践所能得到的权利相当的重要权利……能够消灭骚扰性的仲裁请求并防止当事人提出骚扰性的仲裁请求的机制……”See 19 USCS § 3802 (b)(3)(G)(i)(2002).

验,美国意识到,在像它这样一个资本输入和输出量都很大的国家,过分地维护海外投资者的利益不仅会严重不适当地损害到外国东道国的国家主权、国家利益,损害到外国人民的福祉,最终也会同样严重不适当地损害到美国的国家主权、国家利益,损害到美国人民的福祉,故晚近在保护海外投资者私人利益和保护东道国国家利益之间,将法律的天平略略向东道国倾斜了一些,宁愿在一定程度上牺牲本国海外投资者的既得利益,也要推动投资仲裁监督制度的改革,促使该制度能维护裁决的实体公正。鉴于 ICSID 仲裁撤销制度以及其他投资仲裁监督制度都不能提供这方面的服务,以 2002 年《两党贸易促进授权法案》、2004 年《美国双边投资条约范本》为依据,美国开始以凌厉的攻势推动投资仲裁监督制度改革。在它的大力推动下,它所缔结的包含投资仲裁内容的自由贸易协定都开始包含有关考虑建立双边上诉机制的条款,①除了《美国－智利自由贸易协定》、《美国－新加坡自由贸易协定》、《美国－中美洲－多米尼加自由贸易协

① 晚近美国所签订的自由贸易协定都包含了投资者与东道国之间的投资仲裁的内容,并且,与《美国－智利自由贸易协定》一样,都包含了关于考虑建立双边上诉机构或者类似机制的内容,只有美国与澳大利亚 2004 年 2 月 8 日签订的《美国－澳大利亚自由贸易协定》除外。Office of the U. S. Trade Representative, U. S. and Australia Complete Free Trade Agreement, at http://www. ustr. gov/releases/2004/02/04-08. pdf, July 1, 2005; Office of the U. S. Trade Representative, Final Text of the U. S. —Australia Free Trade Agreement, at http://www. ustr. gov/assets/Trade_ Agreements/Bilateral/Australia_FTA/Final_Text/asset_upload_file148_5168. pdf, July 1, 2005.

定》等外,[①]美国还在积极地与更多的国家谈判,以缔结更多的包含投资仲裁上诉机制内容的条约。

让我们将目光再投向ICSID仲裁监督机制。如前文所述,尽管当事人意思自治原则要求ICSID裁决具备实体公正性、ICSID仲裁所解决的投资争端的公共利益属性要求ICSID裁决具备实体公正性、ICSID仲裁机制的可持续发展也要求ICSID裁决具备实体公正性,但是,ICSID仲裁机制下唯一的仲裁监督制度就是ICSID仲裁撤销制度,规定这一制度的《华盛顿公约》第52条并没有通过明文规定的方式为利用ICSID仲裁机制的当事人提供一个就裁决实体问题申请仲裁监督的机会,其原意就是专门委员会只有权审查程序问题、只有权维护裁决的程序公正。虽然在ICSID仲裁撤销实践中,早期的专门委员会曾经通过曲解程序性的撤销理由的方法在实际上审查了案件的实体问题,但这种名不正言不顺的作法立即受到了强烈的批评,现已为ICSID专门委员会彻底抛弃,ICSID仲裁撤销制度不是上诉、不审查裁决的实体问题的观念已经深入人心。因此,作为ICSID仲裁机制内唯一的仲裁监督机构,ICSID仲裁撤销制度所能提供的仲裁监督与这种仲裁本身所需要的仲裁监督之间存在巨大的差异,而美国所欲建立的仲裁上诉机制则恰好准备提供ICSID仲裁撤销制度所不能提供的实体审查服务。糟糕的是,《华盛顿公约》所建

① Office of the U. S. Trade Representative, U. S. & Central American Countries Conclude Historic Free Trade Agreement, at http://www.ustr.gov/releases/2003/12/03-82.pdf, Dec. 7, 2003; Office of the U. S. Trade Representative, U. S. and Costa Rica Reach Agreement on Free Trade, at http://www.ustr.gov/releases/2004/01/04-04.pdf, Jan. 25, 2004; Office of the U. S. Trade Representative, U. S. and Morocco Conclude Free Trade Agreement, at http://www.ustr.gov/releases/2004/03/04-15.pdf, May 2, 2004; Office of the U. S. Trade Representative, U. S. & Dominican Republic Conclude Talks Integrating the Dominican Republic into the Central American Free Trade Agreement, at http://www.ustr.gov/releases/2004/03/04-19.pdf, March 15, 2004; Office of the U. S. Trade Representative, *CAFTA-DR Final Text*, at http://www.ustr.gov/assets/Trade_Agreements/Bilateral/CAFTA/CAFTA_DR_Final_Texts/asset_upload_file328_4718.pdf, July 1, 2005.

立的ICSID仲裁机制是一种自成体系(self-contained)的机制，该公约第53条第1款明文规定:“裁决对双方有约束力。不得进行任何上诉或采取任何其他除本公约规定外的补救办法。除依照本公约有关规定予以停止执行的情况外，每一方应遵守和履行裁决的规定。”这就使得现有的ICSID仲裁机制无法利用此种“美式”仲裁上诉机制的长处，申言之，倘若那些与美国缔约准备建立双边仲裁上诉机制的国家后来果真建立了此类机制，则由于ICSID仲裁机制与这类双边仲裁上诉机制之间的不兼容，他们与在其境内投资的对方投资者之间的投资争端只能移至ICSID仲裁机制之外解决。这分明意味着，由于ICSID仲裁撤销制度不审查裁决实体问题、不维护裁决实体公正以至于不能胜任ICSID仲裁监督工作，ICSID仲裁机制现已面临着为《华盛顿公约》缔约国抛弃的危险！

第四节　ICSID仲裁机制的应对策略——兼评ICSID晚近拟设上诉便利制度的改革构想

一、改革背景概述

虽然同研究ICSID仲裁的众多学者一样，ICSID也一直以ICSID仲裁撤销制度不是上诉、不直接审查实体问题、只维护程序公正而自矜，然而，形势不饶人，美国晚近所缔结的自由贸易协定口口声声非得要对投资仲裁提供上诉救济。随着上述“美式”仲裁上诉机制条款的逐渐风行以及该条款所言的“双边上诉机构或者类似机制”的逐渐建立，无法提供相应的仲裁监督服务的ICSID仲裁机制的声望和作用必然将逐渐减弱，乃至被逐渐冷落。

迫于形势，2004年10月，ICSID秘书处在其网站上宣布，其正在考虑建立ICSID上诉便利(ICSID Appeals Facility)制度，并就此征求各界意见。[①] 但是,在公布该讨论稿后不久,ICSID秘书处又公布了一份利害关系人调查报告表(Stakeholder Survey)。[②] 根据表中的数字,有97%的被调查者认为ICSID对投资争端的解决是"公正"的,这似乎意味着ICSID其实自我感觉本来良好,只是迫于无奈才被动改革。然而,这份调查报告表只告诉了读者,在其3000个调查对象中,仲裁员或者仲裁员小组成员占32%、当事人或者其律师占27%、政府官员占32%、其他人员占14%。至于调查问卷的回收率有多高以及在这些回收到的调查问卷中,有多少调查对象来自发展中国家,有多少调查对象来自发达国家,报告只字未提;"其他人员"都是什么人员,报告也没有说明。是以,该调查报告所得出的结论是否具有代表性、客观性,尚且有待证实。

二、ICSID上诉便利制度构想概要

从2004年10月22日在ICSID网站上公布的改革讨论稿的内容上看,ICSID秘书处对建立上诉便利制度一事非常重视:该方案涉及对ICSID的全方位改革,但在短短的26页内容中,单单讨论上诉便利制度的就达11页。根据这份讨论稿,该ICSID上诉便利制度的法律依据将会是"ICSID上诉便利规则"——一种行政理事会通过的类似于现在的《ICSID附加便利规则》的文件。其制度构想概况是:[③]

1. 立法本意。在越来越多的国际投资条约和自由贸易协定开始规定,准备为投资仲裁设立上诉机制的情况下,通过由ICSID设立上诉便利制度,统一为各国提供服务,使得各国不必重复设立类似

① ICSID Secretariat, *Possible Improvements of the Framework for ICSID Arbitration*, at http://www.worldbank.org/icsid/improve-arb.pdf, Oct. 22, 2004.

② ICSID, Stakeholder Survey, October 2004, at http://www.worldbank.org/icsid/icsid-client-survey-100904.pdf, Dec. 1, 2004.

③ ICSID Secretariat, *Possible Improvements of the Framework for ICSID Arbitration*, at http://www.worldbank.org/icsid/improve-arb.pdf, Oct. 22, 2004.

机制，从而实现经济、高效的价值目标；通过ICSID上诉便利制度的运作，使得依据投资条约而提起的投资仲裁裁决具有一致性、连贯性。同时，ICSID也表达了对上诉便利制度可能会损害ICSID裁决的终局性，导致当事人动辄申请上诉以至于裁决执行不力的担心。但它接着无奈地说，如果当事方有这样的需求，那ICSID就为他们提供这种便利，让他们更愿意接受投资仲裁好了，毕竟“无论如何，许多国家都正在承担接受一种仲裁上诉机制的义务”。

2. 服务对象。不仅包括按照《华盛顿公约》进行的一般的ICSID仲裁，而且还包括按照《ICSID附加便利规则》进行的ICSID附加便利仲裁、按照《联合国国际贸易法委员会仲裁规则》进行的投资仲裁以及投资条约中为解决东道国与外国投资者之间的纠纷而规定的其他形式的仲裁。

3. 上诉理由。不但包括《华盛顿公约》第52条第1款所规定的那五个撤销理由，[①]而且还可以包括明显的法律错误(a clear error of law)和严重的事实错误(serious errors of fact)。这样，当事人可以援引的上诉理由就不但可以涵盖严重程序错误，而且可以涵盖严重实体错误。

4. 上诉小组(Appeal Panel)。上诉小组成员经ICSID行政理事会选举、ICSID秘书长指定产生，人数为15人。在首批15位成员中，8位任期为3年，其余7位任期为6年，也就是说，上诉小组成员的任期实行“交错制”。同时，上诉小组的每一位成员都需来自不同的国家，且系在法律、国际投资和投资条约方面展示出了专业才能的公认权威人士。[②]

5. 上诉程序。欲上诉的当事人需在特定期限内向ICSID秘书

---

① 这五个撤销理由是：仲裁庭组成不当、仲裁庭明显越权、仲裁庭的成员有受贿行为、严重违背基本程序规则、裁决未陈述其所依据的理由。

② 此处效仿的是WTO《关于争端解决规则和程序的谅解》(*Understanding on Rules and Procedures Governing the Settlement of Disputes*)第17条第3款有关遴选WTO上诉机构成员的规定。

长提出申请，后者在对该申请进行初步审查认为合格后，即将其加以登记，并随之为该案件提供各种必要的管理服务。登记后紧接着进行的就是上诉庭(appeal tribunal)的组建工作。上诉庭是具体处理当事人上诉的机构，其成员皆来自上诉小组，并系ICSID秘书长逐案指定的。ICSID秘书长将会在指定前就具体人选问题与当事人进行协商，听取当事人的意见。除非当事人另有约定，否则，上诉庭的成员为3人。在上诉程序的管理上，“ICSID仲裁上诉规则”将设定各种时间期限，如答辩的期限等，使得程序能够尽快地进行。《ICSID仲裁程序规则》的许多规定都将同等适用于ICSID上诉便利制度。①

6. 上诉对象。该讨论稿提出了两种方案：当事人只能针对终局裁决申请上诉；无论是中间裁决还是终局裁决，当事人都可以及时对之提出上诉。但它同时又认为，可能第二种方案更好。在第二种方案下，为了避免当事人滥用上诉权，讨论稿设想了一种监控程序：由上诉小组成员事先选举出一人，该人专门负责审查当事人针对中间裁决提出的上诉请求的可接受性。只有在该人同意的情况下，当事人才可以针对中间裁决提起上诉。同时，在针对中间裁决所提起的上诉程序正在进行的过程中，原仲裁程序不停止进行。

7. 上诉结果。上诉庭有权确认、修改、推翻、撤销原裁决。如果上诉庭修改或者推翻原裁决后，原争端尚未得到解决或者尚未得到完全解决，则当事人既可以将争端提交给原仲裁庭，又可以将争端提交给新仲裁庭。当然，如果上诉庭已经完全彻底地解决了争端，则这种处理结果就是终局的。

8. 上诉担保。根据讨论稿的初步构想，申请上诉的当事人不但需要预缴仲裁上诉费用，而且原则上还需以银行担保的形式就原裁

---

① 当然，如果《ICSID仲裁程序规则》中真的增加了旨在制止滥用投资仲裁、承认第三方参与的规定的话，这些规定也就同样适用于ICSID上诉便利程序了。

决确定其赔偿的金额提供上诉担保，[①]以免"败诉人"通过上诉的方式无理拖延执行。

9. 原裁决的执行以及与其他裁决后救济(post-award remedies)的关系。在上诉期间，当事人承担不寻求执行原裁决的义务。并且，在上诉庭全部或者部分维持原裁决的情况下，当事人承担执行被维持的全部或者部分原裁决的义务。同时，虽然"ICSID上诉便利规则"可以规定，当事人一旦依据其提起了上诉，就不得再行提起其他的上诉或者撤销程序，但是，至少就一般的ICSID仲裁、ICSID附加便利仲裁、按照《联合国国际贸易法委员会仲裁规则》进行的仲裁而言，提起上诉的当事人仍然可以向原仲裁庭申请对裁决进行纠正、补充、解释。[②]

10. 其余事项。考虑到上诉便利制度是个新事物，ICSID并无处理它的经验，所以，"ICSID上诉便利规则"将试行6年，之后再根据实践的需要对之进行修改。

三、对ICSID上诉便利制度构想的评析

ICSID秘书处公布了上诉便利制度构想之后，可谓"一石激起千层浪"，人们对应否设立这样一种制度众说纷纭。很多商事仲裁员指责ICSID系逆潮流而动，违背了国际商事仲裁撤销制度主要以程序

---

① 与之类似的作法是，在ICSID仲裁撤销实践中，专门委员会常常要求撤销申请人就暂缓执行裁决提供银行担保。

② 这是因为，《ICSID仲裁程序规则》第49条至第51条、《ICSID附加便利仲裁规则》第56条至第58条、《联合国国际贸易法委员会仲裁规则》第35条至第37条都规定了上述裁决后救济。

问题作为审查的切入点的大势所趋，损害了投资仲裁裁决的终局性，[①]而这场改革的潜在受益者——ICSID 仲裁中几乎固定地充当东道国的发展中国家也不无微词。

比如，作为发展中国家的"喉舌"的南方中心就曾经发专文一针见血地指出："ICSID 的改革建议并非旨在满足合并多个上诉机制的明显需求。确切地说，其实它是对某些发达国家在其晚近的国际协定中所作出的政策发展的响应。"接着，该文又具体引述了美国 2004 年《双边投资条约范本》、2002 年《两党贸易促进授权法案》以及美国晚近所签订的若干自由贸易协定的相关条文，进一步确认此处所谓的"某些发达国家"就是美国。[②] 它指出，虽然 ICSID 声称其改革之目的在于实现经济、高效的价值目标，并使得依据投资条约提起

① See e. g., Filip De Ly, Who Wins and Who Loses in Investment Arbitration? Are Investors and Host States on a Level Playing Field? —The Lauder/Czech Republic Legacy, *The Journal of World Investment & Trade*, Vol. 6, No. 1, 2005, pp. 62～63; Bohuslav Klein, Who Wins and Who Loses in Investment Arbitration? Are Investors and Host States on a Level Playing Field? —The Lauder/Czech Republic Legacy, *The Journal of World Investment & Trade*, Vol. 6, No. 1, 2005, pp. 66～67; Antonia Crivellaro, Making the Proceeding Public and Allowing Third-Party Interventions—Are the New Generation Bilateral Investment Treaties (U. S., Canada) Bifurcating Investment Arbitration from International Commercial Arbitration?, *The Journal of World Investment & Trade*, Vol. 6, No. 1, 2005, p. 102.

但是，这场改革也并非没有支持者。一些支持者强调，投资仲裁中的公共利益因素决定此种裁决不但必须要公正，而且还必须要有连续性、可预见性。See e. g., Thomas W. Walde, Energy Charter Treaty-based Investment Arbitration: Controversial Issues, *The Journal of World Investment & Trade*, Vol. 5, No. 3, 2004, pp. 113～121. 另外，专为发展中国家鼓与呼的可持续发展国际研究所(International Institute for Sustainable Development, IISD)也曾发表专文指出，ICSID 拟提高仲裁监督机构的审查标准、允许仲裁监督机构直接审查实体问题的作法是可嘉的。See Howard Mann, Aaron Cosbey, Luke Peterson & Konrad Von. Moltke, *Comments on ICSID Discussion Paper, Possible Improvements of the Framework for ICSID Arbitration*, at http://www. iisd. org/pdf/2004/investment_icsid_response. pdf, July 1, 2005.

② South Centre, *Developments on Discussions for the Improvement of the Framework for ICSID Arbitration and the Participation of Developing Countries*, at http://www. southcentre. org/tadp_webpage/research_papers/investment_project/icsid_discpaper_feb05. doc, July 1, 2005.

的投资仲裁裁决具有一致性、连贯性，但前一目的干脆就是ICSID空想出来的事物，而后一目的则根本不可能通过这场改革得到实现。虽然一个设计良好的、容许直接审查严重程序错误和严重实体错误的ICSID仲裁监督制度是不错，发展中国家和外国投资者都会从中受益，但是，这场改革不但必须要通过彻底修改《华盛顿公约》的方式进行，以充分尊重发展中国家的意愿，而且还必须要责成发达国家为ICSID上诉庭的运行费用"买单"，以弥补发展中国家因为该上诉程序的运作而增加支出的仲裁费用。[①] 所以，该文认为，"ICSID看来已经通过它的办公机构的越权以及未越权的活动促进了特定缔约国之间的政策发展。但是，就ICSID框架而言、就《华盛顿公约》全体缔约国而言，ICSID上诉便利制度究竟具有哪些利弊，ICSID却丝毫没有考虑过"。

在一片反对声浪中，事隔约八个月后，ICSID秘书处在其网站上称："人们公认的一点是，如果要将国际上诉程序引入投资仲裁中，那么，建立一个ICSID上诉机制就好了，没必要在每个条约项下都建立一个不同的上诉机制。但是，大多数人也认为，尤其是鉴于ICSID秘书处公布的讨论稿中所提到的那些技术及政策问题难以解决，目前并不是建立这种ICSID上诉机制的成熟时机。本秘书处将继续研究这一问题，以帮助《华盛顿公约》缔约国针对下述问题作出决策：是否建立一个ICSID上诉机制、何时建立这样一种机制。"[②]

本书早已讨论过应允许对ICSID裁决进行程序审查和实体审查、以维护裁决的程序公正及实体公正的原因，故在此不拟质疑设立ICSID上诉便利制度的良好初衷。本书下面仅拟从ICSID上诉便利

---

① South Centre, *Developments on Discussions for the Improvement of the Framework for ICSID Arbitration and the Participation of Developing Countries*, at http://www.southcentre.org/tadp_webpage/research_papers/investment_project/icsid_discpaper_feb05.doc, July 1, 2005.

② ICSID Secretariat, *Suggested Changes to the ICSID Rules and Regulations*, at http://www.worldbank.org/icsid/052405-sgmanual.pdf, para. 4, June 4, 2005.

制度是否适宜于为一般的ICSID仲裁提供适当的监督服务这一角度，提出一二管见，以期抛砖引玉。

（一）《华盛顿公约》缔约国是否有权在ICSID仲裁中接受该制度

《华盛顿公约》第53条明文规定：“1. 裁决对双方有约束力。除本公约另有规定外，不得进行任何上诉或采取任何其他补救办法。除依照本公约有关规定予以暂缓执行的情况外，每一方应遵守和履行裁决的规定。2. 在本节中，‘裁决’应包括依照第50条、第51条或第52条对裁决作出解释、修改或撤销的任何决定。”这一规定意味着，如《华盛顿公约》缔约国欲通过ICSID上诉便利制度这个“制度外救济”对ICSID裁决进行程序和实体审查，就首先需要修改第53条的相关规定。

《华盛顿公约》中有关修改条约的规定是其第65条、[①]第66条，[②]其中，第66条将“所有缔约国已经批准、接受或者认可”规定为对该约进行修改的条件，这一严格的批准条件使得该约迄今都没有被彻底修改过。不过，这两条规定并未对是否允许仅在特定缔约国之间修改该约作出明文的表态。倘若真的可以仅在特定缔约国之间修改第53条，则《华盛顿公约》缔约国无疑就可以在作出必要安排的条件下，利用ICSID上诉便利制度来对ICSID裁决进行实体审查，以维护ICSID裁决的实体公正了。

这就需要我们再来考察一下《维也纳条约法公约》第41条（仅在若干当事国间修改多边条约之协定）的规定：“1. 多边条约两个以上当事国得于下列情形下缔结协定仅在彼此间修改条约：(1)条约内规定有作此种修改之可能者；或(2)有关之修改非为条约所禁止者，且：

① “任何缔约国得建议修改本公约。建议修改的文本应在审议该修改案的行政理事会召开会议之前至少90天送交秘书长，并由秘书长立即转交行政理事会所有成员。”

② “1. 如果行政理事会根据其成员的三分之二多数决定修改，则建议修改的文本应分送给所有缔约国予以批准、接受或认可。每次修改应在本公约的保存者向各缔约国发出关于所有缔约国已经批准、接受或认可该项修改的通知之后30天开始生效。2. 任何修改不得影响任何缔约国或其任何下属单位或机构或该国的任何国民，在修改生效之日以前表示同意受ICSID管辖而产生的由本公约规定的权利和义务。”

①不影响其他当事国享有条约上之权利或者履行其义务者；②不关涉任何如予损抑即与有效实现整个条约之目的及宗旨不合之规定者。2. 除属第 1 条第(1)款范围之情形条约另有规定者，有关当事国应将其缔结协定之意思及协定对条约所规定之修改，通知其他当事国。”

《维也纳条约法公约》第 41 条第 2 款的规定表明，只要我们能够对如下三个问题作出肯定回答，就可以断定，《华盛顿公约》缔约国有权利用 ICSID 上诉便利制度来对 ICSID 裁决进行实体审查了。

第一，《华盛顿公约》不禁止在特定缔约国之间修改该约，建立 ICSID 上诉便利制度。

针对《华盛顿公约》是否禁止在特定缔约国之间修改该约这一问题，早在 20 世纪 80 年代末、90 年代初，就曾有学者们展开过交锋。一种观点认为，《华盛顿公约》第 65 条、第 66 条仅规定，直到全体缔约国都接受修改，修改才能对全体缔约国生效，但这并不影响该修改在全体缔约国都接受之前，仅在接受它的缔约国之间生效。[①] 另一种观点则主张，《华盛顿公约》第 66 条明明说，要“所有”缔约国已经批准、接受，或者认可，修改才能生效，这就是禁止仅在特定缔约国之间修改的意思。[②]

笔者认为，《华盛顿公约》第 66 条本身并未禁止在特定缔约国之间对该约进行修改，而该约的相关缔约准备资料又清楚地表明，该约

---

① W. Michael Reisman, The Breakdown of the Control Mechanism in ICSID Arbitration, *Duke Law Journal*, No. 4, 1989, p. 806; W. Michael Reisman, Repairing ICSID's Control System: Some Comments on Aron Broches' “Observations on the Finality of ICSID Awards”, *ICSID Review—Foreign Investment Law Journal*, Vol. 7, No. 1, 1992, pp. 209～211.

② Aron Broches, Observations on the Finality of ICSID Awards, *ICSID Review—Foreign Investment Law Journal*, Vol. 6, No. 2, 1991, pp. 374～375; Aron Broches, On the Finality of Awards: A Reply to Michael Reisman, *ICSID Review—Foreign Investment Law Journal*, Vol. 8, No. 1, 2004, pp. 100～101. See also, Christoph H. Schreuer, *The ICSID Convention: A Commentary*, Cambridge University Press, 2001, p. 1267.

第66条之所以要求修约需缔约国一致同意，仅仅是为了避免出现不同意修约的缔约国被迫接受修约的局面。[①] 鉴于仅在特定缔约国之间修约并不会导致其他没有参与修约的缔约国义务增加或者权利减少，更不会导致未同意修约的国家被迫接受修约的结果，所以，根据《维也纳条约法公约》第30条、第31条的条约解释原则，应该认为，《华盛顿公约》是允许仅在特定缔约国之间修改该约的。同时，在该约起草的过程中，起草者之所以没有将允许仅在特定缔约国之间修改公约这一点明确写入《华盛顿公约》，恰恰表明了这一点"其理至显"，无须强调。

第二，该修改不影响其他缔约国对《华盛顿公约》所赋予的权利的享有和所科以的义务的履行。

笔者认为，特定缔约国仅在彼此之间修改《华盛顿公约》，引入ICSID上诉便利制度，令ICSID上诉庭有权直接审查严重实体错误，这只是修约国自己的事情。经过这样的修改以后，它们与接受这种修改的其他缔约国的投资者之间的ICSID裁决可以拥有更高的公正性，所有接受修改的其他缔约国同时都有义务互相承认和执行这种具有更高公正性的裁决。这并不影响到未接受这种修改的其他缔约国的权利和义务，也不需要它们对ICSID上诉便利制度项下的裁决承担承认与执行的义务。

第三，该修改与任何如予损抑即与有效实行整个条约之目的及宗旨不合的规定无关。

笔者认为，根据《华盛顿公约》的序言和第1条，该公约的目的和宗旨就在于，促进各缔约国和其他缔约国国民之间的投资争端的调

① ICSID, *Convention on the Settlement of Investment Disputes between States and Nationals of Other States: Documents Concerning the Origin and Formulation of the Convention*, Vol. 2, 1968, pp. 905～910, 940, 994～996, 1000～1003.

解解决和仲裁解决。[①] 引入ICSID上诉便利制度,使之所维护的裁决更为公正合理,使ICSID仲裁撤销制度不必因为众口难调而捉襟见肘,这非但不会损害上述目的和宗旨,而且还促进了上述目的和宗旨。

根据上述分析,笔者认为,《华盛顿公约》缔约国有权通过修约的方式,在ICSID仲裁中接受上诉便利制度。其修约的具体方式很多,最为简单的可能就是,在接受ICSID仲裁管辖权的双边投资条约中明确规定如下内容:如当事人对ICSID裁决不服,不服的当事人有权在符合法定条件下,上诉至ICSID上诉便利制度;ICSID上诉便利制度所作出的裁决是终局性的,不受ICSID仲裁撤销制度以及ICSID体制外的其他救济方式的约束;缔约国有义务将ICSID上诉便利制度下的裁决视作《华盛顿公约》第52条第2款项下的"裁决",并予以相应的承认和执行。

(二)该制度对ICSID仲裁机制的可能贡献

笔者认为,从积极的角度看,ICSID上诉便利制度的运作能够在一定程度上整合一般的ICSID仲裁制度与ICSID上诉便利制度两者的优势,有权接受它的投资仲裁当事人不但可以充分利用一般的ICSID仲裁制度的优势,而且还可以启动更有力度的仲裁监督机制。

首先,ICSID上诉便利制度只调整仲裁监督层面的问题,选用它的当事人仍然有充分的权利依法向ICSID提起仲裁,并充分享受《华盛顿公约》下的若干其他重要制度,如管辖权、准据法等带来的益处。众所周知,ICSID管辖对象的专门性使得ICSID仲裁机制在处理投资争端方面具有更专业的经验,并吸引了更多的当事人;ICSID仲裁所适用的准据法的独特性,尤其是《华盛顿公约》第42条第1款第2句中有关适用国内法和国际法的规定的独特性,使得众多的发

① 该约的序言指出:"各缔约国……特别重视提供国际……仲裁的便利;……愿意在国际复兴开发银行的赞助下建立此种便利"。另外,该约第1条第2款也指出:"ICSID的宗旨是依据本公约的规定为各缔约国和其他缔约国国民之间的投资争端,提供调解和仲裁的便利。"

展中国家缔约国在一定程度上易于接受 ICSID 仲裁。

其次，在当事人最终对 ICSID 仲裁裁决感到满意，从而无须真正启动 ICSID 上诉便利制度的情况下，则仲裁庭所作出的裁决就是传统的 ICSID 裁决。迄今为止批准《华盛顿公约》的国家已经达到 143 个，根据《华盛顿公约》第 54 条第 1 款规定，这 143 个缔约国都"应承认依照本公约作出的裁决具有约束力，并在其领土内履行该裁决所课予的金钱义务，如同该裁决是该国法院的终局判决一样"。

第三，在当事人对 ICSID 仲裁裁决不满的情况下，尤其是当事人认为裁决中存在严重实体错误、ICSID 仲裁撤销制度已经无法为自己提供充分救济的情况下，启动 ICSID 上诉便利制度就可以实现当事人的对裁决进行实体审查、维护裁决实体公正的愿望。在上诉庭修改了原裁决的情况下，一起同意修改《华盛顿公约》第 53 条的缔约国也有义务"承认依照本公约作出的裁决［按：上诉庭的裁决］具有约束力，并在其领土内履行该裁决［按：上诉庭的裁决］所课予的金钱义务，如同该裁决［按：上诉庭的裁决］是该国法院的终局判决一样"。[①]

此外，由于 ICSID 仲裁机制中的仲裁监督力度有限、只限于直接维护裁决的程序公正，越来越多的双边投资条约以及自由贸易协定开始要求其缔约国考虑建立双边投资仲裁上诉机制，ICSID 仲裁机制遂受到挑战。倘若 ICSID 上诉便利制度能够收到预期实效，就可以吸引原本对 ICSID 仲裁监督力度不满的《华盛顿公约》缔约国重新回到 ICSID 仲裁体制中来，通过修改《华盛顿条约》第 53 条的方式，径直在 ICSID 仲裁中利用 ICSID 上诉便利制度，而不必在 ICSID 框架外另起炉灶，引入其他的双边上诉机制。这不但将解决 ICSID 的燃眉之急，而且还可以使得 ICSID 在提供具有上诉性质的仲

① 《华盛顿公约》第 54 条第 1 款。

裁监督服务方面占尽先机，抢占国际市场。①

（三）该制度对ICSID仲裁机制的可能冲击

然而，凡事都有两面。在承认ICSID上诉便利制度有可能为ICSID仲裁带来福音的时候，我们也必须认识到，该制度同样可能对ICSID仲裁体制构成极大的冲击。

为了强化裁决的终局性和执行力，《华盛顿公约》的起草者们设计了独特的仲裁监督制度和承认执行制度。根据这些制度，ICSID裁决只受到“制度内救济”的约束，其中最为严厉的救济就是ICSID仲裁撤销。同时，在《华盛顿公约》缔约国境内，ICSID裁决具有强制流通力，因为“每一缔约国应承认依照本公约作出的裁决具有约束力，并在其领土内履行该裁决所课予的金钱义务，如同该裁决是该国法院的终局判决一样”，②这就与一般国际商事仲裁裁决必须借助特别的承认与执行条约或者互惠原则才能在外国执行截然不同。上述特点也是ICSID仲裁的优势所在，因为ICSID仲裁的效力和可承认与执行性可以最大限度地不受外界干涉，臻至自成体系。然而，ICSID上诉便利制度这一“制度外救济”的引入却会打破这种自成体系的状况，并在撤销和承认、执行两方面造成混乱，而由于《华盛顿公约》本身的强烈“排外性”，这种混乱无法有效消除。

① See also South Centre, *Developments on Discussions for the Improvement of the Framework for ICSID Arbitration and the Participation of Developing Countries*, at http://www.southcentre.org/tadp_webpage/research_papers/investment_project/icsid_discpaper_feb05.doc, July 1, 2005; Howard Mann, Aaron Cosbey, Luke Peterson & Konrad Von. Moltke, *Comments on ICSID Discussion Paper, Possible Improvements of the Framework for ICSID Arbitration*, at http://www.iisd.org/pdf/2004/investment_icsid_response.pdf, July 1, 2005.

② See also South Centre, *Developments on Discussions for the Improvement of the Framework for ICSID Arbitration and the Participation of Developing Countries*, at http://www.southcentre.org/tadp_webpage/research_papers/investment_project/icsid_discpaper_feb05.doc, July 1, 2005; Howard Mann, Aaron Cosbey, Luke Peterson & Konrad Von. Moltke, *Comments on ICSID Discussion Paper, Possible Improvements of the Framework for ICSID Arbitration*, at http://www.iisd.org/pdf/2004/investment_icsid_response.pdf, July 1, 2005.

这是因为，提起上诉的当事人的正常希望通常是，上诉庭不同意仲裁庭的处断方案，并另行重新作出自己的处断方案。但倘若其梦想成真，就会出现两个不同的裁决：原裁决与上诉裁决。倘若 ICSID 仲裁庭裁决外国投资者“胜诉”，ICSID 上诉便利制度中的上诉庭裁决外国投资者“败诉”，而外国投资者直接去未对《华盛顿公约》第 53 条进行修改的缔约国法院，要求后者承认和执行有利于自己的原裁决时，根据《华盛顿公约》第 54 条，后者当然应该承认该被撤销的原裁决，则上诉庭的裁决就变成了一纸空文。考虑到《华盛顿公约》缔约国现已达到 143 个，在上诉过程中“败诉”的当事人可以活动的空间非常之大，ICSID 上诉庭裁决变成一纸空文的风险也因此非常之大。当然，一方当事人去未进行修约的《华盛顿公约》原缔约国申请承认和执行已为 ICSID 上诉庭撤销的原裁决，显然会给对方当事人造成损害，对方当事人有权再行追偿。但是，反反复复的如下过程：仲裁→上诉→作出新裁决→转而执行原裁决→为由此带来的损害赔偿再申请仲裁，必然会导致案件久拖不决，而“迟到的正义不是正义”！

相反，倘若原裁决是由国际商会或者按照《联合国国际贸易法委员会仲裁规则》组建的临时仲裁庭作出的，那么，在当事人上诉到 ICSID 上诉庭、上诉庭不同意仲裁庭的处断方案并另行重新作出自己的处断方案的情况下，裁决的承认和执行情形就会好得多。固然，此时，ICSID 上诉庭的裁决还面临着被仲裁地或者裁决所依据的法律的所属国法院撤销的额外危险。但是，鉴于目前的投资仲裁几乎都是以缔约国之间通过投资条约的方式事先“一揽子”接受国际仲裁庭的管辖权为前提，缔约国之间可以通过精心的安排消除撤销风险，强化承认和执行机制。比如，要求 ICSID 上诉庭必须位于作为缔约一方的东道国境内，同时缔约国相互承担不撤销、并无条件地承认和执行上诉庭裁决中的金钱义务的义务。考虑到这类案件的仲裁地都在东道国境内，而在这类案件中即便需要适用国内法，也几乎就是东道国国内法，东道国又负有不得撤销并无条件承认和执行 ICSID 上诉裁决中的金钱义务的义务，故ICSID上诉庭裁决的被撤销风险就几乎可以被消除了。就算当事人由于其他原因，必须要到缔约国以外的国家的法院去执行上诉庭的裁决，其处境也至少会比同等情况下的下述当事人好得多：先在ICSID仲裁机制中仲裁，然后又得到了ICSID上诉庭的救济，需要到未接受修约的《华盛顿公约》缔约国去申请承认和执行。

有鉴于此，ICSID仲裁当事人看来只有两种选择：或者无奈降低其对ICSID裁决公正性的期望值，干脆不引入ICSID上诉便利制度，只任由ICSID仲裁撤销制度来维持裁决的程序公正；或者不肯降低其对裁决公正性的期望值，干脆不接受ICSID仲裁，宁可去国际商会等机构仲裁，然后再利用ICSID上诉便利制度。在第一种选择下，ICSID上诉便利制度形同虚设；在第二种选择下，ICSID上诉便利制度架空了ICSID仲裁！就本书看来，尤其是当事人一方完全可以拿出被上诉庭否定的原裁决要求未进行修约的《华盛顿公约》原缔约国予以承认执行这一"恶果"使然，至少就已经或者即将对ICSID仲裁撤销制度满腹怨言的《华盛顿公约》缔约国而言，ICSID上诉便利制度的建立并不能"收回"它们的"心"。如果它们不甘心任由片面维护外国投资者利益的ICSID裁决侵蚀其国家主权、损害其公共利益、削弱其在国民心目中的形象，那么，在适当的条件下，上述第二种选择很可能就是它们的首选。①

---

① 可能正是出于同样的担心，美国在其晚近所签订的自由贸易协定或者双边投资条约中与其缔约对方频频另外约定：如果将来双方都参加了某一多边条约，而该多边条约设立了一个能够对国际投资仲裁裁决进行审查的上诉机构，则本协定的缔约双方应竭力达成协议，使得自该上诉机构建立之日起作出的本协定项下的国际投资仲裁裁决案件能够接受该上诉机构的仲裁监督。比如，《2005年美国一乌拉圭促进和相互保护投资协定》第25条、《2004年美国一多米尼加一中美洲自由贸易协定》第10.20条、《2003年美国一智利自由贸易协定》第10.19条、《2003年美国一新加坡自由贸易协定》第15.19条都作出了这一约定。这似乎意味着，美国正在准备谋求推动一个旨在获得普遍接受的多边国际投资仲裁上诉机构的建立。诚如是，则其实在是任重而道远。

四、小结

ICSID仲裁需要实体公正性，然而，受一般国际商事仲裁监督制度只维护程序公正的影响，《华盛顿公约》的起草者在创设ICSID仲裁机制内唯一的仲裁监督制度——ICSID仲裁撤销制度的时候，却没有为其留下审查实体问题的空间，迄今公认的是，ICSID仲裁撤销制度只审查ICSID裁决的程序问题，只维护裁决的程序公正。美国晚近推动投资仲裁监督机制改革的努力使得早已存在的ICSID仲裁撤销制度不胜任的问题浮出水面。

表面看来，ICSID似乎有两种改革选择：第一，修改《华盛顿公约》第52条的规定，允许ICSID仲裁撤销制度审查裁决的重大实体问题，维护裁决的实体公正。由于ICSID仲裁机制的自成体系性，特别是其第53条明确规定"不得进行任何上诉或采取任何其他除本公约规定外的补救办法"，修改《华盛顿公约》第52条的相关规定显然是解决问题的最彻底方法。然而，由于该公约第66条规定，修改《华盛顿公约》需要所有缔约国都同意方可，在ICSID缔约国已达155个（其中已交存了批准书的为143个）的今天，[①]修改第52条几乎是不可能的。故此路不通。同理，其他需要修改《华盛顿公约》才能实现的其他改革方案（如在保留ICSID仲裁撤销制度的同时增设ICSID仲裁上诉制度）也都是几乎不可能实现的。第二，放弃彻底修改《华盛顿公约》的想法，推动《华盛顿公约》公约的部分缔约国之间通过缔结多边或者双边条约的方式，在它们之间修改《华盛顿公约》中有关仲裁监督制度的规定，本章所剖析的ICSID上诉便利制度构想也属于此类改革方案。这是最为容易实现的改革方案，然而，正如本书在分析ICSID设立上诉便利制度构想时所指出的那样，这种改革方案仍然行不通。

因此，尽管ICSID仲裁撤销制度已经不能满足ICSID仲裁的内

---

① At http://www.worldbank.org/icsid/constate/c-states-en.htm, Oct. 9, 2006.

部监督需要,然而,由于ICSID仲裁机制的自成体系性使然,迄今不但尚未发现能够有效地对ICSID仲裁监督制度进行改革的万全之策,而且也未发现可以勉为其难实现ICSID仲裁监督制度改革基本目标的次优选择。针对投资仲裁目前面临的"合法性危机",一篇在2002年1月25日召开的瑞士仲裁协会关于投资条约和仲裁的会议上提交的论文曾经警告说,"有一件事情是清清楚楚的:除非人们对当前的投资仲裁制度的非难能够得到解决(不管这种解决方案是较为温和的还是大刀阔斧的),否则,仲裁界的这个新生儿[按:指投资仲裁]的发育就会受阻,国际贸易和投资都将受到不利影响,人们也将失去借此发展经济的重要良机。"[①]的确,如果ICSID不能对自身进行适当而及时的改革,适应缔约国的这种新需要,那么,随着发展中国家向发达国家投资的日益增多,陷于并不公正且只允许有限监督的ICSID仲裁的泥沼的发达国家的日益增多,有朝一日,ICSID或许将不会像今天这样"生意红火",其影响所至,将不仅是ICSID这个单纯的投资争端解决机制的荣辱兴衰问题,还包括《华盛顿公约》所有缔约国的国际投资大业。因此,ICSID仲裁机制到底要如何应变,才能对其仲裁撤销制度监督无力的制度性缺陷进行补救,这是需要所有学人共同研究的迫切问题。

---

① Nigel Blackaby, *Public Interest and Investment Treaty Arbitration*, at http://www.gasandoil.com/ogel/samples/freearticles/article_56.htm, Jan. 3, 2004.

第四章

中国的对策:慎重接受 ICSID 仲裁管辖权

第一节 慎重接受 ICSID 仲裁管辖权的原因

如上所述,尽管当事人意思自治原则、ICSID 仲裁所解决的投资争端的公共利益属性以及 ICSID 仲裁的可持续性发展都要求 ICSID 裁决具备实体公正性,但是,由于种种原因,ICSID 裁决经常缺乏足够的实体公正性:首先,从 ICSID 仲裁员的思维定势上看,受一般国际商事仲裁的私法性特征影响,ICSID 仲裁员在裁决投资争端的时候往往倾向于片面保护外国投资者的私人财产权、对东道国的国家主权之维护漠不关心,从而导致 ICSID 裁决实体公正性缺乏。其次,由于投资仲裁所经常适用的准据法——国际投资法中有关征收、公平公正待遇等的规定过于模糊,不同的 ICSID 仲裁庭对其的理解常常大不相同,从而导致类似的案件实体处理结果迥异,这就加剧了 ICSID 仲裁实体公正性缺失的状况。最后,作为 ICSID 仲裁机制内唯一的仲裁监督机构——ICSID 仲裁撤销制度的法定权限过于狭窄,其只有权对 ICSID 裁决的程序错误进行监督,从而使得 ICSID 裁决的实体处理不公问题无法在仲裁监督层面得到适当解决。美国晚近大力推动投资仲裁监督机制改革,这使得缺乏有效的仲裁监督制度的 ICSID 仲裁机制面临严峻挑战,为此,ICSID 曾经提出过设立上诉便利制度的改革构想,但是,由于《华盛顿公约》的自成体系特点使然,这一构想终因行不通而搁浅。ICSID 目前尚无有效的改革方案来应对这一挑战，因此，在未来较长一段时间内，尽管 ICSID 裁决仍然急需实体公正性，但 ICSID 体制内的唯一监督制度——ICSID 仲裁撤销制度仍然无法满足这种需要，它仍然只能对裁决的严重程序错误进行审查，对裁决中的严重实体错误，它只能持不干预态度。显然，这就使得 ICSID 仲裁中的东道国一方利益受到较大损害。

在 ICSID 仲裁中，发展中国家几乎固定地充当着被申请人东道国的角色，而发达国家海外投资者则几乎固定地充当着申请人的角色，这种角色的固定化意味着，作为发展中国家的中国，其在经常性实体不公的 ICSID 仲裁个案中将主要是利益受损方。在无法有效扭转 ICSID 仲裁实体不公局面、无法有效改革不能维护实体公正的 ICSID 仲裁监督制度的情况下，中国的对策只能局限于对 ICSID 仲裁管辖权或者继续接受、或者果断拒绝，而其判断依据则是中国在接受 ICSID 仲裁方面的总体利弊得失权衡。

众所周知，ICSID 是在世界银行的主持下建立的一个专门处理重大国际投资争端的机构，通过促进投资争端的仲裁以及调解解决（事实上，ICSID 所处理的案件几乎都是仲裁案件，调解案件寥寥无几），ICSID 旨在加强国际直接投资。但是，ICSID 仲裁对一国吸引外资工作到底能起到何种作用，却始终缺乏可靠的实证研究。尽管认为包括投资仲裁在内的双边投资条约对东道国吸引外资工作并无实质性影响的观点一直存在，[①]但无论是发达国家还是发展中国家都对投资仲裁的作用持积极的肯定作用。向来推动投资争端的仲裁解决的发达国家一直认为，仲裁是整平游戏场地、取代东道国国内诉讼的途径，能够保障外国投资者的资产不会未获补偿而被征收。[②]

---

① 张晓斌副编审在如下一篇文章中对有关这一问题的正反两方面观点都进行了介绍和深入剖析：张晓斌：《双边投资条约引资效果的经验分析》，载陈安主编：《国际经济法学刊》第 13 卷第 1 期，北京大学出版社 2006 年版，第 269～281 页。

② Guillermo Aguilar Alvarez & William W. Park, The New Face of Investment Arbitration: NAFTA Chapter 11, *Yale Journal of International Law*, Vol. 28, 2003, p. 369.

接受ICSID仲裁机制的发展中国家则相应地认为，接受ICSID仲裁之类的投资仲裁会使自己的投资环境更为优良，从而吸引更多的外资，因而如火如荼地竞相缔结包含接受ICSID仲裁管辖权内容的双边投资条约。世界银行《2005年世界发展报告》显示，自20世纪60年代开始，缔结双边投资条约的发展中国家的数量越来越多，而最近一些年更是急剧攀升。截至2002年底，发展中国家所缔结的双边投资条约已经覆盖了发展中国家境内的22%的外国直接投资。①

然而，晚近经常性实体不公的投资仲裁对东道国主权的漠视与攻击，使得人们开始重新审视ICSID仲裁对吸引外资、促进东道国经济发展的作用这一老问题。随着研究的深入，越来越多的人都在相信，在发展中国家吸引外资方面，ICSID仲裁之类的投资仲裁安排虽然能够起到一定作用，但从整体来看，作用不大。连世界银行所发布的报告都一再声明，尚无实证资料表明，在发展中国家吸引外资和签订包括接受ICSID仲裁管辖权内容的双边投资条约之间存在密切联系。比如，在《2003年全球经济展望》中，世界银行就曾指出："关于投资政策的协定只有在着手解决发展中国家所面临的主要问题时，才有可能产生强有力的发展效应……即使是双边投资条约中相对强有力的保护措施，看来也没有增加向签署协定的发展中国家的投资流动。"②世界银行《2005年世界发展报告》再次强调不要过分夸大双边投资条约对投资流动的影响："（双边投资条约中的）这类保证[按：包括解决投资争端方面的安排]能够有助于改善东道国的投资环境，也有一些证据表明，投资者信赖这些保证。的确，在一些时候，东道国与投资者母国之间存在双边投资条约是双边机构向投资者发放政治风险保单的前提条件。尽管如此，迄今的实证研究尚

① World Bank, *World Development Report* 2005—*A Better Investment Climate for Everyone*, World Bank and Oxford University Press, 2004, p. 177.

② At http://www.worldbank.org/prospects/gep2003/summarycantonese.doc, May 24, 2004.

未发现,在缔结双边投资条约与其后的投资流入之间存在密切联系。”[①]它认为,其中的原因可能有三个:(1)外国投资者在进行投资决策的时候,有许多问题需要考虑,相关双边投资条约中所涉及的问题只是其考虑的诸多问题中的一部分,双边投资条约所提供的投资保护这一因素对投资决策罕有决定性作用。而且,强制执行条约义务的措施旷日持久、花费不菲,甚至就既为双边投资条约所涉及亦为投资者所关心的问题而言,双边投资条约也不能给出一个彻底的解决方案。(2)国家之间往往出于加强外交关系等政治考虑而缔结双边投资条约,这类双边投资条约与其签订之后的投资活动之间没有直接联系。(3)有证据显示,投资者在作投资决策的时候,并不清楚其母国与东道国之间有双边投资条约这一事实,直到与东道国之间出了争端、且该双边投资条约的规定可能对解决争端有所帮助的时候,投资者才恍然大悟。[②] 单文华先生所做的一份调查报告印证了这一观点。他发现,即使是对从事国际投资的欧盟投资者而言,ICSID 仲裁机制也是一个鲜为人知的事物:在作出是否向中国投资的决策的时候,只有 18%的欧盟投资者注意到了可否援用 ICSID 仲裁机制的问题。[③] 上述研究意味着,东道国期冀自己所签订的接受 ICSID 管辖权的双边投资条约条款能够有效促使本国吸引到更多的外资,但如果突然接受 ICSID 仲裁管辖权并非该国所需解决的主要问题或者主要问题之一,就会产生严重的事与愿违局面:在作投资决策时,投资者对东道国接受 ICSID 仲裁管辖权的双边投资条约条款或者根本未予注意,或者不甚注意,发展中国家白白付出了受制于人的

① World Bank, *World Development Report 2005-A Better Investment Climate for Everyone*, World Bank and Oxford University Press, 2004, p. 177.

② World Bank, *World Development Report 2005-A Better Investment Climate for Everyone*, World Bank and Oxford University Press, 2004, p. 177.

③ Shan Wenhua, The Role of Law in China's Success in Attracting Foreign Investment: An Empirical Approach, p. 12. 该文系该作者在 2004 年 11 月 4—5 日于厦门召开的“国际经济法与经济转型期的中国”国际研讨会(International Economic Law and China in Its Economic Transition)上提交的论文。

代价却并无所获或所获无几;投资者基于其他考虑或者主要基于其他考虑对该东道国进行投资后,一旦与之交恶,就可能在恍然大悟之后,利用这些原本被忽视或者轻视的接受ICSID仲裁管辖权条款将该发展中东道国推上国际"公堂",令盲目缔约的东道国作茧自缚。

就我国而言,由于长期以来过分强调国家利益和集体利益,对个人利益照顾不周,尤其在改革开放初期,意欲向我国投资的外商心中的确有些不安。为此,我国连续性地缔结了许多双边投资条约(其中的一些双边投资条约部分接受了ICSID仲裁管辖权),这些双边投资条约的确起到了安抚相关外国投资者、加强他们对我国投资环境的自信的作用,对我国政府的经济管制能力也没有构成严重威胁,可谓两全其美。[①] 这一结论与世界银行的上述警告并不矛盾,因为世界银行也在一定条件下承认双边投资条约促进国际投资流入的作用:"关于投资政策的协定只有在着手解决发展中国家所面临的主要问题时,才有可能产生强有力的发展效应。"[②]但是,随着改革开放的深入发展,我国保护私人财产权的意识越来越强,我国的外商投资法律环境也变得越来越趋向于成熟,2004年3月14日我国甚至在宪法中都明文规定了保护私人财产权的内容。[③] 应该说,现阶段我国在签订双边投资条约时,本应坚持守成而非变革的原则,没必要再给自己揽更多的国际义务,因为我国需要通过双边投资条约来弥补国内法对私人财产权保护不周的最严峻时期已经过去,外国投资者来我国投资的最重要考虑因素是我国市场之广大、劳动力之低廉、政治

① 世界银行《2005年发展报告》也认为,20世纪80年代和90年代的中国宪法没有规定保护私人财产权的问题,外国投资者对此存在顾虑,故中国在这一阶段所签订的近100项BIT对中国的成功吸引外资曾经起到了一定的作用。See World Bank, *World Development Report 2005—A Better Investment Climate for Everyone*, World Bank and Oxford University Press, 2004, p. 177.

② 世界银行:《2003年世界经济展望》, at http://www.worldbank.org/prospects/gep2003/summarycantonese.doc, 2005-07-01。

③ 第10届全国人大第2次会议将《宪法》第13条"国家保护公民的合法收入、储蓄、房屋和其他合法财产的所有权"改为"公民的合法的私有财产不受侵犯"。

经济局势之稳定等。世界银行的一份报告也间接肯定了类似观点。[①]因此,我国现在应该对 ICSID 仲裁管辖权持慎重接受的态度。

也许有人会说,在中央"走出去"的战略指导下,我国现在正在加强对外投资,全盘接受 ICSID 仲裁管辖权有利于保护我国的海外投资。但是,必须承认的是,从全局上看,我国仍然主要是一个资本输入国而非资本输出国,不但目前如此,在可以预见的将来仍然如此。根据我国商务部、国家统计局 2004 年发布的《2003 年度中国对外直接投资统计公报》(非金融部分),2003 年我国的对外直接投资总额仅为 29 亿美元,[②]而同期我国所吸引的外资则为:合同外资金额 1150.70 亿美元、实际使用外资金额 535.05 亿美元;[③]我国 2004 年对外直接投资总额增至 55 亿美元,[④]但同期我国所吸引的外资为:合同外资金额 1534.79 亿美元、实际使用外资金额 606.30 亿美元;[⑤]我国 2005 年对外直接投资总额进一步增至 69 亿美元,但同期我国所吸引的外资为:实际使用外资金额 603 亿美元。[⑥]

在促进海外投资的过程中,我们需要兼顾我国作为东道国的利益,而"两害相权取其轻"的道理要求我们至少现在不能放开对 ICSID 仲裁管辖权接受范围的限制。并且,促进和保护海外投资的途径并非只有接受 ICSID 仲裁管辖权一种,我国的海外投资者有许多其它机制可资利用,如依法向 MIGA 投保、搭一些发达国家与我国海外投资者的东道国签订的接受 ICSID 仲裁管辖权的双边投资条

---

① At http://www.worldbank.org/prospects/gep2003/summarycantonese.doc, May 24, 2004.

② At http://www.mofcom.gov.cn/table/tjgb.pdf, 2004-09-09.

③ 商务部新闻办公室:《2003 年 1—12 月全国利用外商直接投资情况》,at http://www.mofcom.gov.cn/aarticle/tongjiziliao/v/200401/20040100171259.html,2005-07-01.

④ 佚名:《2004 年度中国对外直接投资统计公报对外公布》, at http://finance.sina.com.cn/g/20050901/10361934291.shtml, 2005-09-09。

⑤ 商务部新闻办公室:《2004 年 1—12 月全国吸收外资情况》,at http://www.mofcom.gov.cn/aarticle/tongjiziliao/v/200502/20050200357118.html,2005-09-09。

⑥ 国家统计局:《2005 年国民经济和社会发展统计公报》,at http://finance.sina.com.cn/g/20060228/14092378908.shtml, 2006-08-31.

约的“便车”等，我国政府也应积极地探索其他适宜的保护机制。但无论如何，不应把全部希望都寄托在可能令我国得不偿失的全盘接受 ICSID 仲裁管辖权上。

第二节 我国对 ICSID 仲裁管辖权的接受现状

一、我国对 ICSID 仲裁管辖权的态度变化

尽管 ICSID 是一个通过促进投资争端的仲裁解决与调解解决而推动外国投资的机构，而改革开放后我国面临着扩大吸收外资、加快经济发展的任务，并且我国政府早在 1982 年 3 月与瑞典签订双边投资条约的时候就提到了加入《华盛顿公约》的可能性，我国法学界也早在 1985 年便开始在比较广泛的范围和比较高的层次就此展开了认真讨论，但是，我国却迟至 1990 年 2 月 9 日才签署《华盛顿公约》，并于 1993 年 1 月 7 日才对公约予以批准。[①] 这其中的原因部分在于，虽然接受 ICSID 仲裁管辖权确能一定程度上改善我国的外商投资法律环境，一定程度上向外商传达出我国政府的诚意和决心，一定程度上消除欲对我国进行投资的外商的一些疑虑，然而，不但《华盛顿公约》本身在准据法等方面的规定不尽如人意，而且 ICSID 仲裁实践中也素来存在着一系列不公平、不合理的现象，包括用并未为发展中国家所接受的“国际法”来“纠正”东道国国内法、对征收或者国有化的概念作过于宽泛的解释、片面加重东道国的义务等。有鉴于此，我国政府在经过“积极研究、慎重考虑”后才最终决定加入《华盛顿公约》。

根据《华盛顿公约》第 25 条的规定，对于该公约的缔约国而言，加入该公约并不意味着就自动接受了 ICSID 仲裁管辖权。接受 IC-

① 有关中国加入《华盛顿公约》的背景及顾虑，参见陈安：《国际投资争端仲裁——“解决投资争端国际中心”机制研究》，复旦大学出版社 2001 年版，第 1～74 页。

SID 仲裁管辖权的条件是,缔约国和外国投资者必须向 ICSID 提交书面同意。在实践中,《华盛顿公约》的缔约国对 ICSID 仲裁管辖权的接受方式有三种:通过在与外国投资者之间签订特许合同的方式同意接受 ICSID 仲裁管辖、通过国内立法的方式同意接受 ICSID 仲裁管辖、通过缔结条约(尤其是双边投资条约)的方式同意接受 ICSID 仲裁管辖。我国迄今未曾在任何特许合同、国内立法中同意接受 ICSID 仲裁管辖,而是通过对外缔结双边投资条约的方式同意接受 ICSID 仲裁。基于对 ICSID 仲裁中所存在上述问题的顾虑,在很长一段时期内,我国都坚持"留权在手、但决不滥用"的原则——只就与特定缔约国的投资者之间有关征收或者国有化的补偿款额方面的争端接受 ICSID 仲裁管辖权,从而既在一定程度上改善了我国的外商投资法律环境,又未过度"让权"给 ICSID 仲裁机制,并相机而动、静观其变。然而,在 ICSID 上述问题依然存在、而 ICSID 仲裁撤销制度监督力度不够的隐患又浮出水面之际,我国在晚近缔结的双边投资条约却突然全盘接受了 ICSID 仲裁管辖权。

且看如下一组数据。

1. 截至 2004 年 11 月 18 日,我国已与 111 个国家签署了 115 个双边投资条约。[①] 自 1992 年 9 月 30 日我国与韩国在签订双边投资条约时接受了 ICSID 仲裁管辖权,一直到 1998 年 7 月 20 日我国与巴巴多斯签订双边投资条约期间,我国共与他国签订了 89 个双边投资条约,其中未接受 ICSID 仲裁管辖权的有 75 个,接受 ICSID 仲裁管辖权的有 13 个。[②] 这 13 个接受 ICSID 仲裁管辖权的双边投资条约均毫无例外地明确强调:东道国与海外投资者之间有关"征收补偿

① 我国与芬兰、荷兰、德国分别签订的双边投资条约处于新旧交替的过程中,我国与尼日利亚之间也重签了双边投资条约。

② 这 13 项接受 ICSID 仲裁管辖权的双边投资条约的缔约另一方分别是:韩国、立陶宛、智利、冰岛、秘鲁、摩洛哥、以色列、南斯拉夫、沙特阿拉伯、加蓬、喀麦隆、马其顿、也门。其中,我国与喀麦隆之间签订的双边投资条约已经废止。需要注意的是:由于笔者迄今尚未见到我国与佛得角之间的双边投资条约文本,故无从知道我国在该条约是否以及在何种程度上接受了 ICSID 仲裁管辖权。

额”(或者“征收补偿款额”、“国有化和征收补偿款额”)的争议,应该由当事方友好协商解决,友好协商六个月仍未解决的,投资者(或者“任何一方”)方可提交仲裁;东道国或者投资者之间的其他争议,或者应该提交东道国国内法院解决,或者可以根据双方的协议提交ICSID仲裁。

2. 自我国与巴巴多斯签订双边投资条约的 1998 年 7 月 20 日(含该日)以来,我国与有关国家又签订了 26 个双边投资条约。在这 26 个条约中,未接受 ICSID 管辖权的为 4 个,全盘接受 ICSID 管辖权的为 19 个,[①]部分接受 ICSID 仲裁管辖权的为 1 个。[②] 19 个全盘接受 ICSID 仲裁管辖权的双边投资条约中有 17 项均明确规定:东道国与外国投资者之间有关东道国领土内的投资的任何争议(或者“争议”、“法律争议”),应该由当事方友好协商解决,友好协商六个月仍未解决的,可应投资者(或者“任何一方”)的请求提交 ICSID 仲裁;在争议提交仲裁之前,缔约一方可以要求投资者用尽该缔约方国内的法律法规所规定的国内行政复议程序。但对于何为“争议”以及这种“争议”是指有关东道国条约义务的争议,还是指有关东道国合同义务的争议,这些双边投资条约却没有作出进一步的界定。对此,另外两个双边投资条约,即我国与特立尼达和多巴哥、圭亚那两国签订的双边投资条约则做了区分:其所称的投资争议仅限于有关该双边投资条约义务的争议。接受 ICSID 管辖权的上述 19 个双边投资条约在可由 ICSID 仲裁管辖的投资争议的性质(条约争议或合同争议)方面虽然措辞存在差异,并且这些差异也的确会产生不同的法律后果(限于篇幅,本书不拟就此问题进一步展开),但仅为论述方便起

---

① 这 19 项全盘接受 ICSID 仲裁管辖权的双边投资条约的缔约另一方分别是:巴巴多斯、刚果(布)、博茨瓦纳、塞浦路斯、塞拉利昂、莫桑比克、肯尼亚、荷兰、缅甸、波黑、特立尼达和多巴哥、科特迪瓦、圭亚那、德国、贝宁、拉脱维亚、乌干达、约旦、吉布提。需要注意的是:由于笔者迄今尚未见到我国与突尼斯、芬兰(2004)之间的双边投资条约文本,故无从知道我国在上述 4 项条约中是否以及在何种程度上接受了 ICSID 仲裁管辖权。

② 即我国与巴林之间在 1999 年签订的双边投资条约。

见,本书笼统地将这19个双边投资条约均称为“全盘接受”ICSID仲裁管辖权的双边投资条约。部分接受ICSID管辖权的那一个双边投资条约为我国与巴林之间的双边投资条约,其将东道国同意由ICSID仲裁管辖的投资争议仍限定为东道国与外国投资者之间“有关征收补偿额的争议”,并且规定该争议只有经当事方友好协商五个月仍未解决,任何一方才可提交ICSID仲裁。

上述数字清楚地表明,以1998年7月20日为转折点,我国接受ICSID仲裁管辖权的书面同意的内容发生了急剧的转变:从整体上看,由有限度的接受骤然转变为全盘接受,也就是说,由只同意ICSID仲裁管辖我国与外国投资者之间的有关征收补偿款额的争议到全盘同意ICSID仲裁管辖我国与外国投资者之间有关投资的任何争议。同时,这种转变还带有一定的不规则性:在发生转变之前,我国对待ICSID仲裁管辖权的态度只有两种:要么不接受ICSID仲裁管辖权,要么部分接受ICSID仲裁管辖权(仅限于有关征收补偿款额的争议)。这种立场显然非常鲜明。在发生转变之后,我国对待ICSID仲裁管辖权的态度则变成了三种:或者不接受ICSID仲裁管辖权,或者全盘接受ICSID仲裁管辖权,[①]或者部分接受ICSID仲裁管辖权(仅限于有关征收补偿款额的争议)。

二、最惠国条款能否造成我国对ICSID仲裁管辖权的全盘接受扩大化

(一)问题的提出

在切入正题之前,有必要先明确几个概念:最惠国待遇、最惠国条款、基础条约(basic treaty)、第三方条约(third party treaty)。最惠国待遇是指“授予国给予受惠国或与之有确定关系的人或事的待遇不低于授予国给予第三国或与之有同于上述关系的人或事的待

---

① 有时又明确指出,只就与东道国的条约义务(而非合同义务)有关的争议接受ICSID仲裁管辖权。

遇”。在这里,“授予国”(granting State)指承担给予最惠国待遇的国家;“受惠国”(beneficiary State)指授予国已向之承担给予最惠国待遇的国家;授予国或受惠国以外的任何国家则称“第三国”(third State)。最惠国条款是指“一项条约规定,据此规定一国向另一国承担一种义务,在约定的关系范围内给予最惠国待遇”。基础条约指的是授予国与受惠国之间的包含最惠国条款的条约,第三方条约指的是授予国与受惠国以外的第三国之间签订的条约。

早在ICSID 1987年受理的亚洲农产品公司案中,英国籍亚洲农产品公司就曾经试图引用《1980年斯里兰卡—英国促进和保护投资协议》第3条中的最惠国条款,以享受《1981年斯里兰卡—瑞士促进和相互保护投资协定》中的更为优惠的规定。[①] 不过,该案申请人所主张的最惠国条款适用范围是实体性规定领域,这并未超出现代各国在规定最惠国条款时所预想的适用范围,并且,该案仲裁庭的最终认定结果是第三方条约中的相应待遇并没有更为优惠、从而最惠国条款不能适用,因此,该案并没有引起人们的足够重视和研究。于是,就出现了这样一种看似矛盾的现象:一方面,现代各国在缔结国际投资条约的时候都会例行规定最惠国条款,并煞有介事地规定其一般适用范围和除外适用范围,另一方面,长期以来,有关最惠国条款的汗牛充栋的研究和不胜枚举的案例几乎都集中于贸易自由化领域,除了涉及与WTO项下的TRIMs协议有关的限制性投资措施时人们会顺便提及最惠国待遇原则外,双边投资条约中的最惠国条款的效力及其适用问题几乎被遗忘了——几无著述与案例。[②] 然而,ICSID仲裁晚近对最惠国条款的新发展已经使得这一现状发生了重大改变,最惠国条款的适用问题,尤其是其适用范围问题已经引起了世界各国学者的重视。

---

① Asian Agricultural Products Limited v. Democratic Socialist Republic of Sri Lanka (Case No. ARB/87/3), Award of June 27, 1990, paras. 9—54.

② Jürgen Kurtz, The MFN Standard and Foreign Investment: An Uneasy Fit?, *The Journal of World Investment & Trade*, 2004, Vol. 5, No. 6, pp. 866~867.

这一转变的导火索是 ICSID 1997 年受理的 Maffezini 案。[①] 众所周知,现代各国在缔结包含最惠国条款的双边投资条约时,除极个别的情况外,几乎所有的投资条约都没有就该条款是否适用于争端解决事项明确表态。然而,在 Maffezini 案中,阿根廷的海外投资者 Maffezini 却主张,最惠国条款能够适用于争端解决事项,因此,其有权依照这一条款享受第三方条约中的更为优惠的争端解决方面的待遇、从而有权提起 ICSID 仲裁。2000 年 1 月,受理 Maffezini 案的 ICSID 仲裁庭在其管辖权决定(decision on jurisdiction)中确认,双边投资条约中的最惠国条款的确可以适用于争端解决事项;投资者在解决其与东道国之间的投资争端的时候,有权依据最惠国条款,选择适用对其更为有利的其他相关条约中的争端解决规定。[②] 此裁决一公布,便激起了投资仲裁申请人竞相援用最惠国条款的热忱。从截至 2006 年 8 月 1 日 ICSID 已经披露的仲裁文书来看,从 2000 年 8 月至 2006 年 6 月,至少已经有六个 ICSID 仲裁案件的当事人主张最惠国条款能够适用于争端解决规定、从而自己有权对东道国提起

---

① Emilio Agustín Maffezini v. Kingdom of Spain (Case No. ARB/97/7), Decision on Objections to Jurisdiction of January 25, 2000.

② Emilio Agustín Maffezini v. Kingdom of Spain (Case No. ARB/97/7), Decision on Objections to Jurisdiction of January 25, 2000, paras. 38—64.

ICSID仲裁,并且相应仲裁庭都已经就此作出了裁决。[①]

如上所述,据不完全统计,截至2004年11月18日,我国既在12个(我国与喀麦隆之间的双边投资条约已经废止)至今仍在生效的双边投资条约中部分接受了ICSID仲裁管辖权,又在19个至今仍在生效的双边投资条约中全盘接受了ICSID仲裁管辖权,而据笔者所知,我国迄今签订的双边投资条约均包含最惠国条款。鉴于晚近投资仲裁中投资者不断援用双边投资条约中的最惠国条款主张更为优惠待遇的趋势以及我国的缔约现状,对如下问题的研究遂变得非常重要:在ICSID仲裁实践中,这些最惠国条款能否使得晚近我

---

① Camuzzi International S. A. v. Argentine Republic,(ICSID Case No. ARB/03/2), Decision on Objections to Jurisdiction of May 11, 2005; Salini Costruttori S. p. A. and Italstrade S. p. A. v. The Hashemite Kingdom of Jordan,(ICSID Case No. ARB/02/13), Decision of the Tribunal on Jurisdiction of November 29, 2004, Award of January 31, 2006; Plama Consortium Limited v. Republic of Bulgaria, ICSID Case No. ARB/03/24, Decision on Jurisdiction of February 8, 2005; Siemens, AG v. Argentine Republic, ICSID Case No. ARB/02/8, Decision on Jurisdiction of August 3, 2004; Suez, Sociedad General de Aguas de Barcelona S. A. and Interagua Servicios Integrales de Agua S. A. v. Argentine Republic, ICSID Case No. ARB/03/17, Decision on Jurisdiction of May 16, 2006; Gas Natural SDG, S. A. v. Argentine Republic, ICSID Case No. ARB/03/10, Decision of the Tribunal on Preliminary Questions on Jurisdiction of June 17, 2005.

需要指出的是,最惠国条款在ICSID仲裁机制内的上述不落窠臼的独特适用也鼓起了人们将之重新适用于实体性规定的勇气。从2000年8月至2006年6月,已另有七个ICSID仲裁案件的当事人主张自己有权依照投资条约中的最惠国条款享受更为优惠的实体性待遇:MTD Equity Sdn. Bhd. and MTD Chile S. A. v. Chile, ICSID Case No. ARB/01/7, Award of May 25, 2004; SGS Société Générale de Surveillance S. A. v. Islamic Republic of Pakistan, ICSID Case No. ARB/01/13, Decision of the Tribunal on Objections to Jurisdiction of August 6, 2003; Impregilo S. p. A. v. Islamic Republic of Pakistan, ICSID Case No. ARB/03/3, Decision on Jurisdiction of April 22, 2005; Bayindir Insaat Turizm Ticaret Ve Sanayi A. S. v. Islamic Republic of Pakistan, ICSID Case No. ARB/03/29, Decision on Jurisdiction of November 14, 2005; Lucchetti S. A. and Lucchetti Peru, S. A. v. Republic of Peru, ICSID Case No. ARB/03/4, Award of the Tribunal of February 7, 2005; CMS Gas Transmission Company v. Argentine Republic, ICSID Case No. ARB/01/8, Award of the Tribunal of May 12, 2005; Continental Casualty Company v. Argentine Republic, ICSID Case No. ARB/03/9, Decision on Jurisdiction of February 22, 2006.

国对ICSID仲裁管辖权的全盘接受被扩大化。[①] 根据上文所下的定义，我们知道，就我国所签订的基础条约最惠国条款是否适用于争端解决事项而言，前述部分接受ICSID仲裁管辖权的12个双边投资条约就是基础条约（授予国与受惠国之间的包含最惠国条款的条约），这些基础条约的缔约对方在我国的投资者或者投资者的投资活动就是最惠国条款的受益者，而前述全盘接受ICSID仲裁管辖权的19个双边投资条约则是第三方条约（授予国与受惠国以外的第三国之间签订的条约）。

需要指出的是，我国上述12个基础条约在规定最惠国条款的适用范围时，其措辞与晚近大多数双边投资条约的措辞并无本质的不同，而在目前的ICSID仲裁实践中，对于此类条约中的最惠国条款能否适用于争端解决事项存在两种相互对立的观点——持肯定派观点的ICSID仲裁庭倾向于对这些条约中的最惠国条款作出能够适用于争端解决问题的确认，[②]而持否定派观点的ICSID仲裁庭则倾向于对这些条约中的最惠国条款作出不能适用于争端解决事项的确认。[③] 尽管从仲裁成案的数量上看，持肯定派观点的仲裁庭占优势，但这并不意味着否定派观点必然日薄西山。考虑到本节此部分论述

---

① 这一问题已经引起了其他国家学者的注意。See Emmanuel Gaillard, Establishing Jurisdiction Through a Most-Favored-Nation Clause, *New York Law Journal*, June 2, 2005.

② Emilio Agustín Maffezini v. Kingdom of Spain (Case No. ARB/97/7), Decision on Objections to Jurisdiction of January 25, 2000; Siemens, AG v. Argentine Republic, ICSID Case No. ARB/02/8, Decision on Jurisdiction of August 3, 2004; Gas Natural SDG, S. A. v. Argentine Republic, ICSID Case No. ARB/03/10, Decision of the Tribunal on Preliminary Questions on Jurisdiction of June 17, 2005; Camuzzi International S. A. v. Argentine Republic (Case No. ARB/03/7), Decision on Jurisdiction of May 11, 2005; Suez, Sociedad General de Aguas de Barcelona S. A. and Interagua Servicios Integrales de Agua S. A. v. Argentine Republic, ICSID Case No. ARB/03/17, Decision on Jurisdiction of May 16, 2006.

③ Salini Costruttori S. p. A. and Italstrade S. p. A. v. The Hashemite Kingdom of Jordan, (ICSID Case No. ARB/02/13), Decision of the Tribunal on Jurisdiction of November 29, 2004, Award of January 31, 2006; Plama Consortium Limited v. Republic of Bulgaria, ICSID Case No. ARB/03/24, Decision on Jurisdiction of February 8, 2005.

的目的仅在于根据ICSID仲裁实践进行预测，也即预测我国所签订的上述基础条约最惠国条款是否存在被ICSID仲裁庭认定为可以适用于争端解决事项的可能性，持否定派观点的ICSID仲裁庭的裁定对本节的预测没有意义，因此，本节在以下的论述中所结合的ICSID仲裁实践将主要是持肯定派观点的ICSID仲裁庭的仲裁实践。

ICSID仲裁庭在对基础条约最惠国条款能否适用于争端解决事项进行裁定的时候，通常都要结合联合国国际法委员会1978年《关于最惠国条款的规定》(草案)的有关规定进行判断。根据该草案，最惠国条款的适用条件主要为如下四个：基础条约规定了最惠国条款；授予国在第三方条约中给予第三国的特定待遇属于基础条约最惠国条款的主题范畴(within the limits of the subject matter of the clause)，实践中往往将其表述为是否符合同类原则(the ejusdem generis principle)；[①]授予国在第三方条约中给予第三国的特定待遇优于其在基础条约中给予受惠国的相同主题待遇；受惠国的得以依据最惠国条款取得权利的与其有确定关系的人或事，不但其类型与从上述特定待遇中受益的与第三国有确定关系的人或事的类型相同，而且其与受惠国的关系也与从上述特定待遇中受益的人或事与该第三国的关系相同。[②]

根据这一标准，在判断我国所签订的上述基础条约最惠国条款

---

① 《关于最惠国条款的规定》(草案)第10条第1款，其原文为：

"1. Under a most-favoured-nation clause the beneficiary State acquires the right to most-favoured-nation treatment only if the granting State extends to a third State treatment within the limits of the subject matter of the clause."

② 《关于最惠国条款的规定》(草案)第10条第2款，其原文为：

"2. The beneficiary State acquires rights under paragraph 1 in respect of persons or things in a determined relationship with it only if they:

"(a) belong to the same category of persons or things as those in a determined relationship with a third State which benefit from the treatment extended to them by the granting State and

"(b) have the same relationship with the beneficiary State as the persons and things referred to in subparagraph (a) have with that third State."

能否导致受益者有权享受第三方条约中的争端解决待遇的时候，就需要看下述条件是否都得到了满足：(1)上述基础条约规定了最惠国条款；(2)我国在第三方条约中给予第三国的特定待遇属于基础条约最惠国条款的主题范畴，也即是否符合同类原则；①(3)我国在第三方条约中给予第三国的争端解决待遇优于我国在基础条约中给予受惠国的相同主题待遇；(4)受惠国的得以依据最惠国条款取得权利的与其有确定关系的人或事，不但其类型与从上述特定待遇中受益的与第三国有确定关系的人或事的类型相同，而且其与受惠国的关系也与从上述特定待遇中受益的人或事与该第三国的关系相同。②

就第一个要件而言，我国所签订的上述 12 个基础条约都规定了最惠国条款，故第一个条件已经满足。在上述 12 个基础条约中，我国在允许缔约对方投资者就所有投资争端提交我国国内法院解决的基础上，仅允许缔约对方投资者就"征收补偿款额"方面的争端提交 ICSID 仲裁。然而，在上述 19 个第三方条约中，我国在允许缔约对方投资者就所有投资争端提交我国国内法院解决的基础上，还允许缔约对方投资者就"所有"法律争端提交 ICSID 仲裁。显而易见，在争端解决机制以及机构的选择上，第三方条约项下的外国投资者所拥有的选择权多于基础条约项下的外国投资者，多一种选择就多一个更好维护自己利益的机会，因此，我国给予第三国的争端解决待遇

---

① 《关于最惠国条款的规定》(草案)第 10 条第 1 款，其原文为：

"1. Under a most-favoured-nation clause the beneficiary State acquires the right to most-favoured-nation treatment only if the granting State extends to a third State treatment within the limits of the subject matter of the clause."

② 《关于最惠国条款的规定》(草案)第 10 条第 2 款，其原文为：

"2. The beneficiary State acquires rights under paragraph 1 in respect of persons or things in a

determined relationship with it only if they:

"(a) belong to the same category of persons or things as those in a determined relationship with a third State which benefit from the treatment extended to them by the granting State and

"(b) have the same relationship with the beneficiary State as the persons and things referred to in subparagraph (a) have with that third State."

的确优于我国在基础条约中给予受惠国的争端解决待遇。故第三个条件也已满足。在这 12 个基础条约中,受惠国是为其海外投资者的投资活动而依据最惠国条款取得权利,这与从第三方条约的更为优惠待遇中受益的第三国的海外投资者的投资活动的类型相同,而且其与受惠国的关系也与从上述特定待遇中受益的第三国海外投资者的投资活动与该第三国的关系相同,故第四个条件亦已满足。因此,本节以下着重探讨的第一个问题就是上述第二个要件是否已经得到满足,也即,我国在第三方条约中给予第三国的争端解决待遇是否属于基础条约最惠国条款的主题范畴、是否符合同类原则。

根据目前在 ICSID 仲裁实践中占据主流地位的肯定派观点,在断定一个最惠国条款可以适用于争端解决事项后,还需要再审查这一适用是否会违反基础条约缔约方将其视为缔结条约之根本的"公共政策",并在答案是否定的情况下方可如此适用。因此,本节以下所要讨论的第二个问题将是如此适用是否违反"公共政策"。

(二)是否符合同类原则

我们认为,ICSID 仲裁庭有可能认定我国在第三方条约中给予第三国的争端解决待遇属于基础条约最惠国条款的主题范畴,也即符合同类原则。这是因为,我国上述基础条约在就最惠国条款适用范围进行表述时,与现代双边投资条约最惠国条款中的典型表述类似,此类措辞有的已经被 ICSID 仲裁庭确认为涵盖争端解决事项,其余的则很可能被解释为涵盖争端解决事项。

考察这 12 个基础条约可以发现,这些条约中表述最惠国条款的适用领域的措辞主要可以分为如下 5 类:(1)投资及与投资有关的活动(7 项条约);①(2)投资或收益,投资的管理、使用、享有或处置(2

① 相应的双边投资条约的缔约另一方包括立陶宛(1993 年)、智利(1994 年)、秘鲁(1994 年)、摩洛哥(1995 年)、加蓬(1997 年)、也门(1998 年)、巴林(1999 年)。这些条约都未就"与投资有关的活动"的含义或者范围进行界定。

项条约);[①](3)投资和收益(1 项条约);[②](4)投资和投资收益,投资的管理、维持、使用、享有或处置,或者保证投资者对投资的权利的措施,如转让和赔偿,或者在其领土内与此相关的其它活动(1 项条约);[③](5)投资或收益,投资的管理、使用、享有或者处置、扩大、清算(1 项条约)。[④] 同时,这些条约中通常都规定了最惠国条款的排除适用领域,这些排除适用领域一般涉及税务安排、经济一体化安排、边境贸易项下的优惠待遇。如 1994 年《中国－秘鲁鼓励和相互保护投资协定》第三条就规定,"本条第一款[按:指国民待遇条款]和第二款[按:指最惠国待遇条款]所述的待遇和保护,不应包括缔约另一方依照关税同盟、自由贸易区、经济联盟、避免双重征税协定和为了方便边境贸易而给予第三国投资者的投资的任何优惠待遇。"

由以上措辞我们可以看出,这些基础条约并没有明确规定最惠国条款不适用于争端解决事项,在这种情况下,根据 ICSID 仲裁实践的通行作法,就需要考察这些基础条约的缔约国是否具有令最惠国条款适用于争端解决事项的意图。这自然而然地涉及利用《维也纳条约法公约》第 31 条对这些最惠国条款进行解释的问题。

《维也纳条约法公约》第 31 条第 1 款规定:"条约应依其用语按上下文并参照条约的目的和宗旨所具有的通常意义,善意地加以解释。"以下,本节将结合 ICSID 仲裁实践就我国所签订的上述 12 个基础条约的"用语"及其"通常意义"、"上下文"、"目的和宗旨"分别进行解释。

首先,"用语"及其"通常意义"。最早持肯定派观点的 Maffezini 案仲裁庭提出,双边投资条约中的东道国与投资者之间的争端解决

---

① 相应的双边投资条约的缔约另一方包括冰岛(1994 年)、以色列(1995 年)。
② 相应的双边投资条约的缔约另一方为南斯拉夫(1995 年)。
③ 相应的双边投资条约的缔约另一方为沙特阿拉伯(1996 年)。
④ 相应的双边投资条约的缔约另一方为马其顿(1997 年)。

安排是东道国为投资者所提供的保护的一部分，[①]这一论断为其后所有持肯定派观点的ICSID仲裁庭接受，成为论证基础条约最惠国条款之所以适用于争端解决事项的基石之一。就最惠国条款适用范围的具体措辞而言，在Maffezini案中，基础条约中有关最惠国条款的适用范围的措辞为“本协议所覆盖的所有事项”，而我国所缔结的12个基础条约的最惠国条款中均无此类表述。Maffezini案仲裁庭认为，这一措辞非常宽泛、意味着其适用于争端解决事项。[②] 在接下来的西门子案中，[③]基础条约最惠国条款的适用范围的措辞为“投资以及与投资有关的活动”，这就与我国与立陶宛(1993)、智利(1994)、秘鲁(1994)、摩洛哥(1995)、加蓬(1997)、也门(1998)、巴林(1999)等7国所缔结的基础条约最惠国条款适用范围的措辞相一致了。不难看出，这一措辞的内涵和外延显然都要小于Maffezini案的相应措辞，但西门子案仲裁庭仍然认为，该案基础条约最惠国条款可以适用于争端解决事项，其理由是：第一，“活动”一词泛指各种活动，争端解决活动自然属于其应有之义。第二，最惠国条款所指的“待遇”泛指各种待遇，争端解决方面的待遇同样自然属于其应有之义。[④] 由于最惠国条款的典型表述是“缔约一方给予缔约另一方的……待遇不低于其给予任何第三方的……待遇”，故“待遇”一词实为该条款中的必有词汇，在考察最惠国条款的用语时如此强调“待遇”这一必有词汇的重要性，自然使得投资条约中的最惠国条款更容易被认定为适用于争端解决机制。从西门子案之后的坚持肯定派观点的大多数ICSID管辖权决定来看，这些案例所涉及的基础条约均为西班牙与

① Emilio Agustín Maffezini v. Kingdom of Spain (Case No. ARB/97/7), Decision on Objections to Jurisdiction of January 25, 2000, paras. 54—56.

② Emilio Agustín Maffezini v. Kingdom of Spain (Case No. ARB/97/7), Decision on Objections to Jurisdiction of January 25, 2000, para. 60.

③ Siemens, AG v. Argentine Republic, ICSID Case No. ARB/02/8, Decision on Jurisdiction of August 3, 2004.

④ Siemens, AG v. Argentine Republic, ICSID Case No. ARB/02/8, Decision on Jurisdiction of August 3, 2004, paras. 83—86.

阿根廷之间的双边投资条约,也即 Maffezini 案所涉的那个基础条约,[①]鉴于我国所签订的 12 项基础条约中均无此类措辞,且对于这一条约中的最惠国条款的适用范围之措辞本段刚才已经做了阐析,故不多赘。不过,尽管在 ICSID 仲裁实践中,持肯定派观点的仲裁庭所面对的基础条约最惠国条款适用范围之措辞与我国所缔结的其余 7 项基础条约中的相关措辞并不一致或者类似,从而我们无法就将来的 ICSID 仲裁庭是否会断定我国上述 7 项条约中的最惠国条款适用于争端解决事项进行对号入座式的预测,但幸运的是,在 ICSID 仲裁之外的其他国际投资仲裁中已经发生了类似的案例,其中所涉及的问题恰好与此极为相关。这就是 National Grid 案。[②] 该案仲裁庭系依照《联合国国际贸易法委员会仲裁规则》成立的特设仲裁庭,而该案基础条约中有关最惠国条款适用范围的措辞为"投资的管理、保持、利用、收益以及处置"。National Grid 案仲裁庭在于 2006 年 6 月发布的管辖权决定中坚持了 ICSID 仲裁实践中的肯定派观点,并进一步强调"待遇"一词的重要性。它指出,就算基础条约中有关最惠国条款的适用范围的措辞是"投资的管理、保持、利用、收益以及处置",由于一般说来,有关投资者与东道国之间的争端解决的安排确系最惠国条款所指的"待遇"的一部分,故该案最惠国条款的适用范围仍然可以涵盖最惠国条款。[③] 这就意味着,即便基础条约在表述最惠国条款的适用范围时中没有使用"本协议所覆盖的所有事

---

① Gas Natural SDG, S. A. v. Argentine Republic, ICSID Case No. ARB/03/10, Decision of the Tribunal on Preliminary Questions on Jurisdiction of June 17, 2005; Suez, Sociedad General de Aguas de Barcelona S. A. and Interagua Servicios Integrales de Agua S. A. v. Argentine Republic, ICSID Case No. ARB/03/17, Decision on Jurisdiction of May 16, 2006.

② National GRID PLC v. The Argentine Republic, Decision on Jurisdiction of June 20, 2006, at http://investmentclaims. com/decisions/NationalGrid-Argentina _ Jurisdiction. pdf, August 10, 2006.

③ National GRID PLC v. The Argentine Republic, Decision on Jurisdiction of June 20, 2006, at http://investmentclaims. com/decisions/NationalGrid-Argentina _ Jurisdiction. pdf, August 10, 2006, para. 93,

项"、"投资以及与投资有关的事项"之类的措辞，而是使用了其他措辞，由于最惠国条款所指的"待遇"按常理就应该包括争端解决方面的待遇，故其依然可以适用于争端解决事项。National Grid 案管辖权决定是对前述持肯定派观点的 ICSID 管辖权决定的发展，依循 National Grid 案的这种观点，则我国所缔结的其余 7 项基础条约最惠国条款均可以适用于争端解决事项。

其次，"上下文"。自西门子案开始，持肯定派观点的 ICSID 仲裁庭开始强调，从基础条约最惠国条款的"上下文"角度看，该条款也应该适用于争端解决事项。[①] 理由是：这些案件所涉的基础条约都规定了最惠国条款的排除适用领域，而这些领域中均无争端解决事项，根据法不禁止即为允许的原则，基础条约最惠国条款适用于争端解决事项。比如，西门子案基础条约 1991 年《阿根廷－德国相互促进和保护投资条约》就规定，最惠国条款不适用于：关税同盟与经济同盟所创设的特权、自由贸易区所创设的特权、税收协定所给予的好处、出于内外部安全考虑或者公共秩序考虑而采取的措施、给予缔约方任何一个国民或者公司的财税优惠、减免。如上所述，我国所签订的上述 12 个基础条约都存在类似的例外规定，也都没有将争端解决事项明确排除在外，则按照持肯定派观点的 ICSID 仲裁庭的这种解释，就我国所签订的上述 12 项基础条约而言，对"上下文"的考察也支持下述解释：最惠国条款适用于争端解决事项。

最后，条约的"目的和宗旨"。现代双边投资条约的目的和宗旨都是为了促进和保护外资、为外商创造良好的投资环境以吸引外资，持肯定派观点的 ICSID 仲裁庭据此指出，有关争端解决事项的安排

① Siemens, AG v. Argentine Republic, ICSID Case No. ARB/02/8, Decision on Jurisdiction of August 3, 2004, paras. 83－86; Gas Natural SDG, S. A. v. Argentine Republic, ICSID Case No. ARB/03/10, Decision of the Tribunal on Preliminary Questions on Jurisdiction of June 17, 2005, para. 30; Suez, Sociedad General de Aguas de Barcelona S. A. and Interagua Servicios Integrales de Agua S. A. v. Argentine Republic, ICSID Case No. ARB/03/17, Decision on Jurisdiction of May 16, 2006, para. 56.

是对外国投资者的保护的一个重要方面,允许外国投资者根据最惠国条款享受第三方条约中的更为优惠的争端解决待遇显然符合基础条约的目的和宗旨。① 由于我国所签订的双边投资条约的目的和宗旨与现代投资条约的普遍性的目的和宗旨并无不同,因此,根据持肯定派观点的 ICSID 仲裁庭的推理,即便是从基础条约的目的和宗旨的角度考虑,我国上述 12 个基础条约最惠国条款也完全可能适用于争端解决事项。

另外,投资仲裁的独特性也使得仲裁庭往往倾向于作出肯定性的认定。ICSID 仲裁机制脱胎于一般国际商事仲裁,并在一定程度上糅合了后者的私人性特点,②而一般国际商事仲裁是一种崇尚公、私权利分野,以维护私权利为己任的争端解决机制。它不解决主权问题,不考虑东道国的经济主权、公共利益,只维护神圣不可侵犯的私人财产权。③ 由于 ICSID 仲裁的这种私人性特征,在最惠国条款是否适用于争端解决事项这一问题上,ICSID 仲裁庭往往喜欢援用"目的和宗旨"解释方法对该条款进行解释,④由此得出肯定性的结论,加重东道国的义务,进行扩大性的投资保护。现有大多数 ICSID 仲裁庭都同意最惠国条款在本质上可以适用于争端解决事项的事实就是一个明证。

---

① Siemens, AG v. Argentine Republic, ICSID Case No. ARB/02/8, Decision on Jurisdiction of August 3, 2004, paras. 80—81; Suez, Sociedad General de Aguas de Barcelona S. A. and Interagua Servicios Integrales de Agua S. A. v. Argentine Republic, ICSID Case No. ARB/03/17, Decision on Jurisdiction of May 16, 2006, para. 57.

② David D. Caron, The Nature of the Iran—United States Claim Tribunal and the Evolving Structure of International Disputes Resolution, *American Journal of International Law*, Vol. 84, 1990, p. 154.

③ Amr A. Shalakany, Arbitration and the Third World: A Plea for Reassessing Bias under the Specter of Neoliberalism, *Harvard International Law Journal*, Vol. 41, 2000, pp. 419～424.

④ 这 12 个基础条约都毫无例外地以为缔约另一方的投资者在缔约一方的境内投资创造良好、优惠的环境为目的和宗旨的,这一点可以从这些条约的标题("关于促进和保护投资协定"、"关于鼓励和保护投资协定"等)和前言中清楚地看出来。

(三)是否违反“公共政策”

既然我国所缔结的12个基础条约最惠国条款有可能被ICSID仲裁庭断定为可以适用于争端解决事项,那么,当这种适用的目的是扩大我国在基础条约中对ICSID仲裁管辖权的接受范围,导致原本无仲裁管辖权的ICSID对于我国与上述12个基础条约项下的缔约对方投资者之间的投资争端具有管辖权时,我国的“公共政策”是否会被违反呢?这还是一个需要结合ICSID仲裁实践加以预测的问题。

为了防止最惠国条款被滥用,导致改变缔约国接受基础条约的根本性条件,Maffezini案仲裁庭提出了不得违反“公共政策”的原则,也即,即便个案中的最惠国条款在性质上可以适用于争端解决事项,但如果这种适用将违反“公共政策”,则不能如此适用。至于何谓“公共政策”,其来源、构成要件到底是什么,Maffezini案仲裁庭没有指明,坚持肯定派观点的其他ICSID仲裁庭也没有指明。因此,在哪些问题属于“公共政策”问题上,就出现了一个随意“贴标签”的现象。

在最先提出肯定派观点的Maffezini案中,其仲裁庭探讨了基础条约缔约国在争端解决事项方面的缔约实践,但其目的不在于确定将最惠国条款适用于争端解决事项是否将违反阿根廷的“公共政策”,而在于确定这样适用是否符合基础条约缔约国——阿根廷、西班牙的缔约实践。该案仲裁庭认为,尽管在缔结基础条约之时,正是由于该案的东道国——阿根廷的坚持,阿根廷与西班牙之间的基础条约才没有规定直接诉诸ICSID仲裁,而是规定投资者必须先经历18个月的国内诉讼之后方可诉诸ICSID仲裁,但是,阿根廷后来在与其他国家缔约时抛弃了这一立场,而西班牙原则上就是倾向于允许外国投资者直接诉诸ICSID仲裁的,故将该基础条约的最惠国条款解释为适用于争端解决事项的确符合基础条约缔约双方的缔约实践。[①] 在作出如上评判之后,Maffezini案仲裁庭笔锋一转,提出,如果最惠国条款的适用将会违反作为缔约国接受双边投资条约的根本条件的"公共政策",就不得如此适用。然后,该案仲裁庭未对"公共政策"这一概念进行任何解释,就紧接着突兀地断言,将最惠国条款适用于争端解决事项将违反"公正政策"的情况包括但不限于:第一,通过适用最惠国条款绕开基础条约规定的用尽当地救济要求,而用尽当地救济是国际法的基本规则。第二,通过适用最惠国条款绕开基础条约中的"岔路口条款",因为这样会危及争端解决安排的终局性,而这种终局性被许多国家视为公共政策。第三,在基础条约规定应将争议提交给某个特定仲裁庭、而第三方条约则规定应将争议提交给另一个仲裁庭的情况下,通过适用最惠国条款绕过基础条约的上述规定,将争议提交给第三方条约所界定的另一个仲裁庭。第四,基础条约规定应将争议提交给某个包含有精确的程序规则、高度制度化的仲裁制度,诸如在《北美自由贸易协定》项下的相应安排以及其他类似安排的情况下,通过适用最惠国条款改变这些仲裁机制中的具体规定,而前述具体规定恰恰反映了基础条约缔约方的确切意图。[②] 由于利用我国所缔结的上述12个基础条约最惠国条款扩大我国对ICSID仲裁管辖权的接受范围将会改变基础条约中有关争端解决机构的选择,因此,从性质上看,这就属于Maffezini案仲裁庭所界定的第三种违反"公共政策"的情形,换言之,按照Maffezini案仲裁庭的逻辑,我国所签订的上述12个基础条约最惠国条款将由于违反"公共政策"而不能起到扩大ICSID仲裁管辖权的作用。

Maffezini案之后的其他坚持肯定派观点的ICSID仲裁庭尽管

---

① Emilio Agustín Maffezini v. Kingdom of Spain (Case No. ARB/97/7), Decision on Objections to Jurisdiction of January 25, 2000, paras. 57—59.

② Emilio Agustín Maffezini v. Kingdom of Spain (Case No. ARB/97/7), Decision on Objections to Jurisdiction of January 25, 2000, paras. 62—63.

大都接受了所谓的“公共政策”理论，[①]但一则这些案例所涉问题均为利用最惠国条款绕开基础条约中规定的18个月国内诉讼的要求，不涉及利用最惠国条款创设ICSID仲裁管辖权；二则这些仲裁庭除了断言哪些情况不属于“公共政策”之外，未对“公共政策”理论进行任何系统分析，因此，对我们此处论述的问题没有帮助。

需要注意的是，坚持否定派观点的两个ICSID仲裁案件倒是涉及了利用最惠国条款创设ICSID仲裁管辖权问题，这就是Salini案和Plama案。但是，这两个案件的仲裁庭在反对如此适用的同时，都没有援用“公共政策”理论，而是认定这两个案件中的最惠国条款根本就不能适用于争端解决事项，更谈不上对ICSID仲裁管辖权的接受范围的扩大了。实际上，对于所谓的“公共政策”理论，它们都持批评的态度，认为这一理论根本无法操作，也无法改变最惠国条款被滥用的现象。在ICSID之外的其他国际投资仲裁中，也曾出现过申请人试图利用基础条约最惠国条款创设国际投资仲裁庭的管辖权问题，这就是东盟仲裁庭所审理的Yaung Chi Oo案。[②] 该案仲裁庭依然认为，尽管Maffezini案仲裁庭已经指出最惠国条款可以适用于争端解决事项，但Yaung Chi Oo案的最惠国条款不能创设出东盟仲裁庭对东道国缅甸的仲裁管辖权。[③]

简而言之，迄今为止，尽管不同的ICSID仲裁庭对最惠国条款能否适用于争端解决问题态度不一，但在利用最惠国条款创设ICSID仲裁管辖权的问题上，所有的ICSID仲裁庭均持否定性意见，只

---

① Siemens, AG v. Argentine Republic, ICSID Case No. ARB/02/8, Decision on Jurisdiction of August 3, 2004, para. 120; Gas Natural SDG, S. A. v. Argentine Republic, ICSID Case No. ARB/03/10, Decision of the Tribunal on Preliminary Questions on Jurisdiction of June 17, 2005, para. 28.

② ASEAN Arbitral Tribunal: Yaung Chi Oo Trading Pte Ltd. V. Government of the Union of Myanmar, ASEAN I. D. Case. No. ARB/01/01, Award of March 31, 2003, *International Legal Materials*, 2003, Vol. 42.

③ ASEAN Arbitral Tribunal: Yaung Chi Oo Trading Pte Ltd. V. Government of the Union of Myanmar, ASEAN I. D. Case. No. ARB/01/01, Award of March 31, 2003, *International Legal Materials*, 2003, Vol. 42, para. 83.

不过是理由各有不同。对于这种现象,有学者已经敏锐地指出,在处理最惠国条款能否适用于争端解决事项上,ICSID仲裁庭的裁断不仅受相关条约用语的影响(此即所谓的“语义分析”),还受援用最惠国条款的申请人所欲达到的目的的影响(此即所谓的“效果分析”)。虽然ICSID仲裁庭的最终裁决并未明确承认这一点,但效果分析看起来的确能够影响仲裁庭对条约解释的态度。[①] 该学者的上述论断揭示了ICSID仲裁中的这样一种现象:倘若投资者援用最惠国条款以避开18个月的国内诉讼要求,则ICSID仲裁庭有可能认定最惠国条款能够适用于争端解决事项,从而投资者有权不必历经18个月国内诉讼;倘若投资者援用最惠国条款以从无到有地创设ICSID仲裁管辖权,则ICSID仲裁庭就会认定最惠国条款不能适用于争端解决事项,因此更谈不上从无到有地创设ICSID仲裁管辖权了。

根据我国的上述具体情况以及ICSID仲裁的上述目前实践,我们认为,至少在短期内,ICSID仲裁庭不大可能断定我国前述基础条约最惠国条款可以扩大我国对ICSID仲裁管辖权的接受范围,因此,最惠国条款造成我国对ICSID仲裁管辖权的全盘接受扩大化的风险不大。但必须注意的是,由于ICSID裁决不具备先例性,ICSID仲裁庭在最惠国条款的适用范围问题上的认定又存在较大的任意性、不连续性,而现代投资条约中的典型性最惠国条款在适用范围方面表述含混不清,ICSID仲裁庭将来是否会突然改变态度、认定现代投资条约中的典型性最惠国条款能够创设ICSID仲裁管辖权,尚不得而知,需要我们密切关注。

第三节 应该采取的补救措施

如上所述,以1998年为分水岭,我国在对待ICSID仲裁管辖权

① Dana H. Freyer, & David Herlihy, Most-Favored-Nation Treatment and Dispute Settlement in Investment Arbitration: Just How “Favored” is “Most-Favored”?, *ICSID Review—Foreign Investment Law Journal*, 2005, Vol. 20, No. 1, pp. 61~62.

方面态度剧变，由有限的接受骤然转变为全盘接受。据笔者收集的资料，截至2004年11月18日，我国已至少在19项现行有效的双边投资条约中全盘接受了ICSID仲裁管辖权，这显然与我国本应采取的慎重接受ICSID仲裁管辖权的正确选择背道而驰。所以，在澄清错误认识的基础上，我国接下来需要做的事情当是尽可能地进行补救。亡羊补牢，总是为时未晚。

笔者认为，我国需要作出的补救至少体现在如下两方面：

第一，在ICSID仲裁管辖权的接受范围上，回退到原来的部分接受模式中来，采取以一揽子部分接受为原则、逐案酌情全盘接受为例外的立场。

如上所述，截至2004年11月18日，我国已经与111个国家签订过115个双边投资条约。其中，我国明确地全盘接受ICSID仲裁管辖权的现行有效的双边投资条约至少有19个，明确地部分接受ICSID仲裁管辖权的现行有效的双边投资条约至少有12个，这些双边投资条约的有效期通常都是10年，10年期满后，我国可以主动要求重签或者改签。同时，由于我国与大多数发达国家之间的双边投资条约都签订于我国加入《华盛顿公约》之前，相应的大多数双边投资条约基本上都没有接受ICSID仲裁管辖权的条款，这些双边投资条约的有效期通常也是10年，应这些国家的要求，我国现在正在与之协商重签或者改签双边投资条约的事宜。

笔者认为，从我国主要作为处于经济转型期的资本输入国的现实国情出发，从全盘接受ICSID仲裁管辖权对于吸引外国投资并无实质意义的角度考虑，为了确保我国政府在必要时能够有不担心外国投资者的仲裁围攻而适当调整其行业及产业政策的法律资本，为了确保我国政府能够享有进行其他必要而适当的宏观经济调整的政策空间，我国今后在新签、重签或者改签双边投资条约的时候，应该重新坚持一揽子部分接受ICSID仲裁管辖权的立场，也即，在双边投资条约中仅同意就与征收补偿款额有关的争端接受ICSID仲裁管辖权；对于那些外国投资者坚持必须允许其就此外的争端求诸

ICSID 仲裁才准备向我国进行巨额投资、而我国又特别急需的情况,可以由有权机关通过审批的方式,在特许合同中逐案酌定是否接受 ICSID 仲裁管辖权。

当然,在我国已经放开对 ICSID 仲裁管辖权的接受限制的情况下,再重新收紧必会面临较大的压力。一些国家,尤其是一些向来致力于推动投资争端的国际仲裁解决的发达国家可能会拒绝接受我国的这一立场。但是,鉴于我国签订双边投资条约的目的是为了使我国的利益最大化,而签订全盘接受 ICSID 仲裁管辖权的双边投资条约明显对我国后患无穷,权衡利弊,应该理智地承认,拒绝与这些国家缔结这种双边投资条约本身就是一个胜利。

第二,在最惠国条款的适用范围方面,采取更为明确的措辞,澄清其不适用于程序性待遇、不适用于争端解决事项的意图。

有鉴于我国所签订的双边投资条约在最惠国条款的适用范围方面表述不清,没有明文排除对程序性待遇的适用,而有关此类最惠国条款适用的法律制度远未成熟,ICSID 仲裁庭在这一问题上的裁决也左右摇摆,虽然短期看来,我国所签订的至少 12 个现行有效的双边投资条约中最惠国条款不大可能被 ICSID 仲裁庭断定为可以创设出对 ICSID 仲裁管辖权的全盘接受,但风险始终存在。为了尽最大可能弥补这种缺憾,并防止此类事情发生,我国今后在新签、重签或者改签双边投资条约的时候,应该用类似的措辞明确指出:仅为了避免造成疑义起见,缔约方特此声明,本协定项下的最惠国条款不适用于程序性待遇、不适用于争端解决方面的规定。在这一方面,其他国家也有了类似的实践。比如,2003 年《美洲自由贸易协定(草案)》特别加了这样一条注解:"注:为了反映缔约各方对最惠国条款和 Maffezini 案的共同理解,一代表团建议在谈判历史中添加下述脚注,该脚注将从本协定的最终文本中删除:缔约各方注意到,Maffezini 案仲裁庭在最近作出的决定中断定,阿根廷和西班牙之间的某协定中的措辞格外宽泛的最惠国条款可以适用于国际争端解决程序方面的规定。……与之相反的是,本协定中的最惠国条款的适用范围明确限定为：'与投资的确立、取得、扩大、管理、经营、运行、出售以及其他处置有关'的事项。缔约各方的共同理解和共同意图是，该条款并不适用于本章第 C. 2b 部分所包含的国际争端解决机制（缔约一方与缔约另一方的投资者之间的争端解决）之类的事宜，因此，不能从该条款中顺理成章地得出 Maffezini 案中的那类结论。"[①]2004 年《美国－中美洲－多米尼加自由贸易协定》在其投资篇章（第 10 章）有关最惠国条款适用范围的规定处也添加了措辞几乎相同的解释性脚注。另外，阿根廷与巴拿马也曾就最惠国条款进行过换文，其目的是对它们之间签订的 1996 年投资条约进行"解释性宣言"，以明确双方不欲令最惠国条款适用于争端解决事项的意图，并强调这一直是缔约双方的意图。[②] 阿根廷的这种作法也值得我国参考。

① See Chapter XXIII Dispute Settlement of FTAA(Draft Agreement), footnote 13, at http://www.alca-ftaa.org/FTAADraft02/WordDocs/draft_e6.doc, March 25, 2004.

② National GRID PLC v. The Argentine Republic, Decision on Jurisdiction of June 20, 2006, at http://investmentclaims.com/decisions/NationalGrid-Argentina_Jurisdiction.pdf, para. 71, August 10, 2006.

结 束 语

作为 ICSID 仲裁机制内唯一的仲裁监督机构，ICSID 仲裁撤销制度是人们用以确保 ICSID 裁决公正性的最后一道防线，其地位极为重要。

ICSID 仲裁撤销制度的法律依据是《华盛顿公约》第 52 条。由于 ICSID 仲裁体制的史无前例，由于《华盛顿公约》起草者的认识的必然的局限性，也由于发展中国家经验的不足，在维护裁决的公正性上，ICSID 仲裁撤销制度并没有与作为其蓝本的一般国际商事仲裁撤销制度之间有什么本质的不同。《华盛顿公约》第 52 条规定的本意就是，ICSID 仲裁撤销制度只直接审查严重程序错误，只维护裁决的程序公正，而不维护裁决的实体公正，这可以从该条所规定的撤销理由中清晰地看出来：仲裁庭组成不当、仲裁庭明显越权、严重违背基本程序规则、仲裁庭的成员有受贿行为、裁决未陈述其所依据的理由。可是，无论是从当事人自治原则来看、还是从投资争端的公共利益属性来看，抑或是从 ICSID 仲裁的可持续发展来看，ICSID 仲裁裁决都应当具备实体公正性。

在 ICSID 仲裁撤销制度的早期实践中，Amco 案（一）的专门委员会在发现 ICSID 仲裁撤销制度的审查范围过于狭窄，不能满足否定特定严重实体错误的实际需要时，曾经通过对“仲裁庭明显越权”这一撤销理由做扩大解释的方法，将“错误适用准据法”说成是“未适用印尼法律的基本规定”，进而又定性为“未适用准据法”，并最终据此撤销了案件。[1] 这种作法说穿了就是“旧瓶装新酒”，也即，在保持原有撤销制度框架、撤销理由设置不变的情况下，将实体审查的内容

① Amco Asia Corporation and others v. Republic of Indonesia (Decision on Annulment I), ICSID Case No. ARB/81/1, para. 98.

塞入程序性的撤销理由之中，从而达到不需要彻底修改《华盛顿公约》，不需要提交缔约国一致批准，就可以实现ICSID仲裁撤销制度价值定位转变的目的：以"撤销制度"之名，行"上诉制度"之实，维护裁决的实体公正。实际上，由于目前的世界通例就是对国际商事仲裁裁决主要进行以程序问题作为切入点的审查，因此，在发现个案裁决中的实体错误非常严重，以至于严格拘泥于这种审查无法进行救济，且不给予救济严重不公的时候，各国国内法院的法官偶尔就是通过这种曲解程序性的撤销理由的方法来达到实体审查的目的的。[①]比如，在NAFTA第11章项下的第一宗仲裁撤销案件——铠甲公司案中，加拿大英属哥伦比亚省最高法院也是通过曲解程序性的撤销理由的方法，将"错误适用准据法"这一严重实体错误定性为"越权管辖"，并进而部分撤销了该裁决。[②] 所以，"旧瓶装新酒"的对策并非ICSID仲裁撤销实践中的特有现象，也非Amco案(一)专门委员会所独创。但是，在ICSID仲裁框架内，"旧瓶装新酒"的对策存在严重的法律障碍和操作障碍：第一，由ICSID个案专门委员会发挥司法能动性，将《华盛顿公约》第52条所规定的程序性的撤销理由曲解为实体性的撤销理由，从而绕过《华盛顿公约》第66条的规定，无须"所有缔约国已经批准、接受或认可"就达到悄悄改变ICSID仲裁撤销制度价值定位的目的，这本身就是违反《华盛顿公约》的。因为《华盛顿公约》第65条、第66条规定，不但必须"所有缔约国已经批准、接受或认可"才可以彻底修改公约，而且这种"批准、接受或认可"的主体必须是缔约国自己，而不是非国际法主体——个案中的专门委员会。第二，经过曲解的ICSID仲裁撤销理由将与一般国际商事

---

① William Park, Why Courts Review Arbitral Awards, quoted in David Williams, International Commercial Arbitration and Globalization-Review and Recourse against Awards Rendered under Investment Treaties, *ICSID Review—Foreign Investment Law Journal*, Vol. 19, No. 1, 2004, p. 265.

② See Reasons for Judgment of The Honourable Mr. Justice Tysoe—May 2, 2001, United Mexican States v. Metalclad Corp. (B.C. Sup. Ct. 2001), paras. 133－136, at http://www.dfait-maeci.gc.ca/tna-nac/documents/trans-2may.pdf, April 23, 2004.

仲裁撤销制度中的同名撤销理由含义相去甚远，这不但存在名不正言不顺的问题，而且还会导致学界的严厉批判，就像在当年的ICSID仲裁撤销制度价值定位之争中，人们对Amco案(一)专门委员会的作法“群起而攻之”一样。[①] 更何况，该对策的实施需个案仲裁员自愿配合，尤其在舆论导向对此持严重否定态度时，期待由仲裁员在个案中都如是“良性违法”，维护ICSID仲裁裁决的实体公正，这是不甚现实的、靠不住的。故从ICSID仲裁撤销制度的整体运行实践看，虽然ICSID仲裁撤销制度的撤销理由中的大部分都比一般国际商事仲裁撤销制度中的同名撤销理由外延广一些，但是，这些撤销理由并没有因此正常延伸至实体审查领域。因此，作为ICSID体制内唯一的仲裁监督机构，ICSID仲裁撤销制度存在监督无力的制度性流弊。

不过，在迄今为止的ICSID仲裁实践中，发达国家几乎固定地充当申请人的母国，在脱胎于一般国际商事仲裁制度的ICSID仲裁制度习惯性地偏向于片面保护外国投资者的私有财产权的时候，它们几乎都是这种不公裁决的纯受益者，这种立场和观察角度的偏差使得发达国家的学者和仲裁员几乎异口同声地赞扬ICSID仲裁撤销制度的现状。另外，就切实承担这种不公正成本的发展中国家而言，出于与其他发展中国家争相吸引外资、争相表明自己的外商投资法律环境良好等考虑，[②]它们在急急忙忙地签署一个又一个全面接受只伴之以有限仲裁监督制度的ICSID仲裁的双边投资条约之时，往往根本想象不出将来会出现何种严重的局面。因此，尽管包括ICSID仲裁撤销制度在内的投资仲裁监督制度监督无力，但长期以

---

① Alan Redfern, ICSID—Losing Its Appeal?, *Arbitration International*, Vol. 3, 1987, pp. 116～117; Björn Pirrwitz, Annulment of Arbitral Awards under Article 52 of the Washington Convention on the Settlement of Investment Disputes between States and Nationals of Other States, *Texas International Law Journal*, Vol. 23, 1988, p. 109.

② A. T. Guzman, Why LDCs Sign Treaties that Hurt Them: Explaining the Popularity of Bilateral Investment Treaties, *Vanderbilt Journal of International Law*, Vol. 38, 1998, p. 639.

来人们似乎并没有给予足够的重视。

随着NAFTA第一次在同为发达国家的美加两国之间引入投资仲裁以及美加两国海外投资者频频对对方国家提起投资仲裁，在NAFTA第11章项下的投资仲裁实践中吸取了惨痛教训的《华盛顿公约》的强有力的缔约国美国，晚近开始强力推动投资仲裁监督机制改革，明确表态要建立一种能够对投资裁决实体错误进行审查的仲裁上诉机制。这就顺带使得ICISD仲裁监督机制监督无力问题因此浮出水面。随着上述“美式”仲裁上诉机制条款的逐渐风行以及该条款所言的“双边上诉机构或者类似机制”的逐渐建立，无法提供相应的仲裁监督服务的ICSID仲裁机制的声望和作用必然将逐渐减弱，乃至被逐渐冷落。

迫于形势，2004年10月，ICSID秘书处在其网站上宣布，其正在考虑建立ICSID上诉便利制度，以同时直接审查裁决中的严重程序错误和严重实体错误。根据《维也纳条约法公约》第41条和《华盛顿公约》第66条，《华盛顿公约》缔约国有权通过在特定缔约国之间修改该约的方式，接受该上诉便利制度。这似乎意味着ICSID仲裁监督机制的监督无力弊端将会得到根除。但是，由于ICSID仲裁机制的“最大优势”——自成体系特征使然，尤其是无条件承认与执行ICSID裁决中的金钱义务的“优势”使然，ICSID上诉便利制度中的当事人一方完全可以拿出被上诉庭否定的原裁决，要求未进行修约的《华盛顿公约》原缔约国予以承认执行，从而使得ICSID上诉便利制度功亏一篑。可谓成也萧何，败也萧何！事实上，由于《华盛顿公约》的难以彻底修改以及自成体系，目前尚无彻底解决ICSID仲裁监督制度监督无力的有效方案。在已经露出迹象的巨大挑战面前，ICSID仲裁监督机制到底要如何应变，才能既保持住ICSID仲裁现有的成功，又具备满足新的社会需求的灵活性，这是一个需要IC-SID、也需要广大学人进一步探讨的严峻课题。

就身为发展中国家的中国而言，在ICSID裁决经常缺乏实体公正性、ICSID体制内唯一的仲裁监督制度——ICSID仲裁撤销制度又无法维护实体公正的大环境中，其在 ICSID 个案中将会是失大于得。考虑到过多接受 ICSID 仲裁并不会明显增强当今中国吸引外资的能力，而只会使得中国在个案中受制于人、从而无谓地让出自己的主权权利，中国眼下的对策本应是慎重接受 ICSID 仲裁管辖权。遗憾的是，晚近我国在缔结双边投资条约的时候，竟然放弃了原先的部分接受 ICSID 仲裁管辖权的立场（只就征收或者国有化的补偿款额接受 ICSID 仲裁管辖权），懵懵懂懂地全盘接受了 ICSID 仲裁管辖权（允许投资者就其与我国之间的任何投资争端申请 ICSID 仲裁）。亡羊补牢，为时未晚，我国现在应该采取的补救措施主要应该包括如下两点：第一，在 ICSID 仲裁管辖权的接受范围上，回退到原来的部分接受模式中来，采取以一揽子部分接受为原则、逐案酌情全盘接受为例外的立场。第二，在最惠国条款的适用范围方面，采取更为明确的措辞，澄清其不适用于程序性待遇、不适用于争端解决问题的意图。

经常援引的法律条文和 ICSID 仲裁撤销案例

一、经常援引的法律条文

(一)《华盛顿公约》中的若干条文

第 25 条

1. ICSID 的管辖权适用于缔约国(或缔约国指定到 ICSID 的该国的任何下属单位或机构)和另一缔约国国民之间因投资而直接产生的任何法律争端,而该项争端经双方书面同意提交给 ICSID。当双方表示同意后,不得单方面撤销其同意。

2. “另一缔约国国民”系指:

(1)在双方同意将争端交付调解或仲裁之日以及在根据第 28 条第 3 款或第 36 条第 3 款将请求予以登记之日,具有作为争端一方的国家以外的某一缔约国国籍的任何自然人,但不包括在上述任一日期也具有作为争端一方的缔约国国籍的任何人。

(2)在争端双方同意将争端交付调解或仲裁之日,具有作为争端一方的国家以外的某一缔约国国籍的任何法人以及在上述日期也具有争端当事国的缔约国国籍的法人,而该法人因受外来控制,双方同意为了本公约的目的,应看作是另一缔约国国民。

3. 某一缔约国的下属单位或机构表示的同意,须经该缔约国批准,除非该缔约国通知 ICSID 不需要予以批准。

4. 任何缔约国可以在批准、接受或认可本公约时,或在此后任何时候,把它将考虑或不考虑提交给 ICSID 管辖的一类或几类争端通知 ICSID,秘书长应立即将此项通知转交给所有缔约国。此项通知不构成第 1 款所要求的同意。

第42条

1. 仲裁庭应依据当事人双方协议的法律规范处断争端。如无此种协议,仲裁庭应适用作为争端当事国的缔约国的法律(包括它的法律冲突规范)以及可以适用的国际法规范。

2. 仲裁庭不得借口法律无明文规定或含义不清而暂不作出裁决。

3. 第1款和第2款的规定不得损害仲裁庭在双方同意时依据公平与正义原则裁断争端的权力。

第48条

1. 仲裁庭应以其全体成员的多数票对问题作出决定。

2. 仲裁庭的裁决应以书面做成,并由仲裁庭投票赞成的成员签字。

3. 裁决应处理提交仲裁庭的每一个问题,并陈述其所依据的理由。

4. 仲裁庭的任何成员可以在裁决上附上他个人的意见(不论他是否同意多数人的意见),或他持不同意见的声明。

5. ICSID未经双方的同意不得公布裁决。

第49条

1. 秘书长应迅速将裁决的核证无误的副本送交双方。裁决应视为在送交上述副本之日作出。

2. 仲裁庭经一方在作出裁决之日后45天内提出请求,可以在通知另一方后对裁决中遗漏的任何问题作出决定,并纠正裁决中的任何抄写、计算或类似的错误。其决定应为裁决一部分并应按裁决一样的方式通知双方。第51条第2款和第52条第2款规定的期限应从作出决定之日计算。

第50条

1. 如果双方对裁决的意义或范围发生争端,任何一方可以向秘书长提出书面申请,要求对裁决作出解释。

2. 如有可能,该项要求应提交作出裁决的仲裁庭。如果不可能这样做,则应依照本章第2节组织新仲裁庭。仲裁庭如认为情况有此需要,可以在它作出决定前暂缓执行裁决。

第51条

1. 任何一方可以根据发现一些其性质对裁决有决定性影响的事实,而向秘书长提出书面申请要求修改裁决,但必须以在作出裁决时,仲裁庭和申请人都不了解该事实为条件,而且申请人不知道该事实并非由于疏忽所致。

2. 申请应在发现该事实后90天内,无论如何应在作出裁决之日后3年内提出。

3. 如有可能,该项要求应提交作出裁决的仲裁庭。如果不可能这样做,则应依照本章第2节组织新仲裁庭。

4. 仲裁庭如认为情况有此需要,可以在作出决定前,暂缓执行裁决。

如果申请人在申请书中要求暂缓执行裁决,则应暂缓执行,直到仲裁庭对该要求作出决定为止。

第52条

1. 任何一方可以根据下列一个或几个理由,向秘书长提出书面申请,要求撤销裁决:

(1)仲裁庭组成不当;

(2)仲裁庭明显越权;

(3)仲裁庭的成员有受贿行为;

(4)严重违背基本程序规则;

(5)裁决未陈述其所依据的理由。

2. 申请应在作出裁决之日后120天之内提出。但以受贿为理由要求撤销的除外,该项申请应在发现受贿行为后120天之内,并且无论如何在作出裁决之日后3年之内提出。

3. 主席在接到请求时,应立即从仲裁员小组中指定由3人组成的专门委员会。委员会的成员不得为作出裁决的仲裁庭的成员,不得具有与上述任何成员相同的国籍,不得为争端一方的国家的国民或其国民是争端一方的国家的国民，不得为上述任何一国指定参加仲裁员小组的成员，也不得在同一争端中担任调解员。委员会根据第1款规定的任何理由应有权撤销裁决或裁决中的任何部分。

4. 第41条至第45条、第48条、第49条、第53条和第54条以及第6章和第7章的规定，准用于委员会的程序。

5. 委员会如认为情况有此需要，可以在作出决定前，暂缓执行裁决。如果申请人在申请书中要求暂缓执行裁决，则应暂时暂缓执行，直到委员会对该要求作出决定为止。

6. 如果裁决被撤销，则经任何一方的请求，应将争端提交给依照本章第2节组织的新仲裁庭。

第53条

1. 裁决对双方有约束力。除本公约另有规定外，不得进行任何上诉或采取任何其他补救办法。除依照本公约有关规定予以暂缓执行的情况外，每一方应遵守和履行裁决的规定。

2. 在本节中，"裁决"应包括依照第50条、第51条或第52条对裁决作出解释、修改或撤销的任何决定。

第54条

1. 每一缔约国应承认依照本公约作出的裁决具有约束力，并在其领土内履行该裁决所课予的金钱义务，如同该裁决是该国法院的终局判决一样。具有联邦宪法的缔约国可以在联邦法院或通过该法院执行该裁决，并可规定联邦法院应视该裁决如同是其组成的一邦的法院作出的终局判决。

2. 要求在一缔约国领土内予以承认或执行的一方，应向该缔约国为此目的而指定的主管法院或其他机构提供经秘书长核证无误的该裁决的副本一份。每一缔约国应将为此目的而指定的主管法院或其他机构以及随后关于此项指定的任何变动通知秘书长。

3. 裁决的执行应受要求在其领土内执行的国家关于执行判决的现行法律的管辖。

第55条

第54条的规定不得解释为背弃任何缔约国现行的关于该国或任何外国执行豁免的法律。

第65条

任何缔约国得建议修改本公约。建议修改的文本应在审议该修改案的行政理事会召开会议之前至少90天送交秘书长,并由秘书长立即转交行政理事会所有成员。

第66条

1. 如果行政理事会根据其成员的三分之二多数决定修改,则建议修改的文本应分送给所有缔约国予以批准、接受或认可。每次修改应在本公约的保存者向各缔约国发出关于所有缔约国已经批准、接受或认可该项修改的通知之后30天开始生效。

2. 任何修改不得影响任何缔约国或其任何下属单位或机构或该国的任何国民,在修改生效之日以前表示同意接受ICSID管辖而产生的由本公约规定的权利和义务。

(二)《维也纳条约法公约》中的若干条文

第31条

解释之通则

1. 条约应依其用语按上下文并参照条约的目的和宗旨所具有的通常意义,善意地加以解释。

2. 就解释条约而言,'上下文'除指连同序言及附件在内的约文外,还应包括:

(1)全体当事国间因缔结条约所订立的与条约有关的任何协定;

(2)一个以上当事国因缔结条约所订立并经其他当事国接受为条约有关文书的任何文书。

3. 应与上下文一并考虑的还有:

(1)当事人嗣后所订立的关于条约的解释或其规定的适用的任何协定;

(2)嗣后在条约适用方面确定各当事国对条约解释的协定的任何惯例。

(3)适用于当事国间关系的任何有关国际法规则。

4. 倘若经确定当事国有此原意,条约用语应使其具有特殊意义。

第 32 条

解释之补充资料

为证实通过适用第 31 条所得的意义起见,或依据第 31 条进行解释,但:

(1)意义仍不明或难解;或

(2)所获结果显属荒谬或不合理时;

为确定其意义起见,得使用补充资料进行解释,包括有关条约的准备工作以及条约的缔结情况的历史资料。

(三)NAFTA 第 11 章中的若干条文

1. NAFTA 第 11 章第 1 部分(投资)

第 1105 条

最低待遇标准

1. 缔约任何一方均应根据国际法给予缔约另一方的投资者的投资以包括公平、公正待遇以及全面的保护和安全在内的待遇。

2. 在不影响第 1 款规定的情况下,尽管第 1108 条第 7 款第 2 项已经做了规定,但缔约任何一方在采取和维持与境内投资因武装冲突和国内冲突遭受损失有关的措施的时候,仍应给予缔约另一方的投资者以及缔约另一方的投资者的投资以非歧视待遇。

3. 第 2 款的规定不适用于那些如无第 1108 条第 7 款第 2 项的规定便与第 1102 条不符的与补贴或补助有关的现有措施。

第 1110 条

征收和补偿

1. 除非符合下列条件,否则,缔约任何一方均不得直接或者间接地对缔约另一方投资者在其境内的投资进行国有化或征收,或者采取相当于对这类投资进行国有化或征收的措施(以下称“征收”):

(1)为了公共目的;

(2)非歧视;

(3)依据正当的法律程序以及第1105条第1款的规定;以及

(4)根据第2款至第6款的规定给予补偿。

2. 补偿应相当于被征收投资在征收发生前一刻(以下称"征收之日")的公平市场价值,并不得反映因征收意图早已为人所知而产生的价值变动。有关公平市场价值的估价标准应当包括兴旺企业价值标准、包括有形财产的已经宣布出来的税收价值在内的资产价值标准以及其他适当的标准。

3. 补偿应该毫不迟延并可以完全变现。

4. 如果以"七国集团"某一成员国的货币支付补偿,则补偿额应该包括自征收之日起至实际支付补偿之日止的依据有关该货币的合理商业利率计算出来的利息。

5. 如果缔约一方选择用"七国集团"成员国的货币以外的货币支付补偿,则将实际支付之日的补偿款额依据该日的主要市场汇率兑换出的"七国集团"某一成员国的货币的数量,不应低于将征收之日的补偿数额依据该日的主要市场汇率兑换出的"七国集团"该成员国的货币的数量,并且,还应按照有关"七国集团"该成员国货币的合理商业利率计算自征收之日起至支付补偿之日止的利息。

6. 补偿款额一旦支付,就应当依据第1109条的规定允许自由兑换。

7. 如果为了与知识产权有关的目的而授予的强制性许可证的颁发,或者知识产权的撤销、限制或创造与本协定第17章(知识产权)的规定相符,那么,本条就不适用于这种颁发、撤销、限制或者创造。

8. 就本条而言,为了更确切地理解本条起见,不能仅仅因为普遍适用的非歧视性措施致使债务人成本增加,从而未能按期还债,就将其视为针对本章所调整的债权证券或者贷款的相当于征收的措施。

2. NAFTA 第 11 章第 2 部分（缔约一方与缔约另一方的投资者之间的争端的解决）

第 1116 条

缔约一方的投资者代表自己提出的请求

1. 缔约一方的投资者可以依据本节的规定提起仲裁，指称缔约另一方已经违反了如下条文所规定的义务：

(1)第 1 节或者第 1503 条第 2 款（国营企业），或者

(2)第 1502 条第 3 款第 1 项（垄断和国营企业），当垄断系以违反该缔约国在第 1 节项下所承担的义务的方式进行，

且投资者已经因这一违反义务行为遭受损失或者其损失源自于这一违反义务行为的时候。

2. 如果自投资者知道或者本应知道其所指称的违反义务行为已经发生、且投资者已经遭受了损失之日起，已经经过了 3 年，则投资者不能提出请求。

第 1117 条

缔约一方的投资者代表企业提出的请求

1. 如果缔约另一方的某一企业是一个法人，且为缔约一方的投资者直接或间接拥有或者控制，则缔约一方投资者可以代表该企业依据本节的规定提起仲裁，指称缔约另一方已经违反了如下条文所规定的义务：

(1)第 1 节或者第 1503 条第 2 款（国营企业），或者

(2)第 1502 条第 3 款第 1 项（垄断和国营企业），当垄断系以违反该缔约国在第 1 节项下所承担的义务的方式进行，

且该企业已经因这一违反义务行为遭受损失或者其损失源自于这一违反义务行为的时候。

2. 如果自该企业知道或者本应知道其所指称的违反义务行为已经发生、且该企业已经遭受了损失之日起，已经经过了 3 年，则投资者不能按照第 1 款的规定以该企业的名义提出请求。

3. 如果一投资者依据本条的规定提出请求，该投资者或者该企

业中某一非控股投资者又依据第1116条的规定提出了请求，且上述请求基于相同的事件，同时，两项或者两项以上的此类请求的主张者都依据第1120条提起了仲裁，那么，除非仲裁庭断定，某一当事方的利益会因为合并审理而受到损害，否则，这些请求将由一个依据第1126条建立的仲裁庭一并审理。

4. 不得以投资的名义依据本节提出请求。

第1120条

将请求提交仲裁

1. 除非附件1120.1另有规定，否则，如果自从产生请求的事件发生之日起，已经经过了六个月，那么，争端一方投资者就可以依据如下规定将请求提交仲裁：

(1)《解决国家与他国国民间投资争端公约》，如果争端一方缔约国与投资者所属的缔约国均是该公约的成员国；

(2)《ICSID附加便利规则》，如果争端一方缔约国或者投资者所属的缔约国是《解决国家与他国国民间投资争端公约》成员国，但两者皆为《解决国家与他国国民间投资争端公约》成员国的情况除外；或者

(3)《联合国国际贸易法委员会仲裁规则》。

2. 除非本节另有不同规定，否则，仲裁应依据可适用的仲裁规则来进行。

第1127条

通知

争端一方缔约国应该向其他缔约国送达如下文件：

(1)有关已经提交仲裁的请求的书面通知，时间为自投资者将请求提交仲裁之日起30日内；以及

(2)在仲裁中所提交的所有书面意见。

第1128条

缔约国的参与

一旦对争端当事人发出了书面通知，缔约国即可以就本协定的

解释问题向仲裁庭发表意见。

第1129条

书面文件

1. 其他缔约国有权以自己承担费用的方式，从争端一方缔约国处获得如下副本：

(1)已经呈交给仲裁庭的证据；以及

(2)争端当事人的书面主张。

2. 依据第1款规定获得了信息的缔约国应该像自己就是争端一方缔约国那样处理该信息。

第1130条

仲裁地点

除非当事方另有不同约定，否则，仲裁庭应在身为《纽约公约》成员国的缔约国的境内选择依照如下规定进行仲裁：

(1)《ICSID附加便利规则》，如果仲裁系依据该规则或者《解决国家与他国国民间投资争端公约》而进行；或者

(2)《联合国国际贸易法委员会仲裁规则》，如果仲裁系依据该规则而进行。

第1131条

准据法

1. 依据本节建立的仲裁庭应当根据本协定以及可适用的国际法规则裁断争端事项。

2. 自由贸易委员会对本协定中某一条文的解释应该对依据本节而建立的仲裁庭有约束力。

第1136条

裁决的终局性和执行

1. 仲裁庭的裁决只对当事方和具体案件有约束力。

2. 在不影响第3款规定的适用以及针对中间裁决的可适用的审查程序的运作的情况下，争端一方当事人应该毫不迟延地遵守裁决。

3. 争端一方当事人只有在如下情况下才可以寻求执行终局裁决:

(1)如果终局裁决是依据《解决国家与他国国民间投资争端公约》作出的,那么,

① 自裁决作出之日起,已经经过了120天,并且当事方没有申请修改或者撤销裁决,或者

② 仲裁修改或者撤销程序已经结束;以及

(2)如果终局裁决是依据《ICSID附加便利规则》或者《联合国国际贸易法委员会仲裁规则》作出的,那么,

① 自裁决作出之日起,已经经过了三个月,并且当事方没有启动仲裁修改或者撤销程序,或者

② 法院已经驳回或者准许了仲裁修改或者撤销请求,此外再无上诉程序。

4. 每一缔约国都应该在其领域内执行裁决。

5. 如果争端一方缔约国没有遵守终局裁决,则应其投资者是仲裁一方当事人的缔约国的请求,自由贸易委员会应依据第2008条(请求成立仲裁小组)建立一个小组。在这类程序中,提出请求的缔约国可以寻求该小组:

(1)确认该没有遵守终局裁决的行为违反了本协定所规定的义务;以及

(2)建议争端一方缔约国遵守终局裁决。

6. 不管其所属缔约国是否启动了第5款所规定的程序,争端一方投资者都可以依据《解决国家与他国国民间投资争端公约》、《纽约公约》或者《美洲间国际商事仲裁公约》寻求执行仲裁裁决。

7. 为了《纽约公约》第1条以及《美洲间国际商事仲裁公约》第1条的目的,依据本节提交仲裁的请求应被认为产生于商事关系或者商事交易。

二、经常援引的ICSID仲裁撤销案例

克劳科纳案(一)

在国际化肥市场产销行情日渐不利的情况下,德国籍克劳科纳公司说服喀麦隆政府与之签订《协议纪要》和《供应合同》,为喀麦隆建化肥厂并提供包括工厂管理在内的多种服务。这两份合同都规定,有关合同的"有效性、解释及条款适用的纠纷"由ICSID仲裁。之后,克劳科纳又就工厂管理问题与喀麦隆另签了一份《管理合同》,规定由该合同引起的纠纷由国际商会仲裁。由于化肥厂质量低劣和管理不善,双方发生矛盾。克劳科纳遂于1981年4月将喀麦隆诉诸ICSID仲裁。仲裁庭确认自己有管辖权,但认为,克劳科纳违背了自己对合作伙伴的充分披露义务,也未能履行或正确履行其他合同义务,因此,作出了驳回克劳科纳请求的裁决。克劳科纳不服,以"仲裁庭明显越权"、"严重违背基本程序规则"、"裁决未陈述其所依据的理由"为由申请仲裁撤销,并导致裁决被撤销。

克劳科纳案(二)

克劳科纳案(一)的裁决被撤销后,克劳科纳公司又把原纠纷重新提交给新的ICSID仲裁庭。新仲裁庭的裁决作出后,有关当事人以"严重违背基本程序规则"、"裁决未陈述其所依据的理由"为由申请仲裁撤销。1990年5月,克劳科纳案(二)专门委员会最终驳回了当事人的撤销请求。该撤销决定迄未公布。

Amco案(一)

美国籍Amco公司与印尼军方控制的Wisma公司签订了一份《租赁与管理协议》,从后者手中租赁到"卡迪卡广场饭店"并投入巨资进行建设和经营管理。后来两者发生纠纷,Wisma在印尼军方和警方的帮助下强行接管了该饭店,并有效地促成了如下两点:印尼法院授予Wisma对该饭店的管理权、印尼外资署基于Amco未正确履行饭店管理义务和未按规定足额投资而吊销Amco的投资许可证。Amco遂于1981年1月以印尼为被申请人向ICSID申请仲裁。仲

裁庭认为，尽管 Wisma 的接管行为不构成征收，但是，印尼军方和警方在强行接管中的非法协助行为需要由印尼负国际责任；由于 Amco 并未在先违约，印尼在吊销 Amco 投资许可证一举中又未先行警告及给予充分的听证机会，该吊销行为违法，故裁决印尼负赔偿责任。印尼不服，遂以“仲裁庭明显越权”、“严重违背基本程序规则”、“裁决未陈述其所依据的理由”为由申请撤销，并导致裁决被撤销。

Amco 案（二）

Amco 案（一）的裁决被撤销后，Amco 再次向 ICSID 申请仲裁，新仲裁庭的裁决最终作出后，有关当事人不服，于是又第二次申请仲裁撤销。此外，在 Amco 案（二）的裁决作出后，Amco 曾经依据《华盛顿公约》第 49 条第 2 款申请仲裁庭对该裁决进行补充和纠正。仲裁庭没有给予印尼一个就此发表意见的充分机会，便迅速作出了不予补充、但予纠正的决定。印尼以“严重违背基本程序规则”为由，要求专门委员会撤销这一纠正决定。1992 年 12 月，Amco 案（二）专门委员会一方面驳回了针对 Amco 案（二）裁决本身的撤销请求，另一方面撤销了上述纠正决定。该撤销决定迄未公布。

国际海运代理公司案

列支敦士登籍国际海运代理公司与几内亚就后者境内铝土矿的合作开采和运输事宜签订了一份合同和两份补充议定书。但是，由于种种原因，根据上述合同成立的合营企业索特拉马公司始终未能运营起来。合作失败后，国际海运代理公司以几内亚拒绝履行合同致自己遭受损失为由，先后去美国法院起诉、去美国仲裁协会仲裁、去 ICSID 仲裁（1984 年）。ICSID 仲裁庭认为，是几内亚的行为导致索特拉马公司未能按协议运营，但在计算几内亚的违约给索特拉马造成的可得利益损失时，仲裁庭并未采纳国际海运代理公司提出的两套估算方案，而是根据自己提出的一套方案确定了几内亚应付的赔偿额。几内亚以“仲裁庭明显越权”、“严重违背基本程序规则”、“裁决未陈述其所依据的理由”为由申请撤销。最后，专门委员会于 1989 年 12 月作出了部分撤销裁决的决定。

南太平洋房地产公司案

1974年,香港籍南太平洋房地产公司与埃及旅游宾馆总公司签订了一份合同,约定成立一个合营公司,以开发靠近开罗的金字塔地区和地中海沿岸的某旅游设施。为此,埃及政府已经将这两片土地的使用权无条件地转让给了上述合营公司,后者也开始破土动工、进行建设。但是,几年后,埃及政府将上述金字塔区域划为文物古迹区,禁止对该地区进行旅游开发。南太平洋房地产公司遂申请仲裁。仲裁庭认为,埃及的行为构成了未经充分补偿的征收,故裁定埃及应承担巨额的赔偿责任。埃及不服,遂以"仲裁庭明显越权"、"严重违背基本程序规则"、"裁决未陈述其所依据的理由"为由申请撤销。该案最后以双方当事人和解结束,没有产生撤销决定。

Wena案

英国籍Wena公司与埃及宾馆公司(以下简称"埃宾公司")签订了两份合同,以租赁和管理位于勒克苏和开罗的两处宾馆。不久,双方就租金支付问题发生争议。在埃宾公司的参与下,大批群众袭击并夺取了Wena公司租赁和管理的这两处饭店。虽经埃及检察总长裁断,埃宾公司返还了这两处宾馆,但其随后成功地使法院为该两宾馆指定了破产管理人并将Wena公司驱逐出该两宾馆。1998年7月,Wena公司向ICSID申请仲裁。仲裁庭认为:就算埃及没有参与对Wena公司所租宾馆的袭击,但是,埃及也没有防止夺取宾馆行为的发生,随后也没有保护Wena公司的投资,因此,埃及没有给Wena公司在埃及的投资以"公平、公正待遇"和"全面的保护与安全",违反了《埃及一英国促进和保护投资协定》。此外,埃及的行为也相当于未依照《埃及一英国促进和保护投资协定》所规定的"充分、及时、有效"标准进行补偿的征收。有鉴于此,裁决埃及赔偿Wena公司2000余万美元损失。2001年1月,埃及以"仲裁庭明显越权"、"严重违背基本程序规则"、"裁决未陈述其所依据的理由"为由申请仲裁撤销。专门委员会最终驳回了埃及的撤销请求。

Vivendi案

法国籍 Vivendi 公司与阿根廷的土库曼省签订了一份对该省城市供水和污水处理系统进行投资的特许合同,约定将有关该合同解释和适用的争议提交土库曼省行政争议法院管辖。合同开始履行后不久,双方即发生各种争议。Vivendi 在阿根廷国内未提起任何诉讼,便依据《阿根廷—法国促进和互相保护投资协定》直接去 ICSID 对阿根廷提起了有关违反该条约的仲裁。仲裁庭认为:它是对争端有管辖权,但阿根廷联邦政府本身并未违反其对 Vivendi 的条约义务;由于土库曼省的政府行为与特许合同的履行密不可分,仲裁庭无法在不解释和适用合同的情况下判断是非,因此,Vivendi 需要先去土库曼省行政争议法院起诉。结果,Vivendi 的全部实体请求都被驳回。Vivendi 遂以"仲裁庭明显越权"、"严重违背基本程序规则"、"裁决未陈述其所依据的理由"为由,于 2001 年 3 月申请撤销该裁决有关实体请求的处理部分。专门委员会 2002 年 7 月作出了部分撤销裁决的决定。目前该案已被重新提交到一个新 ICSID 仲裁庭,正在审理中。

CDC 案

为了促成英国籍 CDC 公司向塞舌尔共和国公营公司 PUC 提供两笔贷款,塞舌尔以担保人的身份同 CDC 公司分别签订了两份贷款担保合同,并约定塞舌尔就这两份合同产生的争端接受 ICSID 仲裁管辖权。在 PUC 公司还贷违约的情况下,塞舌尔拒不承担担保责任,CDC 公司将塞舌尔诉诸 ICSID 仲裁庭。塞舌尔不否认它应该按照第一份担保合同的规定对第一笔贷款承担担保责任,但对第二份担保合同所担保的第二笔贷款有异议。第二笔贷款涉及的是项目融资问题:PUC 公司从 CDC 公司处借款建电站并拟用经营电站所获得的收益偿还贷款。塞舌尔主张,CDC 公司在最终决定贷款给 PUC 公司之前进行了项目可行性研究,正是本着对这一可行性研究的信任 PUC 公司才下定决心建电站,而 PUC 公司之所以无力还贷,就是因为该电站项目失败,有鉴于此,CDC 公司需要对 PUC 还不起第二笔贷款承担相应的责任。仲裁庭认为,CDC 公司是为了决定自己是否贷款给 PUC 公司而进行项目可行性研究的，对出借人有利的项目并不一定必然对借用人有利，同时，也没有证据证明 CDC 公司知道 PUC 或者塞舌尔依赖自己的可行性研究，故塞舌尔的抗辩不具有法律意义，其应该承担违约责任。塞舌尔不服申请撤销，在笼统地指责“仲裁庭明显越权”、“严重违背基本程序规则”、“裁决未陈述其所依据的理由”之后，提出了 19 处所谓的仲裁瑕疵，但并未具体指出每一种仲裁瑕疵分别构成什么撤销理由。专门委员会最后驳回了塞舌尔的撤销请求。

参考文献

一、著作

[1] 陈安主编:《国际经济法学》,北京大学出版社 2001 年第 2 版。

[2] 陈安主编:《国际经济法学》,北京大学出版社 2004 年第 3 版。

[3] 陈安主编:《国际经济法专论》(上编 总论),高等教育出版社 2002 年版。

[4] 陈安主编:《国际投资争端仲裁——"解决投资争端国际中心"机制研究》,复旦大学出版社 2001 年版。

[5] 陈治东著:《国际商事仲裁法》,法律出版社 1998 年版。

[6] 郭寿康、赵秀文主编:《国际经济贸易仲裁法》,中国法制出版社 1999 年版。

[7] 国务院法制局研究室编:《重新组建仲裁机构手册》,中国法制出版社 1995 年版。

[8] 韩德培主编:《国际私法新论》,武汉大学出版社 1997 年版。

[9] 韩健著:《现代国际商事仲裁法的理论与实践》,法律出版社 2000 年版。

[10] 李浩培著:《条约法概论》,法律出版社 1988 年版。

[11] 李万强著:《ICSID 仲裁机制研究》,陕西人民出版社 2002 年版。

[12] 李玉泉主编:《国际民事诉讼与国际商事仲裁》,武汉大学出版社 1994 年版。

[13] 齐树洁主编:《民事司法改革研究》,厦门大学出版社 2000 年版。

[14] 乔欣主编:《比较商事仲裁》,法律出版社 2004 年版。

[15] 沈达明编著:《英美证据法》,中信出版社 1996 年版。

[16] 沈宗灵著:《现代西方法理学》,北京大学出版社 1992 年版。

[17] 石育斌著:《国际商事仲裁研究》(总论篇),华东理工大学出版社 2004 年版。

[18] 宋航著:《国际商事仲裁裁决的承认与执行》,法律出版社 2000 年版。

[19] 王铁崖主编:《国际法》,法律出版社 1998 年版。

[20] 谢石松主编:《商事仲裁法学》,高等教育出版社 2003 年版。

[21] 杨树明主编:《国际商事仲裁法》,重庆大学出版社 2002 年版。

[22] 余劲松主编:《国际投资法》,法律出版社 2003 年版。

[23] 曾华群主编:《国际投资法学》,北京大学出版社 1999 年版。

[24] 赵健著:《国际商事仲裁的司法监督》,法律出版社 1999 年版。

[25] 赵威主编:《国际仲裁法理论与实务》,中国政法大学出版社 1995 年版。

[26] 周成新著:《国际投资争议的解决方法》,中国政法大学出版社 1989 年版。

[27] [美]本杰明·卡多佐著:《司法过程的性质》,苏力译,商务印书馆 1998 年版。

[28] [日]谷口平安著:《程序的正义与诉讼》(增补本),王亚新、刘荣军译,中国政法大学出版社 2002 年版。

[29] [英]劳特派特修订:《奥本海国际法》(第一分册),王铁崖、陈体强译,商务印书馆 1980 年版。

[30] Alan Redfern & M. Hunter, *The Law and Practice of*

International Commercial Arbitration, Sweet & Maxwell, 1999.

[31] Albert Jan Van Den Berg, Improving the Efficiency of Arbitration Agreements and Awards: 40 Years of Application of the New York Convention, Kluwer Law International, 1999.

[32] Christoph H. Schreuer, *The ICSID Convention: A Commentary*, Cambridge University Press, 2001.

[33] Emmanual Gaillard & John Savage, *Fouchard Gaillard Goldman on International Commercial Arbitration*, 中信出版社 2004年版。

[34] H. Smit & V. Pechota, *Comparison of International Arbitration Rules*, Juris, 1999.

[35] John Collier & Vaughan Lowe, *The Settlement of Disputes in International Law: Institutions and Procedures*, Oxford University Press, 1999.

[36] Mauro Rubino-Sammartano, *International Arbitration Law and Practice* (Second Edition),中信出版社 2003年版。

[37] Wolfgang Peter, *Arbitration and Renegotiation of International Investment Agreements: A Study with Particular Reference to Means of Conflict Avoidance under Natural Resources Investment Agreements*, M. Nijhoff, 1986.

二、论文

[38] 陈瑞华:《程序正义论纲》,载陈光中、江伟主编:《诉讼法论丛》第1卷, 法律出版社 1998 年版。

[39] 杜焕芳:《论国际商事仲裁裁决的撤销制度》,载梁慧星主编:《民商法论丛》第28卷,法律出版社 2003 年版。

[40] 施米托夫:《仲裁裁决的终局性与司法复审》,载施米托夫著:《国际贸易法文选》,赵秀文选译,中国大百科全书出版社 1993 年版。

[41] 施米托夫:《国际商事仲裁的普遍性与区域性》,载施米托夫著:《国际贸易法文选》,赵秀文选译,中国大百科全书出版社 1993 年版。

[42] 王传丽:《WTO:一个自给自足的法律体系——兼论一国四地经贸法律新发展》,载陈安主编:《国际经济法学刊》第 11 卷,北京大学出版社 2004 年版。

[43] 王斐弘:《效率与程序和谐论》,载陈光中、江伟:《诉讼法论丛》第 7 卷,法律出版社 2002 年版。

[44] 王亚新:《民事诉讼中的依法审判原则与程序保障(代译序)》,载[日]谷口平安著:《程序的正义与诉讼》(增补本),王亚新、刘荣军译,中国政法大学出版社 2002 年版。

[45] 钟妙:《"中间裁决"的概念有待明确 ——兼与部分裁决、先行裁决、临时裁决比较》,载《仲裁研究》第 3 辑,法律出版社 2005 年版。

[46] 朱苏力、张志铭、贺卫方:《关于司法改革的对话》,载刘军宁主编:《市场社会与公共秩序》,生活·读者·新知三联书店 1996 年版。

[47] A. T. Guzman, Why LDCs Sign Treaties that Hurt Them: Explaining the Popularity of Bilateral Investment Treaties, *Vanderbilt Journal of International Law*, Vol. 38, 1998.

[48] Alan Redfern, ICSID—Losing Its Appeal?, *Arbitration International*, Vol. 3, 1987.

[49] Amr A. Shalakany, Arbitration and the Third World: A Plea for Reassessing Bias Under the Specter of Neoliberalism, *Harvard International Law Journal*, Vol. 41, 2000.

[50] Andrew Tweeddale, Confidentiality in Arbitration and the Public Interest Exception, *Arbitration International*, Vol. 21, No. 1, 2005.

[51] Anthony De Palma, NAFTA's Powerful Little Secret:

Obscure Tribunals Settle Disputes, But Go Too Far, Critics Say, *New York Times*, March 11, 2001, BU1.

[52] Antonia Crivellaro, Making the Proceeding Public and Allowing Third-Party Interventions—Are the New Generation Bilateral Investment Treaties (U. S., Canada) Bifurcating Investment Arbitration from International Commercial Arbitration?, *The Journal of World Investment & Trade*, Vol. 6, No. 1, 2005.

[53] Antonio R. Parra, Provisions on the Settlement of Investment Disputes in Modern Investment Laws, Bilateral Investment Treaties and Multilateral Instruments on Investment, *ICSID Review—Foreign Investment Law Journal*, Vol. 12, No. 2, 1997.

[54] Antonio R. Parra, The Role of ICSID in the Settlement of Investment Dispute, *News from ICSID*, Vol. 16, No. 1, 1999.

[55] Ari Afilalo, Constitutionalization Through the Back Door: A European Perspective on NAFTA's Investment Chapter, *New York University Journal of International Law & Politics*, Vol. 34, 2001.

[56] Aron Broches, Awards Rendered Pursuant to the ICSID Convention: Binding Force, Finality, Recognition, Enforcement, Execution, *ICSID Review—Foreign Investment Law Journal*, Vol. 2, No. 2, 1987.

[57] Aron Broches, Observations on the Finality of ICSID Awards, *ICSID Review—Foreign Investment Law Journal*, Vol. 6, No. 2, 1991.

[58] Aron Broches, On the Finality of Awards: A Reply to Michael Reisman, *ICSID Review—Foreign Investment Law Journal*, Vol. 8, No. 1, 2004.

[59] Bart Kerremans, Coping with a Nettlesome Dilemma: The Long Road to the U. S. Trade Act of 2002, *The Journal of World Investment*, Vol. 4, No. 3, 2003.

[60] Bernard G. Poznanski, The Nature and Extent of an Arbitrator's Powers in International Commercial Arbitration, *Journal of International Arbitration*, Vol. 4, 1987.

[61] Björn Pirrwitz, Annulment of Arbitral Awards Under Article 52 of the Washington Convention on the Settlement of Investment Disputes Between States and Nationals of Other States, *Texas International Law Journal*, Vol. 23, 1988.

[62] Bohuslav Klein, Who Wins and Who Loses in Investment Arbitration? Are Investors and Host States on a Level Playing Field? —The Lauder/Czech Republic Legacy, *The Journal of World Investment & Trade*, Vol. 6, No. 1, 2005.

[63] Catherine Yannaca-Small, *Transparency and Third Party Participation in Investor—State Dispute Settlement Procedures—Statement by the OECD Investment Committee*, June 11, 2005, at http://www. oecd. org/dataoecd/25/3/34786913. pdf, May 20, 2006.

[64] Cecilia M. Di Cio, Dealing with Mistakes Contained in Arbitral Awards, *The American Review of International Arbitration*, Vol. 12, 2001.

[65] Charles H. Brower II, Investor—State Disputes Under NAFTA: The Empire Strikes Back, *Columbia Journal of Transnational Law*, Vol. 40, 2001.

[66] Charles H. Brower II, NAFTA's Investment Chapter: Initial Thoughts About Second-Generation Rights, *Vanderbilt Journal of Transnational Law*, Vol. 36, 2003.

[67] Charles H. Brower II, RESPONSE: Beware the Jabber-

wock: A Reply to Mr. Thomas, *Columbia Journal of Transnational Law*, Vol. 40, 2002.

[68] Charles H. Brower, II, Investor—State Disputes Under NAFTA: A Tale of Fear and Equilibrium, *Pepperdine Law Review*, Vol. 29, 2001.

[69] Charles N. Brower, Charles H. Brower II & Jeremy K. Sharpe, The Coming Crisis in the Global Adjudication System, *Arbitration International*, Vol. 19, 2003.

[70] Charles N. Brower, NAFTA CHAPTER 11: Who Then Should Judge? —Developing the International Rule of Law under NAFTRA Chapter 11, *Chicago Journal of International Law*, Vol. 2, 2001.

[71] Chris Tollefson, Games Without Frontiers: Investor Claims and Citizen Submissions Under the NAFTA Regime, *Yale Journal of International Law*, Vol. 27, 2002.

[72] Christian Leathley, The Mercosur Dispute Resolution System, *The Journal of World Investment & Trade*, Vol. 4, No. 5, 2003.

[73] Christopher R. Drahozal, Of Rabbits and Rhinoceri: A Survey of Empirical Research on International Commercial Arbitration, *Journal of International Arbitration*, Vol. 20, No. 1, 2003.

[74] D. Bishop & L. Leed, Practical Guidelines for Interviewing, Selecting and Challenging Party-Appointed Arbitrators in International Commercial Arbitration, *Arbitration International*, Vol. 14, 1998, at http://www.kluwerarbitration.com/arbitration/arb/home/ipn/default.asp? ipn=9633, March 1, 2005.

[75] Dana H. Freyer, & David Herlihy, Most-Favored-Nation Treatment and Dispute Settlement in Investment Arbitration:

Just How "Favored" is "Most-Favored"?, *ICSID Review—Foreign Investment Law Journal*, 2005, Vol. 20, No. 1.

[76] David A. Gantz, The Evolution of FTA Investment Provisions: From NAFTA to the United States—Chile Free Trade Agreement, *American Journal of International Law*, Vol. 19, 2004.

[77] David D. Caron, Reputation and Reality in the ICSID Annulment Process: Understanding the Distinction Between Annulment and Appeal, *ICSID Review—Foreign Investment Law Journal*, Vol. 7, No. 1, 1992.

[78] David D. Caron, The Nature of the Iran—United States Claim Tribunal and the Evolving Structure of International Disputes Resolution, *American Journal of International Law*, Vol. 84, 1990.

[79] David R. Sedlak, ICSID's Resurgence in International Investment Arbitration: Can the Momentum Hold?, *Penn State International Law Review*, Vol. 23, 2004.

[80] David Williams, International Commercial Arbitration and Globalization-Review and Recourse against Awards Rendered under Investment Treaties, *ICSID Review—Foreign Investment Law Journal*, Vol. 19, No. 1, 2004.

[81] Dora Marta Gruner, Accounting for the Public Interest in International Arbitration: The Need for Procedural and Structural Reform, *Columbia Journal of Transnational Law*, Vol. 41, 2003.

[82] E. A. Schwartz, A Comment on Chromalloy: Hilmarton, *à* l'américaine, *Journal of International Arbitration*, Vol. 14, 1997.

[83] Emmanuel Gaillard & Yas Banifatemi, The Meaning of

"and" in Article 42(1), Second Sentence, of the Washington Convention: The role of International Law in the ICSID Choice of Law Process, *ICSID Review—Foreign Investment Law Journal*, Vol. 18, No. 2, 2003.

[84] Emmanuel Gaillard, 'Vivendi' and Bilateral Investment Treaty Arbitration, *New York Law Journal*, Feb. 16, 2003.

[85] Emmanuel Gaillard, Establishing Jurisdiction Through a Most-Favored-Nation Clause, *New York Law Journal*, June 2, 2005.

[86] Emmanuel Gaillard, Introductory Note, *International Legal Materials*, Vol. 25, 1986.

[87] Emmanuel Gaillard, Landmark in ICSID Arbitration Committee Decision in 'Wena Hotels', *New York Law Journal*, April 4, 2002.

[88] Fali Nariman, East Meets West: Tradition, Globalization and the Future of Arbitration, *Arbitration International*, Vol. 20, No. 2, 2004.

[89] Fernando Mantilla-Serrano, Towards a Transnational Procedural Public Policy, *Arbitration International*, Vol. 20, No. 4, 2004.

[90] Filip De Ly, Who Wins and Who Loses in Investment Arbitration? Are Investors and Host States on a Level Playing Field? —The Lauder/Czech Republic Legacy, *The Journal of World Investment & Trade*, Vol. 6, No. 1, 2005.

[91] Georg Caspary & Susanne Berghaus, The Changing Nature of Foreign Direct Investment in Developing Countries: Evidence and Implication, *The Journal of World Investment & Trade*, Vol. 4, No. 5, 2004.

[92] George Yeo, *Letter from George Yeo on the Possibility*

of a Bilateral Appellate Mechanism, Minister for Trade and Industry of Singapore, to Robert Zoellick, U. S. Trade Representative (May 6, 2003), at http://www. ustr. gov/new/fta/Singapore/final/15app. pdf, Oct. 30, 2004.

[93] Georges R. Delaume, ICSID Arbitration and Courts, *The American Journal of International Law*, Vol. 77, 1983.

[94] Georges R. Delaume, States Contracts and Transnational Arbitration, *American Journal of International Law*, Vol. 75, 1981.

[95] Georges R. Delaume, The Finality of Arbitrations Involving States: Recent Development, *Arbitration International*, Vol. 5, 1989.

[96] Giorgio Sacerdoti, Investment Arbitration under ICSID and UNCITRAL Rules: Prerequisites, Applicable Law, Review of Awards, *ICSID Review—Foreign Investment Law Journal*, Vol. 19, No. 1, 2004.

[97] Gonzalo Biggs, The Latin American Treatment of International Arbitration and Foreign Investment and the Chile-U. S. Free Trade Agreement, *ICSID Review—Foreign Investment Law Journal*, Vol. 19, No. 1, 2004.

[98] Guillermo Aguilar Alvarez & William W. Park, The New Face of Investment Arbitration: NAFTA Chapter 11, *Yale Journal of International Law*, Vol. 28, 2003.

[99] Hong-Lin Yu & Laurence Shore, Independence, Impartiality, and Immunity of Arbitrators-US and English Perspectives, *International and Comparative Law Quarterly*, Vol. 52, 2003.

[100] Hong-Lin Yu, Total Separation of International Commercial Arbitration and National Court Regime, *Journal of International Arbitration*, Vol. 15, No. 2, 1998.

[101] Howard Mann, Aaron Cosbey, Luke Peterson & Konrad Von. Moltke, *Comments on ICSID Discussion Paper, Possible Improvements of the Framework for ICSID Arbitration*, at http://www.iisd.org/pdf/2004/investment_icsid_response.pdf, July 1, 2005.

[102] Ibrahim F. I. Shihata & Antonio R. Parra, Applicable Substantive Law in Disputes Between States and Private Parties: The Case of Arbitration under the ICSID Convention, *ICSID Review—Foreign Investment Law Journal*, Vol. 9, No. 1, 1994.

[103] Ibrahim F. I. Shihata & Antonio R. Parra, The Experience of ICSID, *ICSID Review—Foreign Investment Law Journal*, Vol. 14, No. 2, 1999.

[104] J. C. Thomas, RESPONSE: A Reply to Professor Brower, *Columbia Journal of Transnational Law*, Vol. 40, 2002.

[105] Jack J. Coe, Jr, Domestic Court Control of Investment Awards: Necessary Evil or Achilles Heel within NAFTA and the Proposed FTAA?, *Journal of International Arbitration*, Vol. 19, 2002.

[106] James Langman, Chilean Lawmaker Says Free Trade Accord with U. S. Unconstitutional, Plans Challenge, *International Environmental Report*, Vol. 26, 2003.

[107] James Mcilaroy, Canada's New Foreign Investment Protection and Promotion Agreement: Two Steps Forward, One Step Back?, *The Journal of World Investment & Trade*, Vol. 5, No. 4, 2004.

[108] Jan Klabbers, International Legal Histories: The Declining Importance of Travaux Preparatoires in Treaty Interpretation?, *Netherlands International Law Review*, Vol. 50, 2003.

[109] Jan Paulsson, ICSID's Achievements and Prospects,

ICSID Review—Foreign Investment Law Journal, Vol. 6, No. 2, 1991.

[110] Janeen M. Carruthers, Substance and Procedure in Conflict of Laws: A Continuing Debate in Relation to Damages, *International and Comparative Law Quarterly*, Vol. 53, 2004.

[111] Jeffery Atik, Repenser NAFTA Chapter 11: A Catalogue of Legitimacy Critiques, *Asper Review of International Business and Trade Law*, Vol. 3, 2003.

[112] Jesse Williams, Regulating Multinational Polluters in a Post-NAFTA Trade Regime: The Lessons of Metalclad V. Mexico and the Case for a "Takings" Standard, *UCLA Journal of International Law and Foreign Affairs*, Vol. 8, 2003.

[113] Jeswald W. Salacuse, Direct Foreign Investment and the Law in Developing Countries, *ICSID Review—Foreign Investment Law Journal*, Vol. 15, No. 2, 2000.

[114] Joachim Karl, The Promotion and Protection of German Foreign Investment Abroad, *ICSID Review—Foreign Investment Law Journal*, Vol. 11, No. 1, 1996.

[115] John M. Mccabe, Uniformity in ADR: Thoughts on the Uniform Arbitration Act and Uniform Mediation Act, *Pepperdine Dispute Resolution Law Journal*, Vol. 3, 2003.

[116] Joost Blom, Public Policy in Private International Law and Its Evolution in Time, *Netherlands International Law Review*, Vol. 50, 2003.

[117] Jose Rosell, The Challenge of Arbitrators, *Croatian Arbitration Yearbook*, 2003.

[118] Jürgen Kurtz, The MFN Standard and Foreign Investment: An Uneasy Fit?, *The Journal of World Investment & Trade*, 2004, Vol. 5, No. 6.

[119] Justin Byrne, NAFTA Dispute Resolution: Implementing True Rule-Based Diplomacy through Direct Access, *Texas International Law Journal*, Vol. 35, 2000.

[120] Katia Yannaca-Small, Improving the System of Investor-State Dispute Settlement: An Overview, OECD Working Papers on International Investment, Number 2006/1.

[121] Kenneth I. Juster, Arbitral & Judicial Decision: The Santa Elena Case: Two Steps Forward, Three Steps Back, *American Review of International Arbitration*, Vol. 10, 1999.

[122] Kenneth Kaoma Mwenda, Nahu G. Gobir, International Commercial Arbitration and the International Centre for Settlement of Investment Disputes, *Zambia Law Journal*, Vol. 30, 1998.

[123] Klaus Peter Berger, The International Arbitrator's Application of Precedents, *Journal of International Arbitration*, Vol. 9, No. 4, 1992.

[124] Lester Nurick, Costs in International Arbitrations, *ICSID Review—Foreign Investment Law Journal*, Vol. 7, No. 1, 1992.

[125] M. B. Feldman, The Annulment Proceedings and the Finality of ICSID Arbitral Awards, *ICSID Review—Foreign Investment Law Journal*, Vol. 2, No. 1, 1987.

[126] Marc R. Poirier, The NAFTA Chapter 11 Expropriation Debate through the Eyes of a Property Theorist, *Environmental Law*, Vol. 33, 2003.

[127] Marc Sturzenegger, ICSID Arbitration and Annulment for Failure to State Reasons, *Journal of International Arbitration*, Vol. 9, 1992.

[128] Marcia J. Staff & Christine W. Lewis, Arbitration Un-

der NAFTA Chapter 11: Past, Present, and Future, *Houston Journal of International Law*, Vol. 25, 2003.

[129] Mark Friedman & Gaetan Verhoosel, Arbitrating over BIT claims, *The National Law Journal*, Sep. 15, 2003, at http://blog.lewrockwell.com/lewrw/archives/Friedman-BITs-9-15-03.pdf, Jan. 3, 2004.

[130] Mark Kantor, The New Draft Model U. S. BIT: Noteworthy Developments, at http://www.kluwerarbitration.com/arbitration/arb/home/ipn/default.asp? ipn = 25753, March. 1, 2005.

[131] Mary Bottari, Lori Wallach & David Waskow, NAFTA Chapter 11 Investor-to-State Cases: Bankrupting Democracy, *Public Citizen's Global Trade Watch*, September 2001, at http://www.citizen.org/documents/ ACF186.PDF, June 1, 2005.

[132] Matthew C. Porterfield, International Expropriation Rules and Federalism, *Stanford Environmental Law Journal*, Vol. 23. 2004,

[133] Matthew Nolan, Darin Lippoldt, Obscure NAFTA Clause Empowers Private Parties: Investor-Protection Clause Lets Companies Haul Signatories into Arbitration for Violation of Pact, *National Law Journal*, April 6, 1998, p. B8.

[134] *Mexican Forecast*, Questions Remain After B. C. Supreme Court Upholds Metalclad Victory in Mexico Case: Q&A with NAFTA Legal Expert Todd Weiler, Mexican Forecast, Vol. 10, No. 9, 2001, at http://www.naftaclaims.com/Papers/ Mexican%20Forecast%20Interview.pdf, March 21, 2004.

[135] N. L. Wallace-Bruce, Global Investments and Environmental Protection: The Battle Lines Are yet to Emerge!, *Netherlands International Law Review*, Vol. 49, 2002.

[136] Nigel Blackaby, *Public Interest and Investment Treaty Arbitration*, *at http://www. gasandoil. com/ogel/samples/freearticles/article_56*. htm, Jan. 3, 2004.

[137] Noah D. Rubin, Investment Arbitration in Brazil, *The Journal of World Investment*, Vol. 4, No. 6, 2003.

[138] Noah D. Rubin, The Burial of an Investor-State Arbitration Claim, *Arbitration International*, Vol. 21, No. 1, 2005.

[139] Okezie Chukwumerije, International Law and Article 42 of the ICSID Convention, *Journal of International Arbitration*, Vol. 14, 1997.

[140] Ole Spiermann, Individual Rights, State Interests and the Power to Waive ICSID Jurisdiction under Bilateral Investment Treaties, *Arbitration International*, Vol. 20, No. 2, 2004.

[141] Patrick G. Foy, Effectiveness of NAFTA's Chapter Eleven Investor-State Arbitration Procedures, *ICSID Review—Foreign Investment Law Journal*, Vol. 18, No. 1, 2003.

[142] Peter S. Green, Czech Senate: A Safe Haven For Principal in Media War, *New York Times*, Nov. 11, 2002, A8.

[143] Petra Pasternak, EU, U.S. Treaty Issues Unresolved, *Prague Post*, May 29, 2003, at http://www. praguepost. com/P03/2003/Art/0529/busi4. php, Nov. 22, 2006.

[144] Philippe Pinsolle, Jurisdictional Review of ICSID Awards, *The Journal of World Investment and Trade*, Vol. 5, No. 4, 2004.

[145] Pierre Pettigrew, Investor Protection in the NAFTA and Beyond: Private Interest and Public Purpose, at http://webapps. dfait-maeci. gc. ca/minpub/Publication. asp? FileSpec =/Min Pub Docs/104560. htm, Jan. 1, 2004.

[146] Quentin Tannock, Judging the Effectiveness of Arbitra-

tion through the Assessment of Compliance with and Enforcement of International Arbitration Awards, *Arbitration International*, Vol. 21, No. 1, 2005.

[147] Rajesh Singh, The Impact of the Central American Free Trade Agreement on Investment Treaty Arbitrations: A Mouse that Roars?, http://www.kluwerarbitration.com/arbitration/arb/home/ipn/default.asp? ipn=25749, March 1, 2005.

[148] Richard Boivin, International Arbitration with States: An Overview of the Risks, *Journal of International Arbitration*, Vol. 19, No. 4, 2002.

[149] Richard H. Kreindler, Approach to the Application of Transnational Public Policy by Arbitrators, *The Journal of World Investment*, Vol. 4, No. 2, 2003.

[150] Richard J. Craving, Status of the New York Arbitration Convention: Some Gaps in Coverage but New Acceptance Conforms Its Vitality, *ICSID Review—Foreign Investment Law Journal*, Vol. 10, No. 1, 1995.

[151] Robert K. Paterson, A New Pandora's Box? Private Remedies for Foreign Investors Under the North American Free Trade Agreement, *Willamette Journal of International Law & Dispute Resolution*, Vol. 8, 2000.

[152] Shan Wenhua, The Role of Law in China's Success in Attracting Foreign Investment: An Empirical Approach. 该文系该作者在 2004 年 11 月 4—5 日于厦门召开的“国际经济法与经济转型期的中国”国际研讨会(International Economic Law and China in Its Economic Transition)上提交的论文。

[153] Sherrillyn S. Lim, The U.S.-Singapore Free Trade Agreement: Fostering Confidence and Commitment in Asia, *California Western International Law Journal*, Vol. 34, 2004.

[154] South Centre, *Developments on Discussions for the Improvement of the Framework for ICSID Arbitration and the Participation of Developing Countries*, at http://www.southcentre.org/tadp_webpage/research_papers/investment_project/icsid_discpaper_feb05.doc, July 1, 2005.

[155] Srecko Lucky Vidmar, Compulsory Inter-State Arbitration of Territorial Disputes, *Denver Journal of International Law and Policy*, Vol. 31, 2002.

[156] Stefan Kröll, *Recourse against Negative Decisions on Jurisdiction*, at http://www.kluwerarbitration.com/arbitration/arb/home/ipn/default.asp? ipn=25593, May 1, 2005.

[157] Stephanie E. Keer, Richard W. Naimark, International Private Commercial Arbitration: Expectations and Perceptions of Attorneys and Business People at the Beginning of the Case, *International Business Lawyer*, Vol. 30, No. 5, 2002.

[158] Stephen Hayford, Ralph Peeples, Commercial Arbitration in Evolution: An Assessment and Call for Dialogue, *Ohio State Journal on Dispute Resolution*, Vol. 10, 1995.

[159] Stephen L. Hayford, A New Paradigm for Commercial Arbitration: Rethinking the Relationship Between Reasoned Awards and the Judicial Standards for Vacatur, *George Washington Law Review*, Vol. 66, 1998.

[160] Susan D. Franck, The Nature and Enforcement of Investor Rights Under Investment Treaties: Do Investment Treaties Have a Bright Future, *U. C. Davis Journal of International Law & Policy*, Vol. 12, 2005.

[161] Susan L. Karamanian, Overstating the "Americanization" of International Arbitration: Lessons from ICSID, *Ohio State Journal on Dispute Resolution*, Vol. 19, 2003.

[162] Thomas W. Walde, Energy Charter Treaty-based Investment Arbitration: Controversial Issues, *The Journal of World Investment & Trade*, Vol. 5, No. 3, 2004.

[163] Thomas W. Walde, Making the Proceeding Public and Allowing Third-Party Interventions-Are the New Generation Bilateral Investment Treaties (U. S., Canada) Bifurcating Investment Arbitration from International Commercial Arbitration?, *The Journal of World Investment & Trade*, Vol. 6, No. 1, 2005.

[164] Thomas Walde, ICSID 'Annulment Committee', http://www. gasandoil. com/ogel/samples/freearticles/article _ 75. htm, Jan. 3, 2004.

[165] Toby Landau, Composition and Establishment of the Tribunal: Articles 14 to 36, *The American Review of International Arbitration*, Vol. 9, 1998.

[166] UNCTAD, *Dispute Settlement: Investor-State*, UNCTAD/ITE/IIT/30, 2003.

[167] W. M. Tupman, Challenge and Disqualification of Arbitrators in International Commercial Arbitration, *International and Comparative Law Quarterly*, Vol. 38, 1989.

[168] W. Michael Reisman, Repairing ICSID's Control System: Some Comments on Aron Broches' "Observations on the Finality of ICSID Awards", *ICSID Review—Foreign Investment Law Journal*, Vol. 7, No. 1, 1992.

[169] W. Michael Reisman, The Regime for Lacunae in the ICSID Choice of Law Provision and the Question of Its Threshold, *ICSID Review—Foreign Investment Law Journal*, Vol. 15, No. 2, 2000.

[170] W. Michael Reisman, The Breakdown of the Control Mechanism in ICSID Arbitration, *Duke Law Journal*, No. 4, 1989.

[171] William H. Knull, III, & Noah D. Rubins, Betting the Farm on International Arbitration: Is It Time to Offer an Appeal Option?, *The American Review of International Arbitration*, Vol. 11, 2000.

[172] William S. Dodge, International Decision: Metalclad Corporation v. Mexico, *American Journal of International Law*, Vol. 95, 2001.

[173] William W. Park, Private Adjudication and the Public Interest: The Expanding Scope of International Arbitration, *Brooklyn Journal of International Law*, Vol. 12, 1986.

[174] William W. Park, The Specificity of International Arbitration: The Case for FAA Reform, *Vanderbilt Journal of Transnational Law*, Vol. 36, 2003.

[175] Zachary M. Eastman, NAFTA's Chapter 11: For Whose Benefit?, *Journal of International Arbitration*, Vol. 16, 1999.

三、辞书和资料汇编

[176] L. B. 科尔森:《朗文法律词典》,法律出版社 2003 年第 6 版。

[177] 艾迪生·维斯理·朗文出版公司辞典部:《朗文当代高级英语词典》,商务印书馆 1998 年版。

[178] 陈安、刘智中主编:《国际经济法资料选编》,法律出版社 1991 年版。

[179] 陈安主编:《国际投资争端案例精选》,复旦大学出版社 2001 年版。

[180] 国家统计局:《2005 年国民经济和社会发展统计公报》, at http://finance. sina. com. cn/g/20060228/14092378908. shtml, 2006-08-31.

[181] 商务部新闻办公室:《2003 年 1—12 月全国利用外商直接投资情况》, at http://www.mofcom.gov.cn/aarticle/tongjiziliao/v/200401/20040100171259.html, 2005 年 7 月 1 日。

[182] 商务部新闻办公室:《2004 年 1—12 月全国吸收外资情况》, at http://www.mofcom.gov.cn/aarticle/tongjiziliao/v/200502/20050200357118.html, 2005 年 9 月 9 日。

[183] 世界银行:《2003 年世界经济展望》, at http://www.worldbank.org/prospects/gep2003/summarycantonese.doc, 2005 年 7 月 1 日。

[184] 王铁崖、田如萱主编:《国际法资料选编》, 法律出版社 1982 年版。

[185] 薛波主编:《元照英美法词典》, 法律出版社 2003 年版。

[186] 佚名:《2004 年度中国对外直接投资统计公报对外公布》, at http://finance.sina.com.cn/g/20050901/10361934291.shtml, 2005 年 9 月 9 日。

[187] 张芳杰主编:《牛津现代高级英汉双解词典》, 牛津大学出版社 1984 年版。

[188] 赵秀文主编:《国际经济贸易仲裁法教学参考资料》, 中国法制出版社 1999 年版。

[189] Bryan A. Garner, *Black's Law Dictionary* (Eighth Edition), West Publishing Co., 2004.

[190] David M. Walker, *The Oxford Companion to Law*, Clarendon Press, 1980.

[191] H. P. Collin, Dictionary of Law (Second Edition), 世界图书出版公司 1995 年版。

[192] ICSID, Convention on the Settlement of Investment Disputes Between States and Nationals of Other States: Analysis of Documents Concerning the Origin and Formulation of the Convention, Vol. 1, 1970.

[193] ICSID, *Convention on the Settlement of Investment Disputes Between States and Nationals of Other States: Documents Concerning the Origin and Formulation of the Convention*, Vol. 2, 1968.

[194] ICSID, *ICSID Annual Report*, 1986.

[195] ICSID, *ICSID Annual Report*, 1988.

[196] ICSID, Stakeholder Survey, October 2004, at http://www.worldbank.org/icsid/icsid-client-survey-100904.pdf, Dec. 1, 2004.

[197]ICSID Secretariat, *Possible Improvements of the Framework for ICSID Arbitration*, at http://www.worldbank.org/icsid/improve-arb.pdf, Oct. 22, 2004.

[198] ICSID Secretariat, *Suggested Changes to the ICSID Rules and Regulations*, at http://www.worldbank.org/icsid/052405-sgmanual.pdf, June 4, 2005.

[199] Steven H. Giffs, Law Dictionary, Barron's Educational Series Inc., 1975.

[200] UNCTAD, *World Investment Report* 2003—*FDI Policies for Development: National and International Perspectives (Overview)*, UNCTAD/WIR/2003 (Overview).

[201] World Bank, *World Development Report* 2005—*A Better Investment Climate for Everyone*, World Bank and Oxford University Press, 2004.

后 记

本书是在我的博士学位论文基础上修改而成的。回望漫漫求学路,心中极为感激曾给予我莫大帮助和鼓舞的各位老师、亲人、学友。

首先,我要感谢我博士阶段的导师、厦门大学法学院陈安教授。2002－2005 年间,我有幸来到恩师门下研习国际经济法。在这三年中,恩师花费了大量时间悉心传授给我做学问甚至做人做事的道理,雪中送炭般地帮我解决学习与生活中的困难,并给予我在《国际经济法学刊》作轮值编辑的宝贵锻炼机会,使我有机会第一时间研读众多作者的赐稿,博览众家风采,并知风气之先。对恩师的提携与厚爱,我一直感激涕零,是爱徒如子的恩师的循循善诱、谆谆教导使浮躁的我开始沉静下来认真对待学术。然而,由于我懒惰愚顽,本书中仍存在许多舛误不足之处,这些当然应归因于我个人,而与恩师无关。

我也要感谢厦门大学国际经济法研究所的曾华群教授、廖益新教授、徐崇利教授、李国安教授。在母校读博期间,我不仅每三周都能有幸聆听一次由博士生导师组共同组织的"专题学术报告会",并就报告所涉问题向各位教授求教,而且还在协助各位教授共同办刊的过程中逐渐懂得了如何从编辑的角度对学术论文进行取舍,增强了自己的学术鉴别力。各位教授渊博精深的专业知识、不同寻常的创新思路、诲人不倦的奉献精神为我解决了很多学术困惑,也给了我很多弥足珍贵的启迪,对此我铭感在心。同时,我也要感谢我的硕士生导师、厦门大学法学院的丁丽瑛教授,感谢厦门大学法学院的齐树洁教授、于飞教授、陈辉萍教授、朱炎生教授、肖彬老师,厦门大学图书馆法学分馆的罗高屏老师。

我还要感谢我小学五、六年级时的班主任姜兴柱老师。20 多年前,由于家里的责任田实在照顾不过来又无钱雇佣人手,正在读小学五、六年级的我曾数次辍学回家务农。当时刚刚参加工作的姜老师一次次家访、一次次苦口婆心地劝说我父母，我才有了继续求学的机会。对于姜老师的付出与恩情，我永难忘怀。

其次，我要感谢我的父亲魏云朋先生、母亲朱秀梅女士。他们当年在贫病交加的持续困境中最终选择了供我读书，从我小学到大学本科毕业的16年间，为了给我筹集学费和生活费，他们辛勤耕种、四处借钱、有病也没有钱且舍不得治，历尽了千辛万苦，这些往事直至现在想起仍使我不禁泪下。

我也要感谢我的姐姐魏艳芬女士、妹妹魏艳欣女士，她们当年学习成绩同样优异，但为了让我和哥哥有机会继续读书而被迫辍学务农：姐姐小学都没有来得及毕业、妹妹初二刚刚开学不久就永远离开了菁菁校园。对于姐姐和妹妹，我的心中永远愧疚。我同时也感谢我的哥哥魏国华先生，他的引领和支持对我顺利完成艰苦的中学以及大学本科学习至关重要。

我还要感谢我的家公刘兴华先生、家婆陈秀珍女士。为了让我能够心无旁骛地完成博士学位论文的写作，2004年夏，从未离开过家乡的家婆忍受强烈晕车的痛苦来到千里之外的厦门照顾我的生活，而将家中的一切家务留给家公料理。每当想起自己而立之年还要拖累家公、家婆，使他们为我操劳了整整一年有余，我的心中充满自责。

同时，特别感谢我的丈夫刘金祥先生，是他多年如一日的关爱与支持伴着我走到现在。

再次，我要感谢在厦门读博期间有幸相知相契的各位学友，学友们的真知灼见和鼎力相助给我平淡的读书生活增添了许多欣喜和感动，他们是：黑龙江大学法学院申建平教授，厦门大学法学院蔡从燕副教授、蔡庆辉副教授、韩秀丽博士、陈欣博士、刘志云博士、迟漫郊博士、龚宇博士、王海浪博士、侯幼萍博士、陈海波博士、于湛旻博士，厦门海事法院陈延忠博士，中山大学法学院张亮博士，华南理工大学法学院赵亚娟博士，深圳大学法学院朱志晟副教授，南京师范大学法学院崔拴林博士，深圳证券交易所博士后流动站舒细麟博士，上海外贸学院程红星博士，上海市人民政府李国清博士，浙江财经学院法学院刘勇博士，武汉大学理论经济学博士后流动站陈红彦博士。

最后，我要感谢我的现工作单位、广西大学法学院领导的关怀与支持，使我能够有机会和时间在美丽的广西大学校园内对自己的博士学位论文进行后期加工并形成专著。他们是：广西大学法学院院长、武汉大学法学院民商法专业博士生导师孟勤国教授，广西大学法学院书记韦志中教授、常务副院长张军教授、副院长汪鑫教授、副院长郭海燕老师、副院长蒋超副教授。

厦门大学出版社总编室主任施高翔先生、编辑甘世恒先生为本书的付梓付出了辛勤的劳动，在此一并致谢。

图书在版编目(CIP)数据

ICSID 仲裁撤销制度研究/魏艳茹著. —厦门：厦门大学出版社，2007.10
(厦门大学国际经济法文库/陈安主编)
ISBN 978-7-5615-2879-2

Ⅰ.I… Ⅱ.魏… Ⅲ.国际投资法学-仲裁-研究 Ⅳ.D996.4

中国版本图书馆 CIP 数据核字(2007)第 166216 号

厦门大学出版社出版发行
(地址：厦门大学 邮编：361005)
http://www.xmupress.com
xmup @ public.xm.fj.cn
福建二新华印刷有限公司印刷
2007 年 10 月第 1 版 2007 年 10 月第 1 次印刷
开本：890×1240 1/32 印张：9.75 插页：2
字数：262 千字 印数：0001～3000 册
定价：20.00 元